KB014755

공공부문의 새로운 모습

네트워크 정부

스티븐 골드스미스 · 윌리엄 에거스 지음
이명석 · 오수길 · 배재현 · 양세진 옮김

한울
아카데미

이 도서의 국립중앙도서관 출판시도서목록(CIP)은 서지정보유통지원시스템 홈페이지(http://seoji.nl.go.kr)와 국가자료공동목록시스템(http://www.nl.go.kr/kolisnet)에서 이용하실 수 있습니다(CIP제어번호 : CIP2014006847)

GOVERNING BY NETWORK

THE NEW SHAPE OF THE PUBLIC SECTOR

-

STEPHEN GOLDSMITH AND WILLIAM D. EGGERS

BROOKINGS INSTITUTION PRESS

Governing by Network

The New Shape of the Public Sector

추천사

이기적인 행동보다 협력하는 것이 더 큰 효용을 가져오듯이, 정부도 민관 혹은 부처 간 협력을 통하여 더 많은 문제를 해결할 수 있다는 데에는 모두 동의하고 있다. 하지만 정작 이를 실행하기 위해 공무원들이 어떻게 해야 하는지에 대해서는 잘 모르고 있으며 제대로 교육받지도 못하고 있다. 『네트워크 정부』는 네트워크 모형과 이론을 바탕으로 다양한 사례를 통하여 성공적인 협력을 위한 구체적인 방안을 제시하고 있다. 네트워크와 협력에 관심이 있는 공무원들과 학생들이 이 책을 통하여 우리 사회에 실제 적용할 수 있는 많은 함의들을 찾아낼 수 있을 것으로 믿는다.

전 기획재정부장관 박재완

추천사

서울특별시장에 취임하고 제가 직면한 첫 번째 과제는 "천만 시민의 다양하고 복잡한 갈등과 이해관계로 얽힌 사회문제들을 어떻게 풀어가야 할 것인가?"였지요. 결론은 '시민과 함께 만들고, 시민과 함께 누리는 서울'을 모토로 시민과 함께 소통하고 협력해서 문제를 해결해나가 보자는 것이었습니다. 이 책은 현대 정부가 직면하고 있는 다양하고 복잡하고 난해한 사회문제들을 어떻게 해결해야 하는지 그리고 정부가 민간과 협력을 통해 어떻게 문제를 해결해야 하는지 지침을 주고 있습니다. 정부의 새로운 패러다임에 대한 실증적인 사례와 원리를 소개해주고 있는 이 책은 모든 공무원들의 필독서여야 할 것입니다.

서울특별시장 박원순

추천사

우리는 이미 네트워크 사회에서 생활하고 있다. 그리고 다양하고 복잡한 사회문제들을 접하면서 기업, 국민, 정부 모두 네트워크 정부의 필요성을 절감하고 있다. 이 책은 네트워크 시대의 복잡다단한 사회문제를 해결하고 공공의 목표를 달성하기 위해서 '정부가 어떠한 역할을 어떻게 수행해야 하는가'에 대해 심도 있는 논의를 펼치고 있다. 21세기 새롭게 등장하고 있는 복잡한 사회문제에 대한 창조적 대안을 찾고자 하는 모든 분들에게 『네트워크 정부』는 매우 유익한 지침서가 될 것이다.

대통령비서실 국정기획수석 유민봉

차례

제2부 네트워크에 의한 관리

옮긴이 서문

현대사회는 '네트워크 사회(network society)'라고 불리기도 한다. 네트워크 사회는 더 이상 정부와 같은 중앙기구에 의해 통제되지 않는다. 사회문제 해결에 필요한 조정은 '중앙집권적 조향(central steering)'이 아니라 다양한 행위자들의 상호작용의 결과로 이루어진다. 현대 네트워크 사회의 대표적인 특징은 복잡성이라고 할 수 있으며, 네트워크는 복잡성을 구조화하는 새로운 패러다임인지도 모른다.

복잡한 현대사회의 사회문제는 다양한 조직과 이해관계자의 지지와 자원을 동원하지 않으면 해결이 불가능한 경우가 많다. 또한 정부 내 특정 부서의 관할권이나 정책, 규제의 범위와 일치하지 않아 어느 한 행위자(중앙정부, 지방정부, 기업, NGO 등)의 정보, 자원 그리고 권한만으로는 성공적으로 해결될 수 없는 문제인 경우가 많다. 이러한 문제를 이른바 '고약한 문제(wicked problems)'라고 한다.

네트워크에 대한 사회과학의 관심은 새로운 것이 아니지만, 최근 들어 네트워크 사회의 사회문제 해결을 위한 네트워크의 필요성이 크게 부각되고 있다. 복잡하고 고약한 사회문제를 계층제적 통제와 같은 전통적이고 '간단한 방법'으로 해결하는 것은 불가능하기 때문이다. 그럼에도 여전히 계층제적 통제만이 신뢰할 수 있는 사회문제 해결방법이고, 네트워크와 같은 계층제적인 통제에 의존하지 않는 방법은 계층제적 통제를 보완하는 일종의 '임시방편'에 불과하다는 인식이 지배적이다. 스티븐 골드스미스(Stephen Goldsmith)와 윌리엄 에거스(William D. Eggers)가 공저한 『네트워크 정부(Governing by Network)』는 이러한 고정관념을 극복하고 네트워크 사회의 복잡하고 '고약한 문제'를 해결하기 위한 새로운 방법을 다양한 사례를 통해 알기 쉽게 설명한다.

저자들은 전통적인 행정학에서 처방하는 중앙집권적인 사회문제 해결은 더 이상 가능하지도 않고 바람직하지도 않다는 문제의식에서 출발하여, 다양한 사회구성원들로 구성되는 네트워크를 통한 사회문제 해결의 가능성과 정부의 새로운 역할을 설명한다. 다양한 수준의 정부, 다양한 정부기관, 다양한 비영리단체 등으로 구성된 네트워크에 의해 공공서비스를 제공하거나 정책목적을 달성하는 새로운 형태의 정부가 저자들이 말하는 네트워크 정부(networked government)이다. 네트워크 정부라는 새로운 모형의 거버넌스에서 정부의 역할은 "더 이상 인력과 사업을 관리하는 것이 아니라 공공가치를 생산하기 위해 다른 부문의 자원을 조직화하는 것"이 된다.

저자들은 전문화, 혁신, 신속성과 유연성, 전달 가능성 증가 등 네트워크 정부의 장점을 강조한다. 네트워크 정부는 다양한 전문성을 지닌 사회구성원들의 참여를 통해 혁신적인 대안의 활용을 가능하게 하므로 공공서비스 전달의 신속성과 유연성을 크게 제고할 수 있다. 공공서비스에 대한 수요가 한시적으로 급격히 증가하는 경우 신속성과 유연성 등의 장점을 가진 네트워크 정부가 유용하다. 특히 네트워크 정부는 정부의 관할권에 의해 불가피하게 나타나는 '규모의 경제'에 의한 공공서비스 제공의 한계를 극복하는 데 유용하다. 전통적인 정부 모형에 근거한다면, 소규모 지방정부는 규모의 경제를 갖추지 못해 공공서비스를 효율적으로 제공할 수 없다. 그러나 네트워크 정부에서는 소규모 지방정부라 하더라도 인근 대규모 지방정부나 비영리단체 등 다양한 파트너를 활용해 공공서비스를 효율적으로 제공할 수 있다.

또한 저자들은 네트워크 정부에서 요구되는 정부의 새로운 역량이 필요하다는 점을 강조한다. 이 주장의 핵심은 네트워크 정부에서는 새로운 네트워크 기술의 습득이 절대적으로 필요함에도, 정부는 여전히 협력을 지향하는 네트워크 기술을 정부의 중요한 핵심 역량으로 인식하지 못하고 있다는 것이다. 정부가 네트워크 역량을 갖추기 위해서는 훈련이나 임용에서 네트워크 기술이 강조되어야 할 뿐만 아니라, 정부의 문화적 기반의 획기적인 변화, 특히 정부관료 개념의 근본적인 변화가 요구된다. 일반적으로 네트워크 정부에서 정부관료는 교향악단의 '지휘자'와 같은 역할을 담당하는 것으로 알려졌다. 그러나 저자들은 지휘자의 역할뿐만 아니라 교향악단 연주자들과 계약을 체결·관리하는 '관리자', 그리고 관객을 동원하는 '마케팅 담당자'의 역할을 동시에 수행해야 한다고 설명한다.

이러한 맥락에서 저자들은 정부관료들이 ① 큰 그림 사고(big picture thinking)를 통한 공공목적 이해, ② 지도(coach), ③ 중재, ④ 협상, ⑤ 위기관리, ⑥ 계약관리, ⑦ 예측 곤란한 문제 처리, ⑧ 전략적 사고, ⑨ 개인간 의사소통, ⑩ 프로젝트 및 사업 관리, 그리고 ⑪ 팀 구축 등의 역량을 갖추어야 한다고 주장한다. 네트워크 정부의 출현으로 정부의 역할이 사라지게 될 것이라는 견해도 있지만, 정부의 역할은 축소되기보다는 변화될 것이다. 계층제적인 통제를 동원하지 않고 복잡하고 고약한 사회문제를 해결하기 위한 네트워크를 주도적으로 설계하고 관리하기 위해서 정부는 현재 정부에 요구되는 것보다 훨씬 전문적인 역량을 갖추어야 한다.

이러한 논의를 종합해서 저자들은 네트워크를 관리하는 관료들을 위한 실천적인 지침을 제시한다. 네트워크 정부를 효과적으로 관리하기 위해 관료들은 ① 기존의 조직이나 프로그램 중심의 사고에서 벗어나 공공가치에 초점을 맞추고 새로운 공공가치 달성 방식을 탐색하며, ② 지나치게 상세한 공식절차나 규정을 강조해 네트워크의 유연성을 저해하지 않도록 하고, ③ 자금만이 유일한 네트워크 형성·관리수단이 아니라는 사실을 기억하고, 정보 등 다양한 네트워크 형성·관리수단을 사용하며, ④ 예측 불가능한 상황 때문에 아무리 정교하게 설계된 네트워크도 수정이 필요하다는 사실을 인정하고, ⑤ 네트워크를 개념화하고, 통합하고, 효과적인 의사소통 통로를 개발하는 등 네트워크 관리에 필요한 핵심역량을 개발하며, 마지막으로 ⑥ 전체 공무원의 수를 줄이는 동시에 핵심 네트워크 역량을 갖춘 고위 관료를 증원해야 한다는 것이다.

결론적으로, 이 책은 쉽고 상세한 설명과 자세한 사례소개를 통해 네트워크 정부와 새로운 사회문제 해결 방법으로서의 네트워크 거버넌스에 대한 이해를 돕는 훌륭한 저작이라고 할 수 있다. 네트워크 정부나 네트워크 거버넌스를 처음 접하는 학생들의 경우 이론적 설명만으로는 그 본질을 이해하기 어려운 경우가 많다. 관련된 풍부한 사례를 제공하는 이 책은 네트워크 거버넌스를 이해하기 위한 교과서로 활용될 수 있을 것이다. 특히 네트워크 거버넌스에서 정부가 차지하는 새로운 역할을 강조하고 있다는 점에서 네트워크 거버넌스에 대한 정부관료들의 실질적인 이해를 돕는 데 매우 유용한 지침서의 역할을 할 수 있을 것으로 기대된다.

2014년 2월

명륜동에서 이명석, 오수길, 배재현, 양세진

서문

미국 정부를 운영하는 일은 현재 근본적인 문제에 직면했는데, 그것은 기록된 것 대부분이 정부가 실제로 작동하는 방식과 일치하지 않는다는 것이다. 2003년 2월 우주왕복선 컬럼비아호의 비극적인 폭발을 생각해보라. 컬럼비아호가 미국 남서부의 대기권으로 재진입할 때 지상 관제소가 반복해서 고도를 유지하려고 노력했으나 아무런 반응이 없었다. 공포에 질린 사람들은 우주왕복선이 수천 조각으로 폭파되는 것을 목격했고, 곧이어 전 세계 텔레비전 시청자들은 우주왕복선과 승무원들의 비극적인 최후를 되풀이해서 보게 되었다.

사고의 실마리를 풀기 위한 조사가 진행되었고, 발진할 때 떨어져 나간 발포절연체가 컬럼비아호의 날개 끝 부분에 부딪혔음이 밝혀졌다. 미국항공우주국(NASA)은 카메라로 이를 탐지했지만, 엔지니어들은 심각한 피해를 일으키지는 않을 것이라고 판단했다. 틀린 판단이었다. 작고 가벼운 발포체가 우주선의 날개에 구멍을 뚫었고, 우주선이 강하하면서, 뜨거운 가스가 구멍으로 스며들어와 폭발하게 된 것이다.

미국항공우주국 직원들은 왜 이 문제를 탐지해서 승무원들에게 경고하고 긴급 수리를 시도하지 않았을까? 조사결과 두 가지 결론이 도출되었다. 첫째는 미국항공우주국이 비행 중에 수리할 능력이 없었다는 것이고, 둘째로 더 충격적인 문제는 미국항공우주국이 스스로 상황을 판단할 수 있는 능력이 없었다는 것이다. 1990년대 "더 빠르게, 더 좋게, 더 저렴하게"라는 미국항공우주국의 전략에 따라 설계, 건조, 발사, 정비, 착륙 등 우주왕복선과 관련된 모든 업무들이 하나의 거대 도급업자에게 맡겨졌다. 미국항공우주국이 오랫동안 유인 우주비행 임무를 맡겨왔던 회사들인 보잉(Boeing)사와 록히드마틴(Lockheed Martin)사가 만든 USA(United Space Alliance)사는 많은 하도급 네트워크를 통해 우주왕복선에 관한 거의 모든 일을 담당했고, 우주왕복선 예산의 90%를 사용했다. 미국항공우주국은 USA사가 주는 정보만을 알고 있었다. 독립적인 판단을 할 수 있는 능력이 없었고, 무엇을 모르는지조차 알 수 없었다. USA사의 엔지니어들이 발포체 조각의 충돌이 우주왕복선에 아무런 피해를 주지 않을 것이라는 결론을 내렸을 때 미국항공우주국은 그 판단을 받아들일 수밖에 없었다. 다른 어떤 결정을 할 수 있는 충분한 전문지식을 갖고 있지 않았던 것이다. 그래서 미국항공우주국은 우주왕복선을 운영하는 데 도급업자들에게 의존했을 뿐만 아니라 시스템의 안전에 대한 중요한 판단도 이들에게 의존했던 것이다.

어떤 상황에서든 사고는 슬픈 일이었을 것이다. 하지만 1986년 챌린저호의 폭발을 야기한 상황이 반복되었다는 사실이 더 큰 비극이다. 챌린저호는 고체 로켓 모터의 고무 개스킷이 고장 나 폭발했다. 그런데 챌린저호 사고는 도급업자들이 알고 있는 사실을 미국항공우주국은 몰랐다는 데서 비롯되었다. 미국항공우주국은 계약관리와 조직문화의 문제점을 고쳐가기로 약속했다. 그러나 2003년의 비극은 이 노력이 기대에 미치지 못했음을 보여주었다. 컬럼비아호 우주비행사였던 아내를 잃은 남편이 내린 슬픈 결론처럼

"우리가 챌린저호 사고에서 배우지 못한 교훈을 매우 주의 깊게 따져보아야 한다고 생각한다. 그리고 이번에는 정말로 그 교훈을 배워야 한다".[1)]

미국항공우주국이 근본적으로 변화하지 않으면 이런 사고들이 반복될 것이라는 결론에 도달할 수밖에 없다. 그러나 미국항공우주국이 항상 대형 사고를 일으킬 수 있는 결점이 아주 많은 정부기관이라고 결론지을 수는 없다. 오히려 스티븐 골드스미스와 윌리엄 에거스가 『네트워크 정부』에서 밝히고 있는 것처럼, 더욱 광범위한 비정부 파트너들에 의존하게 된 정부가 어떻게 이들을 잘 관리할 것인지는 아직 이해하지 못하고 있다는 문제가 중요하다. 정부가 민간 도급업자 네트워크, 주정부와 지방정부의 보조금수령자, 웹상의 파트너들에 의존하는 데는 많은 이점이 있다. 그들은 정부에 더 많은 유연성을 주고, 시민 선택에 바탕을 둔 수요를 더욱 잘 충족시킬 수 있는 서비스 전달체계를 갖출 수 있게 해준다. 더욱이 우리가 이런 체계에 대한 정부의 의존이 증가하는 것에서 벗어나기를 바란다고 하더라도, 정치적으로나 행정적으로 이런 체계가 너무 깊이 자리를 잡아서 되돌릴 여지가 없다.

그러나 정부가 네트워크에 바탕을 둔 파트너십에 더욱 의존하게 되었음에도, 우리는 어떻게 하면 이런 파트너십을 잘 작동시킬 수 있을지, 어떻게 행정에 도움이 되게 만들 것인지, 그리고 어떻게 정치적으로 책무를 부여할 것인지 확실히 이해하지 못하고 있다. 생생하고 매력적이며 중요한 이 책의 중심 교훈은 우리가 창조해온 체계의 현실에 맞설 필요가 있고, 이것을 어떻게 잘 관리할 것인지 배울 필요가 있다는 것이다. 『네트워크 정부』는 네트워크에 의한 거버넌스의 등장을 어떻게 다룰 것인지에 대한 풍부한

1) "Concerns Raised That Changes in NASA Won't Last," CNN.com, August 26, 2003(www.cnn.com/2003/TECH/space/08/26/sprj.colu.shuttle.report/).

묘사와 교훈으로 가득 차 있다. 정부의 현실이 선도적인 이론들을 앞질러 가고 있는 상황에서 이 책은 정부에 아주 귀중한 지침서가 될 것이다.

골드스미스와 에거스의 주장에서 발견할 수 있는 가장 큰 통찰력은 수직적인 명령계통을 따라 구축된 전통적인 하향식 계층제와 수평적인 행동방침에 따라 구축된 새로운 네트워크들을 조화시킬 필요가 있다는 것이다. 전통적인 행정은 조직을 기본 요소로 시작해 상층의 관료가 공무원들이 임무를 달성하도록 지휘하는 체계로 바라본다. 최근 들어 관료제에 대한 형식 모형의 접근방법들은 행정가들의 보상체계를 이해함으로써 관료제 행태의 엄격한 하향식 모형을 구축하고자 했다. 그러나 임무를 달성하는 일이 조직 외부에 존재할 때, 다양한 공공조직과 민간조직 사이의 복잡한 연계를 통해 업무가 진행되어 조정이 필요할 때, 많은 공무원들의 일 대부분이 조직의 임무를 달성하는 사람들과 직접적으로 연결되지 않을 때 어떤 일이 일어날까? 놀랍게도 점차 많은 정부 활동이 이런 방식으로 이루어지고 있다.

골드스미스와 에거스는 이런 일이 좋은 일이라고 주장하는 데 주저하지 않는다. 이들은 보기 드물게 철저하고 주의 깊게 이런 움직임의 차원들을 탐색한다. 어떻게 하면 정부와 그 운영에 대한 전통적인 사고방식에서 벗어날 수 있는지를 보여주며 그 함의를 주의 깊게 탐구한다. 그리고 흔히 찾아볼 수 있듯이 실제가 이론과는 다른 현실에서 정부의 성과와 책무를 강화하는 데 도움을 줄 수 있는 토대를 구축하고 있다.

그 결과 이 책은 21세기 거버넌스의 이해에 유례없이 중요한 기여를 하고 있다. 20세기의 우주비행 사례가 충분히 입증해주고 있듯이, 정부는 정부의 일을 잘 수행할 수 있는 파트너를 필요로 한다. 챌린저호 사고가 보여주듯이, 네트워크화된 정부는 막대한 영향을 줄 수 있는 엄청난 힘이다. 그리고 17년 후 컬럼비아호 사고가 입증하고 있는 것처럼, 만일 효과적인 네트워크 관리능력을 강화할 수 있는 교훈을 얻지 못한다면, 우리는 비효과적인 거버넌스의 비극을 되풀이할 수밖에 없을 것이며, 네트워크 정부로부터 얻을 수 있으며 반드시 얻어야만 하는 상당한 혜택을 누리지 못하게 될 것이다.

도널드 케틀(Donald F. Kettl)
펜실베이니아대학교(University of Pennsylvania)

제1부

네트워크 정부의 등장

제1장 정부의 새로운 모습

제2장 네트워크 모형의 장점

제3장 네트워크 모형의 도전

제1장

정부의 새로운 모습*

1993년 상쾌한 샌프란시스코의 어느 날, 아침 국립공원관리청 브라이언 오닐(Brian O'Neill) 감독관은 좋은 소식과 나쁜 소식을 동시에 접했다. 그가 감독하고 있었던 7만 6,000에이커의 골든게이트 국립 휴양지(Golden Gate National Recreational Area: GGNRA)가 골든게이트 바로 옆에 있는 수백 에이커의 1급 해안지구를 양도받았다는 것이 좋은 소식이고, 편입될 크라이시 필드(Crissy Field)라는 토지의 환경파괴가 매우 심각하다는 것이 나쁜 소식이었다. 수십 년간 프리시디오(Presidio) 군사기지가 이곳을 산업용 저장고로 사용해왔는데, 군이 국립공원관리청에 양도할 무렵 크라이시 필드에는 8만 7,000톤 이상의 환경오염물질이 가득 차 있었다. 이 땅을 재생하고 개선하기 위해서는 수천만 달러의 비용이 들 텐데, 의회는 이에 필요한 예산을 한 푼도 승인하지 않았다.

---

* 이 책을 작업하는 18개월 동안 수백 개의 인터뷰가 실시되었다. 주석이 달리지 않은 인용구는 인터뷰를 인용한 것이다.

오닐과 같은 상황에 처한 연방정부 공무원이라면 전통적으로 의회에 더 많은 돈을 요구하는 것으로 대응했을 것이다. 하지만 오닐은 전형적인 연방공무원이 아니었다. 그는 오랜 친구이자 휴양지의 비영리 파트너인 골든게이트보호위원회(Golden Gate Conservancy) 임원인 그레그 무어(Greg Moore)를 방문했다. 오닐은 "필요한 자금을 우리 스스로 조달해보자"라고 제의했다. 오닐의 이야기를 들은 후 무어는 한번 시도해보기로 했다.

오닐의 국립공원관리청 동료들은 그다지 열정적이지 않았다. 몇몇은 그의 아이디어를 미친 짓이라며, 아무도 자발적으로는 연방정부에 돈을 주지 않을 거라고 생각했다. 또 다른 사람들은 휴양지가 자금 조달에 성공하더라도 의회가 앞으로는 국립공원관리청 사업에 돈을 주지 않을지도 모른다고 걱정했다.

특유의 성격대로 오닐은 반대하는 사람들을 무시하고 무어의 도움을 받아 전력을 다해 이 모험적인 계획을 추진했다. 그리고 모두의 기대를 뛰어넘는 성과를 올렸다. 그는 기대했던 것보다 많은 3,400만 달러 이상을 모금했을 뿐만 아니라 전례 없이 공원을 후원하는 커뮤니티도 형성했다. 심지어 오닐은 수십 개의 비영리단체들을 설득해 크라이시 필드에 교육 및 환경 사업을 제공하도록 했다. 그 결과 콘크리트로 가득 찼던 환경 불모지는 그림 같은 해안국립공원과 환경학습센터로 변모했다.

전형적인 공원관리 기준에 의하면 이러한 결과는 놀라운 업적으로 보일 수도 있다. 하지만 브라이언 오닐과 직원들에게는 일상적인 일일 뿐이다. 임기 중 오닐은 수백 개의 외부 기관들과 파트너로 협력했다. 실제로 이 지역에서 비영리단체들은 역사적 건축물을 유지하는 것부터 멸종 위기의 해양 포유동물을 복원하는 것까지 많은 일을 해왔다. 하지만 공원에 대한 외부의 관여는 비영리적인 기여 이상으로 확대되었다. 영업권을 가진 회사들이 앨커트래즈 섬(Alcatraz Island) 투어를 운영했고, 도급업자들은 공원의 주택임대사업을 운영했으며, 부동산 회사들은 과학·연구·교육 활동을 위한 국제 센터를 운영했다. 국립공원관리청 직원들이 휴양지 전체 인력의 18%에 불과할 정도로 파트너십이 확대되었다. 파트너, 영업권 소유자, 도급업자, 협동조합, 자원봉사자 들이 그 외 82%를 구성했다. 공원의 비영리 지원단체인 포트메이슨재단(Fort Mason Foundation)의 임원 알렉스 스와이즐러(Alex Swisler)는 "이 공원을 운영하려면 파트너가 필요하다. 모두 이에 대해 논의했고 문화의 일부가 되었다"고 설명한다.

오닐의 노력으로 스틴슨 해변(Stinson Beach), 뮤어 우즈(Muir Woods), 마린 헤드랜드(Marin Headlands), 포트 포인트(Fort Point), 프리시디오 같이 아름다운 자연경관으로 둘러싸인 골든게이트 국립 휴양지는 점점 더 정부가 운영하는 공원에서 민·관 파트너십으로 맞물린 네트워크로 변화했다. 골든게이트는 커뮤니티가 할 수 있거나 더 잘할 수 있는 일이라면 어떤 것도 공무원이 해서는 안 된다는 전제하에 운영되었다.[1] 오닐과 관리팀은 비전을 세우고 전략 계획을 작성하고 이를 실현하기 위해 광범위한 커뮤니티에 도움을 요청함으로써 이런 원칙을 실천했다. 오닐은 "광범위한 커뮤니티 안에는 일을 성사시킬 수 있는 다양한 재능을 가진 사람들이 있다"며, "내 임무는 우리의 전략적 파트너들을 결합시키고 참여시킬 방법을 찾는 것이다"라고 설명했다.

이러한 파트너 중심적 접근은 대부분의 국립공원들이 운영하는 방법과 근본적으로 다른 것이다. 1916년 설립 이래 국립공원관리청은 편협한 문화를 구축해왔다. "일을 해내는 최선의 방법은 스스로 하는 것이라는 철학이

1) 이런 전제는 오닐과 그의 관리팀이 가진 신념에 바탕을 두고 있는데, 견실한 공원이 되려면 주변 커뮤니티의 일원이 되어야 하고 커뮤니티가 공원의 개선과 보전에 어느 정도의 소유권을 가져야 한다는 것이다.

항상 존재했다"라고 하면서 "공원 주위에 문을 설치하고 커뮤니티가 간섭하지 못하게 하는 '요새 심리(fortress mentality)'였다"고 오닐은 설명한다.

오닐은 이런 모형에서 벗어나야 한다고 느꼈다. 편협한 태도가 골든게이트에서는 절대 통하지 않았다. 오닐과 직원들은 1,000개가 넘는 역사적 건축물들을 유지하고, 환경적으로 민감한 7만 6,000에이커의 땅을 돌보며, 교육 및 환경 사업들을 안정적으로 제공했다. 휴양지의 인프라를 구축하는 데는 수백만 달러가 소요되었다. 연방기금에만 의존했다면 분명히 실패했을 것이다. "이런 상황에서 유지되거나 줄어드는 유일한 것은 우리의 예산이었다"라고 오닐은 회상했다. 공원의 가장 중요한 파트너인 골든게이트보호위원회와 포트메이슨재단은 공원의 연간 총지원액 중 약 20%를 기여하고 있다. 보호위원회는 20여 년간 7,000만 달러를 공원에 투자했다. 재단은 물적 개선에 1,800만 달러 이상을 투자했고, 휴양지를 위해 매년 40명 이상의 비영리 부동산 소유자와 1만 5,000개가 넘는 사업을 감독했다. 장소를 사용하고 사업을 수행하는 국립공원관리청과 수많은 기관 사이의 조정자 역할을 담당한 재단은 오닐과 직원들에게 값을 매길 수 없는 관리 지원을 제공했다. 재단의 스와이즐러는 "우리가 국립공원관리청과 비영리 단체들 사이에서 완충 역할을 할 수 있다"라고 말했다. "비영리단체들이 연방정부와 직접 대응할 때보다 더 많은 유연성과 자유를 준다"는 것이다.

또 다른 20여 개의 비영리단체가 한 영리단체와 함께 국립공원관리청을 대신해 휴양지의 건축물과 시설을 유지하고 운영한다. 이 단체들은 장기 임대 협약을 맺어 모든 유지비와 자본을 직접 투자한다. 사실 이 휴양지는 외부 서비스 단체들에게 공원 건축물 사용을 허용한 첫 번째 국립공원이다. 1972년 휴양지가 설립된 이래 이들 단체가 투자한 자본은 1억 달러가 넘는다.

이러한 성공이 그간 오닐과 그의 팀이 구축해온 새로운 관리 모형에 대한 비판을 가라앉혔다. 오닐은 자본 투자가 환경을 악화시킬지도 모른다고 우려하는 환경주의자, 그리고 혁신을 촉진하기보다는 방해하는 데 더 능숙한 정부 법률가들을 비롯해 다양한 세력의 저항에 맞섰고 이를 극복했다. "여러분이 혁신을 추구하려 할 때, 여러분을 좌절시키려는 수많은 사람들이 있다. 여러 부류의 사람들이 우리가 실패하기를 바랐다"라고 오닐은 말한다.

파트너들과의 네트워크를 통해 임무의 대부분을 달성하는 정부 조직을 관리하려면 전통적인 정부 모형과는 다른 접근과 기술이 요구된다. 예를 들어 얼마나 많은 관리자들이 오닐이 했던 것처럼 자신의 책임을 폭넓게 개념화하고 변화를 이행할 수 있겠는가? 보통의 국립공원관리청 직원들은 전문적이고 기술적인 지식을 가지고 있으나 네트워크 관리에 필수적인 두 가지 기술인 외부 단체와의 협상과 협력의 경험은 부족한 경향이 있다. "전통적으로 국립공원관리청 직원들은 우리들의 왕국 안에서 편안함을 느낀다. 외부 세계와의 네트워크를 형성하는 데는 불편해한다"라고 오닐은 설명한다. 그는 골든게이트에서 이러한 사고방식을 바꾸는 데 주력했다. 실제로 그는 국립공원관리청 직원이라는 것이 무엇을 의미하는지를 모두 바꾸려 하고 있다. "이것은 공무원의 전혀 다른 역할이다. 우리는 공무원을 직접 일을 하는 사람이 아니라 우리의 업무를 완수하기 위해 커뮤니티의 능력을 연결시키는 촉진자, 소집자, 중개자로 봐야 한다"라고 오닐은 설명한다.

내무부(Department of the Interior)는 골든게이트 국립 휴양지를 '21세기 국립공원의 전형'이라고 불렀다. 하지만 이 휴양지는 그 이상을 나타낸다. 전 세계 거버넌스의 광범위한 변화를 축소해놓은 축도라 할 수 있다. 파트너십에 대한 강한 의존, 공공가치를 향상시키기 위해 비정부 조직들(Non-Government Organizations: NGO)의 힘을 활용하는 철학, 그리고 다양하고 혁신적인 업무관계들이 이러한 변화의 특징이다. 새로운 모형으로 일하는 정부는 공공 업무를 수행하는 데 공무원의 전통적인 역할에 덜 의존하고 파트너십, 계약, 연합의 망에 더 많이 의존한다. 우리는 이러한 발전을 '네트워크 거버넌스(governing by network)'라고 부른다. 이 책에서 우리는 그 의미가 무엇이고, 어떻게 이것이 공공 영역의 형태를 변화시키고 있는지, 그리고 공무원들이 스스로 생산하는 데 점점 덜 의존하고 외부의 파트너들을 관여시키고 관리하는 데 더 의존하면서 정책 목표를 달성하는 정부를 어떻게 관리하는지를 고찰할 것이다.

1. 새로운 도전, 새로운 거버넌스 모형

20세기 계층제적 정부관료제는 공공서비스를 전달하고 공공정책의 목표를 달성하는 데 활용된 지배적인 조직 모형이었다. 전문적이지만 아주 판에 박혀 있고, 재량의 여지가 없는 획일적인 과업을 달성하기 위해서는 공공 관리자가 부하에게 명령을 내리면 그만이었다. 오늘날 사회가 갈수록 더 복잡해짐에 따라 공무원들은 새로운 거버넌스 모형을 개발해야만 하게 되었다.[2)]

여러 측면에서 21세기의 난관과 그 해결방법은 이전보다 더욱 다양하고 복잡하다. 권력이 분산되고 경계가 더욱 유동적이 되면서 문제는 더욱 세계적이고 동시에 더욱 지방적인 것이 되었다. 다양하고 변덕스러운 사람들의

2) George H. Frederickson, "The Repositioning of Public Administration," 1999 John Gaus Lecture, American Political Science Association(Atlanta, December 1999); Laurence E. Lynn Jr, Carolyn Heinrich, and Carolyn J. Hill, *Governance and Performance: New Perspectives*(Georgetown University Press, 2000).

복잡한 문제들이 점차 단순한 해결책으로는 해결되지 않자, 만병통치식 해결책이 맞춤형 접근방법에 자리를 내놓게 되었다.

전통적인 계층제 정부 모형은 이렇게 복잡하고 급격하게 변화하는 시대의 요구를 충족시키지 못한다. 명령-통제 절차, 협소한 업무 제한, 내부 지향적인 문화와 운영 모형으로 작동되는 엄격한 관료제 체제는 조직 경계를 넘나드는 문제들을 다루기에 어울리지 않는다.

안보를 생각해보자. 연방수사국(Federal Bureau of Investigation: FBI)도 중앙정보국(Central Intelligence Agency: CIA)도 단독으로는 테러리스트들을 효과적으로 막을 수 없다. 이들 기관은 다른 기관과 중앙·지방정부를 넘나드는 법 집행 네트워크의 지원을 필요로 한다. 이전에는 불가능했던 속도, 비용, 수준으로 공공조직과 민간조직을 넘나들며 정보를 포착하고 분석하고 변환시키며 행동할 커뮤니케이션 체계가 필요하다. 마찬가지로 질병통제예방센터(Centers for Disease Control and Prevention: CDC)가 탄저균, 천연두, 혹은 기타 바이오테러 사건에 독자적으로는 적절히 대응할 수 없다. 강력한 공공보건 및 긴급 대응 네트워크가 활성화되어야 효과적으로 대응할 수 있을 것이다.

계층제 정부 모형은 지속되지만, 더욱 복잡한 문제를 해결하고자 하는 정부의 갈망, 그리고 혁신가들이 창의적인 대응책을 만들어내도록 하는 새로운 도구가 밀고 당기며 계층제 정부 모형의 영향력은 꾸준히 약해지고 있다. 이런 밀고 당김이 점차 새로운 정부 모형을 만들어내고 있는데, 행정의 핵심적인 책임의 초점을 더 이상은 인력과 사업을 관리하는 것에 두지 않고 공공가치를 생산하기 위해 다른 부문의 자원을 조직화하는 것에 두는 것이다. 정부기관, 실·국·과, 사무소들의 직접적인 서비스 공급자 역할은 덜 중요해지고, 점차 현대 정부의 특징이 되고 있는 다조직 간, 다정부 간, 다부문 간 관계망 내에서 공공가치를 창출하는 역할이 더 중요해지고 있다. 공공서비스 전달에서 비영리부문의 역할에 관한 여러 권의 책을 낸 리스터 샐러먼(Lester Salamon)은 "대부분의 정책 영역에는 정책 도구의 조밀한 모자이크가 존재한다. 상당수의 정책 도구는 공공기관들이 많은 제3의 파트너들과 복잡하고 상호의존적인 관계를 맺도록 하는 것이다"라고 말한다.[3] 이렇듯 네트워크 정부는 전통적인 행정의 도식과 닮은 점이 적고, 현안 문제에 따라 조직화하거나 재조직하고, 확충하거나 계약할 수 있는 더욱 역동적인 컴퓨터 네트워크망을 닮았다.

네트워크는 관료제 내에서 새로운 아이디어 교환의 중심을 창출하거나 동료들 사이의 협력을 촉진하는 데 기여할 수 있다. 하지만 이 책에서 우리는 공공의 목표를 달성하기 위해 측정 가능한 성과 목표를 두고 각 파트너에게 책임을 부여하며 정보의 흐름을 구조화하면서 정부가 착수하는 구상들을 언급할 때 네트워크라는 용어를 사용한다. 이런 노력의 궁극적인 목표는 협력 없이 각 행위자 혼자서 달성할 수 있는 것 이상의 가능한 최고의 공공가치를 생산하는 것이다. 공공부문과 민간부문의 네트워크는 재난에 대한 대응과 같이 간헐적으로만 활성화되는 임시(ad hoc) 네트워크에서부터 정부가 공공서비스와 거래를 위한 배분 채널로서 민간기업과 비영리부문을 활용하는 채널 파트너십에 이르기까지 다양한 형태로 나타난다.

알카에다(Al-Qaeda), 헤즈볼라(Hezbollah), 그리고 마약밀매 카르텔과 같이 파악하기 어렵고 분산된 비국가 조직체들이 서구 민주주의에 가장 큰 위협이 되고 있는 세계에서 네트워크 접근방법은 국가 안보에 결정적인 것이 되었다. 랜드연구소(RAND Corporation)의 분석가 존 아킬라(John

3) Lester Salamon, "The New Governance and the Tools of Public Action: An Introduction," in Lester Salamon(ed.), *The Tools of Government: A Guide to the New Governance*(Oxford University Press, 2002), p.3.

Arquilla)와 데이브 론펠트(Dave Ronfeldt)가 "네트워크와 싸우기 위해서는 네트워크가 필요하다"[4]고 설명한 것처럼, 정부 혼자서는 전화 시스템, 전력망, 재무 시스템, 댐, 도시 상수도, 그리고 국가의 기타 주요 인프라에 대한 사이버 공격을 막을 수가 없다. 왜 그럴까? 민간부문이 인프라의 85~90%를 소유하고 있기 때문이다. 이를 인식한 연방정부는 사이버 안보 노력을 조정하기 위해 몇 가지 다부문 간 네트워크를 형성했다. 정부와 민간부문은 대규모 사이버 공격이 있을 때 민간기업과 정부가 정보를 공유하고 긴밀하게 접촉할 수 있는 민간 컴퓨터 네트워크를 확립해왔다. 정보 공유 및 분석 센터(Information Sharing and Analysis Centers)인 이들 네트워크는 재무, 통신, 화학, 교통, 식품, 에너지, 물, 정보기술 부문에 존재한다.[5]

사이버 테러와 싸우기 위한 네트워크 모형은 오늘날 더욱 복잡한 문제에 대응해 정부가 변화하는 정도를 보여준다. 문제가 더 단순하던 시대였다면 연방정부는 이렇게 중요한 구상을 위해 명령과 통제 접근방법을 채택했을 것이다. 그러나 9·11 테러 공격에 따라 집권적인 접근방법은 실현 가능하지도 바람직하지도 않았다. 조지 W. 부시(George W. Bush) 대통령은 자신의 연방 사이버 보안 계획을 밝힐 때 다음과 같이 설명했다. "미국의 사이버 공간 보안 전략의 초석은 민·관 파트너십이다. 그리고 민·관 파트너십을 유지할 것이다. …… 함께해야만 우리가 사이버 공간에서 더욱 안전한 미래를 구축할 수 있다."

4) John Arquilla and David Ronfeldt, "Fighting the Network War," *Wired*(December 2001), p.151.

5) 이들 센터 외에도 사이버 보안과 중요 인프라 보호 정보를 공유하는 FBI협회, 민간기업, 교육기관, 주와 지역 법집행기관으로 구성된 InfraGard와 다양한 비즈니스 산업 그룹과 정부와 학계 전문가로 구성된 국가 사이버 안보 파트너십(National Cyber Security Partnership)이 있다.

2. 네트워크 정부의 등장

역사적으로 정부는 공공의 목표를 달성하고 서비스를 전달하기 위해 민간기업, 결사체, 자선단체 등과 광범위하게 협력해왔다. 가령 고대 그리스인들은 세금징수 청부인에게 세금징수를 맡겼고, 국가 소유 광산을 영업권 보유자들에게 임대해주었다.[6] 하지만 기술의 진보, 그리고 네트워크 형태의 조직을 선호하게 된 경제와 사회의 광범위한 변화를 비롯한 다양한 요인으로 인해, 오늘날의 네트워크 정부 추세는 이전에 보아왔던 것과는 폭도 훨씬 넓고 종류도 다르다. 특히 네트워크 거버넌스는 전 세계 공공부문의 형태를 바꿔놓고 있는 네 가지 유력한 추세를 대변한다.

- ▲ **제3자 정부**(Third-party government): 서비스 전달과 정책 목표 달성을 위해 정부 공무원이 아닌 민간기업과 비영리단체의 활용이 수십 년간 증가
- ▲ **통합 정부**(Joined-up government): 통합적인 서비스를 제공하기 위해 다수의 정부기관이, 때로는 여러 층의 정부가 함께 결합하는 추세가 증가
- ▲ **디지털 혁명**(The digital revolution): 이전에는 가능하지 않았던 방식으로 조직들이 외부 파트너들과 실시간으로 협력할 수 있게 해주는 최근의 기술적 진보
- ▲ **소비자 요구**(Consumer demand): 민간부문에서 확대되어온 맞춤형 서비스에 맞춰 자신들의 삶에 대한 더 많은 관리, 그리고 정부 서비스에 더 많은 선택권과 다양성을 주장하는 시민들의 요구 증가

6) S. E. Finer, *The History of Government: Ancient Manarchies and Empires*, vol.1(Oxford University Press, 1999), p.351.

1) 제3자 정부의 성장

이 책은 정부 공무원들이 공공재 전달을 향상시키기 위해 의도적으로 공급자 네트워크를 관여시키는 상황에 초점을 맞춘다. 이런 관계는 전형적으로 정부 대 판매자의 단순 외주보다 훨씬 복잡하다. 그러나 그 기원은 다양하고 증가하는 제3자 정부의 성장에서 비롯된다. 이는 공공부문을 서비스 제공자에서 서비스 촉진자로 변화시키고 있다.[7] 하지만 여기에서 우리는 지속적인 공공 리더십과 관리를 필요로 하는 네트워크에 더욱 집중한다. 정부기관 간의 계약, 상업화, 민·관 파트너십, 외주, 민간투자사업, 민영화 등 제3자 서비스 전달 모형은 네트워크 거버넌스를 향한 추세의 중심적인 구성요소이다. 정부가 지배적인 서비스 전달 역할을 맡는 뉴딜식 계획은 점차 드물어지고 있으며, 새로이 개발되는 사업들에서는 특히 그렇다. 펜실베이니아대학교의 도널드 케틀(Donald Kettl) 교수는 다음과 같이 지적한다. "의료보장과 의료보조, 환경 정화와 복구, 빈곤 퇴치 사업과 직업훈련, 고속도로와 하수처리상을 비롯해 제2차 세계대전 이후 연방정부에 의해 착수된 모든 주요 정책 구상은 민·관 파트너십을 통해 운영되어왔다."[8]

이런 전환은 서비스 계약 영역에서 특히 두드러진다. 1990년에서 2001년 사이 연방정부 수준의 계약은 실질적으로 24%까지 올랐다(이런 증가는 냉전이 끝난 뒤 야기된 엄청난 국방비 삭감을 고려하면 더욱 현저한 것이다).[9]

---

7) 레스터 살라먼(Lester Salamon)은 제3자 서비스 전달을 촉진하는 데 활용될 수 있는 주로 재정적인 도구를 포함한 다양한 도구들을 광범위하게 조사했다. Lester Salamon(ed.), *The Tools of Government: A Guide to the New Governance*(Oxford University Press 2002).

8) Donald Kettl, *Sharing Power: Public Governance and Private Markets*(Brookings, 1993), p.4.

9) William T. Woods, "Contract Management: Improving services Acquisitions,"

브루킹스연구소의 폴 라이트(Paul Light)에 따르면, 1999년에서 2002년 사이에 연방정부와 계약한 사람들이 연방공무원보다 두 배나 많고, 계약이 창출한 연방정부의 일자리는 70만 개 이상 늘었다. 실제로 같은 기간 공무원 수는 5만 명이 줄었다.[10] 사실 현재 연방정부는 연방공무원 급여보다 계약에 연간 1,000억 달러 이상을 더 지출한다.[11]

주정부와 지방정부에서도 유사한 변화가 진행 중이다. 정부계약연구소(Government Contracting Institute)에 따르면 주정부와 민간기업의 계약은 1996년과 2001년 사이에 65% 증가해서 총 4,000억 달러에 달한다.[12] 계약은 현재 주정부 운영예산의 약 19%에 이른다. 주정부가 전달하는 의료보조 급부금을 포함하면 비율은 더 높아진다.[13]

제3자 정부 모형은 정보기술, 쓰레기 수거, 사회서비스와 같이 오랫동안 확립되어온 영역뿐만 아니라 많은 비전통적인 부문들에서도 점점 더 발견되고 있다. 예컨대 미국, 네덜란드, 영국에서는 수많은 학교 당국이 학교를 짓고 현대화하는 것뿐만 아니라 운영하는 것도 민간부문과 계약을 맺어왔다. 그 결과 교육서비스를 전달하고 학교를 운영하는 것이 큰 사업이 되어왔

GAO-02-179T(General Accounting Office, November1, 2001), p.1.

10) Paul Light, "Fact Sheet on the True Size of Government"(Brooking, September 2003), p.4.

11) Office of Management and Budget, "Analytical Perspectives" and "Object Class Analysis," *Budget of the United States Government, Fiscal Year 2005*(Government Printing Office, 2004).

12) Goeffrey F. Segal, Adrian T. Moore, and Adam B. Summers, "Competition and Government Services: Can Massachusetts Still Afford the Pacheco Law?" Pioneer Research Papers(Boston; Pioneer Institute, October 2002), p.iv.

13) John R. Bartle and Ronnie LaCourse Korosec, "Procurement and Contracting in State Government, 2000"(Syracuse University Government Performance Project, July 2001), p.4.

다. 미국에서는 2001년 공립학교를 운영하는 영리기업의 수가 70%까지 증가했다. 1995년에 처음으로 학교를 설립했던 가장 큰 교육서비스 기업 중의 하나인 에디슨 프로젝트(Edison Project)가 현재는 20개 주에서 거의 13만 2,000명의 학생들에게 서비스를 제공하는 130개 공립학교를 운영하고 있다.

교정행정은 최근 들어 제3자 서비스 전달이 급성장하는 또 다른 영역이다. 1990년에는 전 세계적으로 민간 교정시설이 수용한 죄수는 1만 5,300명에 불과했다. 2000년에는 이 숫자가 14만 5,160명에 달했는데, 10년 만에 849% 증가한 것이다.[14] 미국에서는 현재 30개 주와 푸에르토리코, 그리고 워싱턴 D.C.에서 158개 민간 교정시설이 운영되고 있다. 텍사스 주가 이 추세를 이끌고 있는데, 차순위 세 개 주를 합한 것보다 많은 민간 교도소를 가지고 있다.

민간 도급업자들은 전쟁과 관련해서도 필수적인 구성요소가 되었다. 1991년 이래 미국에서 현역군인의 수가 71만 1,000명에서 48만 7,000명으로 32% 감소했다. 이전에 군인들이 맡았던 많은 과업을 민간기업이 수행하면서 상당 부분 흡수한 것이다.[15] 실제로 미국은 전쟁 수행과정에서 통신 시스템을 설치하고 병참을 조정하며 기지를 유지하는 데 점점 더 민간 군사지원 기업에 의존하고 있다. 미국 국방부 전체 예산의 약 8%가 이런 기업들과의 계약에 지출된다. 이 수치는 이라크 전쟁에서 발생한 계약 비용은 포함하지 않은 것이다.

더욱 놀라운 것은 군사훈련에서부터 군수물자의 전장 운송, 모의 워게임

14) J. Michael Quinalan, Charles W. Thomos, and Sherril Gautreaux, "The Privatization of Correction Facilities," in Deborah Ballati(ed.), *Privatizing Governmental Fuctions* (New York: Law Journal Press, 2001).

15) Nelson D. Schwartz, "The Pentagon's Private Army," *Fortune*, March 17, 2003.

에 이르기까지 1,000여 개 민간 군수업체들이 전쟁의 거의 모든 구성요소에서 역할을 수행한다는 것이다.[16] 2002년 10월 아프가니스탄 전쟁이 일어나자 아프가니스탄 하미드 카르자이(Hamid Karzai) 대통령에게 무장 경호를 제공했던 북부 버지니아 딘콥 인터내셔널(DynCorp International)의 최고경영자인 폴 롬바르디(Paul Lombardi)는 다음과 같이 설명한다. "당신들이 우리 없이도 싸울 수 있겠지만 어려울 것이다. 우리가 깊이 관여되어 있기 때문에 우리를 배제하기 어려울 것이다."[17]

민간 도급업자와 군수업체에 대한 의존 증가를 전쟁과 재건 기간 동안의 이라크보다 더욱 분명히 보여준 곳은 없다. 1991년 걸프전 때는 병사 50~100명당 한 사람의 용병이 있었다. 미국이 이라크를 침공한 2003년에는 병사당 민간 도급업자의 비율이 10대 1로 떨어졌다.[18] 미국 정부는 군용기를 정비하고 병사들의 식사를 준비하는 데에서부터 새로운 이라크 군대와 경찰을 훈련시키고 심지어 죄수를 심문하는 것까지 상상할 수 있는 모든 종류의 과업을 수행하기 위해 민간 도급업자를 고용했다.[19] 이러한 임무를 수행하면서 2003~2004년 이라크에서 민간 도급업자 수십 명이 사망했다. 바그다드 경찰학교 교장이었고 미국의 연합국임시행정청(Coalition Provisional Authority) 관리인 멜 구디에(Mel Goudie)는 "군대와 민간 도급업자의 역할이 똑같다"고 말했다.[20]

16) Ian Mather, "War Inc. on the March to Relieve US Troops," *Scotland on Sunday*, July 20, 2003. 이 기사는 Peter W. Singer, *Corporate Warriors: The Rise of the Privatized Military Industry*(Cornell University Press, 2003)의 도표를 인용했다.

17) Schwartz, "The Pentagon's Private Army." 이 기사는 Peter W. Singer, *Corporate Warriors: The Rise of the Privatized Military Industry*의 도표들을 인용했다.

18) 같은 책.

19) Peter W. Singer, "Peachekeepers, Inc." *Policy Review 119*(June 2003): pp.2~4.

20) Ariana Eunjung Cha and Ranae Merle, "Line Increasingly Blurred between Soldiers

이라크에서 전례 없이 민간 도급업자들을 활용한 것은 많은 비판을 받았다. 과도한 이윤을 제공한 재건계약 체결과정의 정실주의, 그리고 바그다드의 악명 높은 아부 그라이브(Abu Ghraib) 수용소에서 민간 도급업자가 병사들이 포로를 학대하는 것을 조장했거나 또는 적어도 허용했다는 혐의로 기소된 이후 나타난 민간 도급업자의 전반적인 책임성 부족 등 다양한 의혹이 제기되었다.

『기업전사들: 민영화된 군수산업의 등장(Corporate Warriors: The Rise of the Privatized Military Industry)』의 저자인 브루킹스연구소 피터 싱어(Peter W. Singer)는 전장에서 도급업자가 급속히 성장하게 된 주요한 이유 세 가지를 열거한다.[21] 첫째, 전 세계적으로 폭력적 갈등의 수가 증가해온 것과 마찬가지로 세계적인 군축으로 최근 방출되거나 퇴역한 군인들이 600만 명 이상의 노동자 풀을 만들었다. 둘째, 전쟁이 매우 복잡한 기술체계에 더 의존하게 되면서 고도로 복잡한 시스템을 운영할 수 있는 민간 전문가들에게 군사적으로 더 의존하게 되었다. 셋째, 이러한 성장이 1980년대 이래 전 세계를 휩쓸었던 광범위한 민영화 운동을 반영한다. 우리는 싱어의 주장에 네 번째 이유를 추가한다. 민간기업이 점차 제멋대로 확산되는 복잡한 병참망(즉, 네트워크)에 능숙하게 되었고, 군대는 이들 우수한 통합관리자들을 활용함으로써 핵심적인 전쟁수행 기능을 향상시킬 수 있었다.

찬반논란이 있긴 해도 이러한 발전을 체감할 수 있으며, 중요한 것은 전쟁 중에 군 인력과 도급업자들 사이의 구분이 흐려졌다는 사실이다. 퇴역 소장 에드워드 애트케슨(Edward B. Atkeson)은 말한다. "구분이 존재하는지 모르겠다. 우리는 구름 가장자리에서 점점 구름 속으로 들어왔고, 여전히

and Civilian Contractors," *Washington Post*, May 13, 2004, p.A16.

21) Peter W. Singer, *Corporate Warriors: The Rise of the Privatized Military Industry*.

얼마나 더 들어갈지를 결정하려 하고 있다."[22]

이보다 더 놀랍지는 않지만 정부는 또한 다양한 자원관리와 환경서비스를 전달하기 위해 점점 더 민간기업과 비영리단체에 의존하고 있다. 미국에서 민간기업은 전국적으로 발생하는 쓰레기의 약 70%를 관리한다. 그리고 고형폐기물 처리시설의 53% 이상을 소유하고 있다.[23] 환경 분야의 많은 민·관 파트너십도 전국적으로 번성하고 있다. 가령 토지의 87%를 민간이 소유하고 있는 텍사스에서는 주정부가 공공용지와 야생동물 서식지를 보전하고 복원하기 위해 많은 토지소유자들과의 민·관 파트너십에 나서왔다. 국제무대에서는 뉴질랜드가 산림과 어장을 민영화해왔고, 아프리카에서는 불법 벌채에 맞서 싸우고 「밀렵금지법」 강화를 위해 몇몇 단체가 콩고분지 산림파트너십(Congo Basin Forest Partnership)을 형성해왔다.[24] 파트너로는 12개 국가, 콘서베이션 인터내셔널(Conservation International), 세계야생기금(World Wildlife Fund: WWF)과 같은 비정부 조직들, 다양한 민간기업, 그리고 다수의 정부기관이 있다.[25]

민간기업과 비영리단체는 또한 복지에서 노동으로 시민들을 이동시키는 데 필수적인 역할을 수행한다. 1996년의 획기적인 「복지개혁법」 덕분에 각 주는 '생산적 복지(welfare-to-work)' 서비스 전달을 위해 비영리단체, 민간기업, 종교단체와 자유롭게 계약할 수 있게 되었다. 플로리다의 팜비치, 캘리포니아의 샌디에이고, 미네소타의 헤네핀을 비롯해 많은 카운티들이

22) Ariana Eunjung Cha and Ranae Merle, "Line Increasingly Blurred between Soldiers and Civilian Contractors," p.A16.

23) Geoff Segal and others, "Privatization 2002, Annual Privatization Report"(Los Angles: Reason Public Policy Institute, 2003), pp.30~31

24) USAID(U.S. Agency for International Development), "Congo Basin Forest Partnership"(www.usaid.gov/about/wssd/congo.html [August 2002]).

25) 같은 글.

생산적 복지 민·관 네트워크를 만들었다. 이들 네트워크 가운데 가장 광범위한 것은 위스콘신 주에 있다. 밀워키에서는 복지 수령자가 공무원을 한 명도 만나지 않고도 대부분의 행정 서비스 시스템을 이용할 수 있다. 주정부와 지방정부는 생산적 복지 서비스를 위한 민간과의 계약에 연간 총 15억 달러 이상을 지출한다. 이는 연방 및 주 정부가 정해놓은 MOE(Maintenance-Of-Effort: 미국의 한시적 빈민지원정책인 TANF 대상 가족 중에서 정착 가능자를 지원하는 사업으로서 정부 기금의 일부를 배정해놓아야 함) 지출의 13%를 차지한다.[26)]

유사한 추세가 아동복지에서 진행 중이다. 애리조나, 플로리다, 캔자스, 미시간, 오하이오 주는 아동복지 서비스의 전부 혹은 일부를 모두 민간부문에 외주를 주고 있다. 플로리다에서는 지역사회 기반의 비영리단체들이 현재 많은 카운티에서 아동복지체계를 운영하고 있고, 주 전체의 아동복지 체계가 궁극적으로는 민영화될 예정이다. 캔자스 주에서는 비영리단체 및 영리 공급자 네트워크가 1997년부터 모든 양호 위탁과 입양 서비스를 전달해왔다.

영국에서도 정부가 행정 서비스를 전달하기 위해 점차 비정부기관들을 활용하고 있다. 1980년에는 북아일랜드를 제외한 영국에서 정부기관들이 행정 서비스의 대부분을 전달했다. 14%만이 민간기업이나 자원봉사단체에 의해 제공되었다. 하지만 20년도 지나지 않아 40%로 급증했다.[27)] 영국 리버풀 시의회 의장 데이비드 헨쇼(David Henshaw)는 "공공과 민간의 구분

26) M. Bryna Sanger, *The Welfare Marketplace: Privatization and Welfare Reform*(Brookings, 2003), p.27.

27) Commission on Public Private Partnerships, *Building Better Partnerships: The Final Report of the Commission on Public-Private Partnerships*(London: Institute for Public Policy Research, 2001), p.70.

이 급속히 약화되었다"며 "이런 경계가 무너짐에 따라 미래에는 파트너들이 성과, 성공, 해결책에 초점을 두는 협력적 합작 사업 파트너십이 필연적이다"라고 말한다.

공공부문의 외주 추세가 약화될 조짐은 없다. 사실 정부는 곧 공공부문 인력에 타격을 줄 대규모 베이비부머 은퇴 물결, 그리고 정부로부터 적은 비용으로 더 많은 것을 요구하는 재정적 한계 등 두 가지 최근 상황의 전개에 대응하기 위해 향후에는 오늘날보다 외부 파트너들에게 훨씬 더 의존하게 될 것이다.

2) 통합 정부

물론 외주만으로는 계층제적 정부의 문제를 치유할 수 없다. 협소한 관심을 갖는 내부 지향적인 정부관료제가 민간기업과 서비스를 계약한다면, 시민들은 여전히 협소하고 고립된 채널을 통해 서비스를 받게 된다. 가령 네 명의 도급업자와 상대하는 것은 네 개의 정부기관과 상호작용하는 것에 비해 대단한 개선은 아니다.

이 문제는 네트워크 정부의 성장을 추동하는 두 번째 추세로 이어진다. 즉, 좀 더 통합적인 서비스를 제공하기 위해 다양한 수준과 기관을 통합하는 것이다. 영국 등에서 '통합 정부'라고 일컬어지는 이런 개혁은 계층제 정부에 만연한 일방적 상명하복 체계를 해체하고, 기관들이 정보 공유를 향상시키고 자신들의 노력을 조화시킬 수 있도록 하는 것을 의미한다. 이런 영역의 성공은 테러리즘과의 전쟁에서부터 복잡한 환경문제 해결까지 오늘날 정부가 하는 일의 많은 부분을 개선하는 데 중요하다.

통합 정부는 영국의 토니 블레어(Tony Blair) 총리가 내세웠던 근대화 사업의 특징적인 구성요소이다. 블레어는 다음과 같이 설명했다. "정부가 직면하는 커다란 난관의 상당수가 전통적인 정부 구조로는 해결되기 어렵다. …… 가령 새로운 세기의 기술과 교육문제를 다루고 20년 안에 아동 빈곤을 제거한다는 우리의 목표를 달성하려면, 정부 전반에 걸쳐 더 나은 조정과 더 많은 팀워크가 필요하다."[28] 블레어 행정부의 여러 가지 통합 노력 중의 하나가 "사소한 결점으로 실패한(fallen through the cracks)" 사람들을 사회 속으로 재통합해 사회적 배제를 감소시키려는 구상이었다.[29] 이 노력을 조정하기 위해 설립된 기관에는 교육, 환경, 교통, 보건부 등의 대표가 포함되었다.[30] 블레어 정부에 따르면, 1997년에 이 구상이 착수된 이래 노숙자와 학교를 중퇴하는 아이들이 줄어들었다.

오스트레일리아 역시 많은 통합적인 서비스 노력에 착수해왔다. 가장 규모가 큰 것으로 센터링크(Centrelink)를 들 수 있는데, 주정부와 지방정부뿐만 아니라 8개 연방 부처의 다양한 행정 서비스를 한 지붕 아래 모은 야심 찬 프로젝트이다. 센터링크는 시민들에게 다양한 서비스를 원스톱으로 제공하는 것을 목표로 한다.

통합 정부 운동은 미국에서도 싹트고 있다. 예컨대 오리건 주에서는 주정부 수준의 인적 서비스를 찾는 시민들은 접촉하는 기관이 어디든 간에 정부와의 첫 접촉 지점에서 도움을 받을 수 있어야 한다는 원칙하에 '어디에서든(No Wrong Door)' 계획을 운영한다. 오리건 주의 새롭고 통합적인 인적 서비스 모형은 민원인이 서비스를 받기 위해 다섯 개에 달하는 일선

28) U. K. Cabinet Office, "Wiring It Up: Whitehall's Management of Crosscutting Policies and Services"(London: U.K. Performance and Innovation Unit, December 2000), p.3.

29) Social Exclusion Unit, "What IS SEU?"(www.socialexculsionunit.gov.uk/what_is_SEU.htm [January 2004]).

30) Social Exclusion Unit, "Review of the Social Exclusion Unit"(www.socialexculsionunit.gov.uk/what_is_SEU.htm [January 2004]).

사무소 네트워크, 다수의 사례담당자, 다수의 단계별 처우를 거쳐야만 했던 이전의 파편화된 구조를 대체한 것이다. 새로운 모형에서 다섯 개의 현장 사무소 네트워크는 하나의 통합적인 네트워크로 줄어들었다.

부시 행정부의 24개 기관 및 정부 간 전자정부 프로젝트에서 연방 수준의 통합 정부를 찾아볼 수 있다. 야영장 예약에서 사업 등록까지 모든 분야에서 각 계획은 다수의 기관을 포함하고 있고, 일부는 여러 층의 정부를 결합시키고 있다. 예를 들어 사업을 위한 서류작업을 줄이려는 중소기업청 과제인 비즈니스 게이트웨이(Business Gateway)는 주정부와 지방정부를 포함한다. 이런 협력이 비즈니스 게이트웨이의 목표 중 하나를 충족시키고 있는데, 중소기업들이 여러 층의 정부에 동일한 정보를 보고하는 게 아니라 한 장소에서 한 번에 서류작업을 완결할 수 있어야 한다는 것이다. 가령 오늘날 트레일러를 운행하고자 하는 트럭운전사는 연방 및 주 정부기관 여기저기에 38개 양식을 제출해야 한다. 트럭운송산업계에 따르면, 이런 형식주의는 트럭운전사에게 평균 약 500달러에 달하는 시간상의 손해를 입힌다. 이런 과정을 개선하기 위해 비즈니스 게이트웨이, 교통부, 트럭운송산업계는 연방정부와 주정부의 서류작업 양식을 표준화하고 있다. 이들은 또한 보고 사업에 상호작용 방식의 '스마트' 서식과 마법사(Wizard) 도구를 채택하고자 노력한다. 목표는 트럭운전사들이 한 번에 한 장소에서 정보를 제출하도록 하는 것이다.

미국에서 가장 야심에 찬 통합 노력으로 연방 및 주 정부의 안전보장 노력을 들 수 있다. 이런 혁신은 정보 공유와 기관 간 협력이 적절하게 이루어졌다면 국방부와 세계무역센터에 대한 공격을 막을 수 있었을지도 모른다는 9·11 테러 이후의 폭로에 의해 촉진되었다. 예컨대 많은 주에서는 관할 경찰 사이의 벽을 허물기 위해 정교한 정보 시스템이 개발되었다. 콜로라도 주의 통합 사법정보 네트워크(Integrated Justice Information Network)는 경찰, 검찰, 법원, 성인 교정, 청소년 교정 등 다섯 가지 주정부 수준의 형사 및 사법 기관들을 연계해 사이버 형사·사법정보 시스템을 구축했다.

3) 디지털 혁명

과거 1930년대에 로널드 코스(Ronald Coase)라는 경제학자가 독특한 통찰력을 발휘해 거대한 현대적 기업의 등장 원인을 밝혔다. 그는 이 연구로 노벨상을 수상했다. 코스는 조직의 규모가 정보수집비용에 의해 결정된다고 가정한다. 그는 재화와 서비스를 창출하고 판매하고 분배하는 데 포함되는 거래비용 때문에 대규모 기업조직이 발전한다고 설명한다(Coase, 1937: 386~405). 회사는 이런 거래비용을 최소화하기 위해 존재한다. 주어진 기능을 수행하는 데 드는 거래비용이 높을수록 조직은 다른 회사가 그 기능을 수행하도록 계약을 맺기보다는 스스로 수행하려는 경향이 있다. 코스가 관찰할 당시에는 조직 간의 사업을 수행하는 데 드는 거래비용이 일반적으로 지나치게 높았다. 정보와 공급의 속도가 빙하처럼 느렸다. 그 결과 회사들은 외부 회사와 계약하기보다는 재화를 스스로 생산하게 되었다. 그러면서 주문을 하고 제품을 만들고 선적하며 고객에게 판매하는 데 필요한 모든 정보를 수집하고 처리하고 증명하고 저장하기 위해 거대한 계층제 구조를 구축했다. 코스의 이론은 20세기 전반기에 정부와 민간부문에서 계층제 구조의 성장을 설명하는 데 도움을 주었다.[31]

이제 인터넷은 과거에 비해 극히 적은 수준으로 정보비용을 감소시켰다. 이메일과 기타 통신기술과 함께 인터넷은 파트너들과의 의사소통과 협력을

31) Bob Tedeschi, "Coase's Ideas Flourish in the New Economy," *New York Times*, October 2, 2000. l.

조직의 경계를 넘나들며 무한정 더 잘, 더 빠르게, 그리고 더 저렴하게 할 수 있게 만들었다. 파트너가 되기 위해 필요했던 여행, 회의, 문서교환, 통신 등의 실제 매우 엄청났던 전통적인 비용이 크게 감소했다. 현대 기술은 조직이 자료를 공유하고, 조직 외부의 파트너들과 사업 과정을 통합할 수 있게 만들었다. 공급과 수요, 그리고 고객의 선호에 대한 정보를 실시간으로 공유할 수 있게 되었다. 델컴퓨터(Dell Computer)사가 이런 변화의 좋은 사례이다. 이 회사는 생산 일정 수립, 수요 예측 등의 정보를 공급자들과 전자적으로 공유한다. 델컴퓨터사는 변화하는 고객의 요구에 더욱 빠르게 반응할 수 있게 되었고, 재고 목록을 저장할 필요가 없게 되었다. 나아가 회사와 파트너와의 일상 거래는 대부분 자동화되었고, 협력의 거래비용을 더욱 줄일 수 있었다. 이런 혁신의 결과는 코스가 예견한 것처럼 조직이 스스로 특정 과업을 수행하기보다는 파트너십을 형성하는 것이 비용-효율적이게 되면서 점차 더 많은 파트너십, 더 많은 제휴, 그리고 더 많은 외주가 이루어졌다(Coase, 1960: 1~44). 수십 년이 지난 2000년 코스는 다음과 같이 말했다. "'새로운 경제' 덕분에 더 많은 전문화와 생산을 이룰 수 있게 되었다. 더 효율적이기 때문이다. 그 결과 더 많은 소규모 회사가 생겨날 것이다. 하지만 큰 회사 역시 더욱 커질 것이다. 핵심적인 활동에 집중할 수 있고, 잘할 수 없는 활동은 외주를 줄 수 있기 때문이다."[32)]

델컴퓨터사의 사례가 보여주는 것처럼, 디지털 혁명은 복잡한 시스템들이 새롭고 다른 방식으로 조직화될 수 있게 해주었다. 이러한 기술 진보는 네트워크 조직 형태를 선호한다. 테러 조직들의 광범위한 네트워크와의 싸움에 직면한 미군은 전쟁의 모든 측면에서 네트워크 접근방법을 개발하고 있다(Alberts, Garstka, and Stein, 2000). 예를 들어 국방부의 연합사령부

32) Bob Tedeschi, "Coase's Ideas Flourish in the New Economy."

(Joint Forces Command)는 대규모 전투 본부를 만들던 관행을 끝내고 대신 소규모 참모만을 전장에 보내는 실험을 하고 있다. 이들은 멀리 후방에서 정보기술을 이용해 선문적인 민간인, 군인, 도급업자의 전문지식 네트워크를 다룰 것이다. 이런 접근방법은 20년 전에는 상상할 수도 없었을 것이다.

4) 시민의 선택

오늘날 시민들은 소매로든 온라인으로든 다양한 채널을 통해 제품을 구매할 수 있다. 그리고 대규모 민간기업들의 규모가 증가함에도 불구하고 소비자들은 자신의 선택에 대해 더 많이 통제할 수 있기를 바란다. 소비자들은 자신이 어떤 색깔과 옵션을 선호하는지 제조업자에게 말해주고 싶어 한다. 델컴퓨터사는 새로운 랩톱 컴퓨터의 시스템 초기 환경을 설정하는 수많은 온라인 옵션으로 고객들을 유도한다. 음악서비스업체들은 고객들이 어떤 음악을 듣는지를 추적하고, 고객들의 취향에 더 가까운 음악을 보낸다. 대량 주문 생산으로 고객들은 집에서 멀리 떨어진 자동차 등록사무소에서 그저 그런 서비스를 받기 위해 줄을 서서 기다리는 일을 참지 못하게 되었다. 행정 서비스가 필요한 사람들은 자신이 언제 어떻게 도움을 받을 수 있을지를 지정할 수 있기를 바란다.

조지 W. 부시 대통령은 자신의 취임사에서 "구경꾼이 아니라 시민의, 행정 서비스의 대상이 아니라 시민의" 나라를 말했다. 관련 시민들은 책임을 받아들이고 시장과 시민활동에 참여한다. 하지만 이들은 또한 획일적인 상품의 전달을 기다리며 계층제적 전달체계의 밑바닥에서 온순하게 앉아 있지 않는다. 선택에 대응하기 위해서는 다른 정부 모형이 필요하다. 서비스 전달에서 다양성과 맞춤 생산이 중요해질수록 네트워크가 전달 형식으로서 더 많이 선호될 것이다.

3. 엮여 있고, 통합적이고, 하달하고

네트워크 정부는 제3자 정부가 가진 높은 수준의 민·관 협력이라는 특징을 통합 정부의 튼튼한 네트워크 관리 역량과 결합한 후 네트워크를 함께 연결하는 기술을 사용하고(<그림 1-1>), 시민들에게 서비스 전달 옵션에 대한 선택권을 더 많이 부여한다는 네 가지 추세를 종합한 것이다.

이러한 종합은 영국의 버밍엄 시가 마약과 알코올 치료 서비스를 전달하는 방식에서 볼 수 있다. 버밍엄 공무원들은 시정부의 서로 다른 기관들이 몇몇 중앙정부 기관들의 재정지원을 받아 서비스를 전달하고 있음을 발견했는데, 이는 각 기관이 치료 사업을 따로 운영했고, 지역사회 공급자와 따로 계약했음을 의미하는 것이다. 버밍엄 공공안전파트너십(Birmingham Public Safety Partnership)의 제이미 모리스(Jamie Morris)는 "특정 목적을 가진 재원에 따라 이미 만들어진 저장고를 부숴야만 했다"고 말한다. 시는 중앙정부가 충당하던 모든 치료 재원을 모아 목표를 달성했다. 그리고 기금을 감독하고 실제로 서비스를 전달할 공급자들과의 계약을 협상하기 위해 공동위원회를 만들었다. 그 결과 비영리 및 영리 공급자 네트워크를 관리하는 정부 네트워크가 되었다.

버밍엄 시의 사례에서처럼 정부가 수평적으로 통합되고 서비스의 전달이 수직으로 하달될 때 가장 복잡한 네트워크가 존재하곤 한다. 지방정부는 청소년 범죄, 십대 임신, 약물 남용, 구입 가능한 주택 부족 등 서로 밀접한 관계가 있고 겉보기에는 다루기 어려운 문제에 직면하곤 한다. 이 문제를 다루기 위해 정부는 해결책 네트워크를 엮고 지역사회 단체들에 전달 책임을 하달한다. 예를 들어 인디애나폴리스 시에서는 오랫동안 방치되어온 근린 지역에 광범위한 재생 서비스를 개발하고 전달하기 위해 공중위생, 공공주택, 지역사회 치안유지 단체들이 지역사회발전 및 근린지도자 집단

〈그림 1-1〉 정부 모형

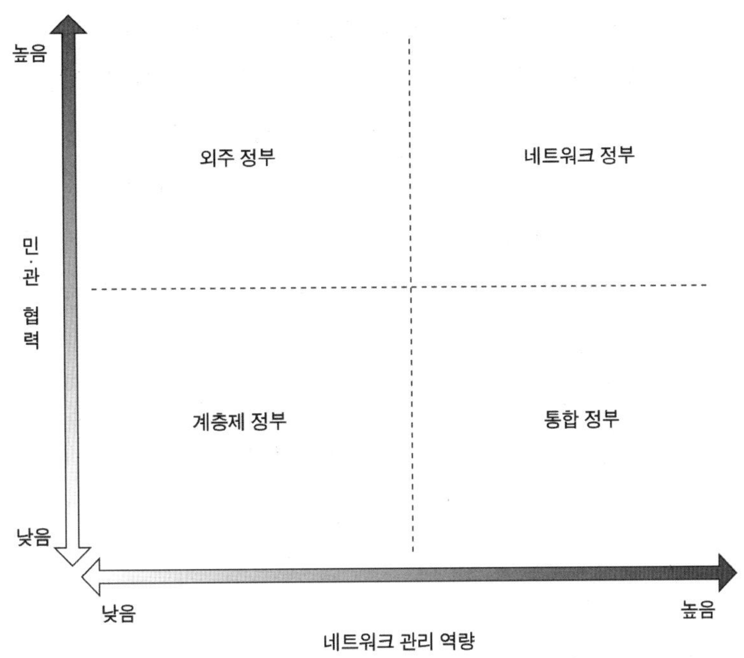

에 합류했다.[33] 시는 미국 주택도시개발부(HUD)와 노동부의 재원과 지방 공중위생, 사회기반시설, 자선사업 투자를 결합시켜 서로 연계되고 고객에 대응하는 지역사회 서비스 네트워크를 만들어낸다. 이런 모형에서 실제로 여러 층의 정부가 단일한 서비스를 전달한 것은 아니었으며, 모든 서비스는 민간 및 비영리단체들이 전달했다.

성공 정도는 다양하지만 이러한 복잡한 민·관 네트워크와 네트워크 간

33) Ryan Streeter, "The Neighborhood Empowerment Initiative in Three Indianapolis Neighborhoods: Practices as Principles," in Stephen Godsmith(ed.), *Putting Faith in Neighborhoods: Making Cities Work through Grassroots Citizenship*(Noblesville, Ind.: Hudson Institute, 2002), pp.147~187.

협력 모형이 거의 모든 공공정책 영역에서 작동한다. 예컨대 미국항공우주국의 제임스 웹 우주망원경(Jim Webb Space Telescope) 구축에는 테스트 자체를 담당하는 기관인 미국항공우주국 내부 역량뿐만 아니라 상당수의 기계류를 공급하는 독일과 발사용 로켓을 담당하는 프랑스 등 다수의 정부, 가장 중요한 도급업자인 노스럽 그러먼(Northrop Grumman) 등 다수의 도급업자, 그리고 몇몇 대학들이 포함되었다. 제3자가 지급청구를 처리하긴 하지만 의료보조제도는 민간 및 비영리 단체가 건강관리 서비스를 전달하는 연방정부와 주정부의 사업이다. 마찬가지로 최소한 부분적으로는 연방 및 주 정부가 재원을 제공하는 대부분의 직업훈련 사업의 경우, 지방노동위원회가 관리하고 민간 및 비영리 공급자 네트워크가 서비스를 전달한다. 주정부 수준에서는 위스콘신 주의 복지전달 모형에 여러 층의 정부, 다수의 주정부기관, 몇몇 비영리 및 영리 단체 행정가들, 그리고 지역사회 수준의 많은 하청 도급업자들이 관여하고 있다. 도시 수준에서는 영국 맨체스터 시의 12개 지방정부가 통합하여 성인 및 어린이 대상의 전문적인 보호나 교육 서비스를 민간 및 비영리 공급자들로부터 제공받는다. 요약하자면 정부가 점차 복잡한 문제에 직면하고 기술은 더욱 정교한 대응을 용이하게 함에 따라, 정부가 활용하는 제3자 공공서비스 전달 모형 또한 복잡성이 증가하고 있다.

사실상 정부혁신에 대한 논의는 외주 대 관료제의 문제가 아니다. 절박한 문제는 가치를 창출하기 위해 다양한 관계망을 어떻게 관리하는가 하는 것이다.

4. 관리 문제

정부가 서비스를 전달하기 위해 제3자에 더욱더 의존하기 때문에, 그 성과는 파트너십을 관리하고 파트너들에게 책무를 다하게 하는 정부 능력에 좌우된다(Kettl, 2002: 492). 예를 들어 미국항공우주국과 미국에너지부 모두 예산의 80% 이상을 계약에 지출한다. 에너지부는 1만 6,000명의 직원을 두고 있을 뿐인데, 도급업자 수는 13만 명을 넘는다. 이들 두 기관은 사실상 계약관리 기관이 되었다. 미국항공우주국, 에너지부, 그리고 전 세계 모든 수준의 정부기관에서 네트워크를 관리하는 기술은 자체 공무원을 관리하는 기술 이상으로 기관의 성공과 실패를 좌우한다. 이런 발전으로 일부 비판가들은 '공동화(空洞化)된 국가(hollow state)'라는 표현을 만들어 냈다. 서비스 전달 자체는 말할 것도 없고, 파트너들을 관리할 역량이 적거나 없는 정부를 말하는 것이다(Provan and Milward, 2001: 414~423; Milward, 1996: 193~195; Milward and Provan, 2000: 330~336.).

우리는 정부가 여러 경우에 계층제로 할 수 있는 것보다 네트워크 접근방법을 통해 더 많은 공공가치를 생산할 수 있다고 믿는다. 또한 이런 새로운 모형을 집행하는 것과 관련한 엄청난 난관도 인식하고 있다(Kettl, 1993: 22~40). 이런 위험의 일부는 구조와 거래 결정에 관련된다. 국립공원관리청의 브라이언 오닐과 같은 공무원이 민간의 효용과 재원을 끌어들일 수단으로 네트워크에 의존할 때, 보편적인 공공의 목적이 보호되고 민간의 참여가 공공의 목적과 위배되지 않고 공공의 목적을 향상시킨다는 것을 확실하게 해야 한다.

두 번째는 관리 문제이다. 『민영화 결정(The Privatization Decision)』의 저자인 존 도나휴(John Donahue)가 우리에게 말한 것처럼 "네트워크 거버넌스는 힘들다. 정말 힘들다. 잘못될 수 있는 방법이 무수히 많다". 큰 장애는 정부의 조직, 관리, 인사 시스템이 네트워크 모형이 아니라 계층제 모형 내에서 작동하도록 설계되었다는 것이다. 두 접근방법은 종종 충돌한다. 공급자 네트워크 포트폴리오를 관리하는 것은 부서별 직원을 관리하는 것과는 대단히 다르다. 정부와 시민이 지난 수백 년 동안 익숙했던 것과는 아주 다른 형태의 공공관리를 필요로 한다. 정부가 파트너십을 활용하더라도 서비스의 질이나 정당성 여부, 공공에 대한 궁극적인 책임을 회피할 수는 없다. 가령 이라크인 포로 학대 문제는 민간 도급업자가 저질렀든 미군이 저질렀든 국방부의 문제이다.

불행하게도 공무원들이 네트워크를 관리하는 것에 대해 많은 것을 배울 기회가 거의 없다. 가치를 향상시키기 위해 공급자 네트워크를 어떻게 활용해야 하는지 혹은 어떤 권한이나 자금이 네트워크를 작동시키는 데 도움을 줄 수 있는지를 결정하는 데 도움을 줄 지침을 갖고 있는 공무원은 거의 없다. 누구를 협상테이블에 초대해야 하고 구체적인 기능에 적절한 정부 감독은 어느 수준인가 하는 것처럼 다양한 이슈들에 대한 알기 쉬운 지침이 거의 없다. 요약하면, 몇 가지 주목할 만한 예외는 있지만 현재의 공공관리 이론은 네트워크 정부의 실제에 뒤떨어져 있다.

공공부문에서 계층제, 관료제, 네트워크를 둘러싼 이슈들을 탐구한 문헌이 풍부하지 않다는 것은 아니다.[34] 많은 최고의 학자들이 정부의 네트워크 활용을 분석해 진전을 이뤄냈다. 공공부문이 서비스 전달을 어떻게 조직화해야 하는지를 다룬 문헌으로는 막스 베버(Max Weber)의 『사회경제조직론(Theory of Social and Economic Organization)』, 올리버 윌리엄슨(Oliver

34) 우리는 네트워크 거버넌스에 대한 최고의 작업들을 참고문헌에 많이 포함했다. 우리는 정부와 네트워크에 대한 학술문헌의 성장에도 불구하고 공공관리자가 네트워크 정부를 실제로 관리하는 데 도움을 얻을 수 있는 실질적인 참고서가 상대적으로 아직도 부족하다고 생각한다.

Williamson)의 『시장과 계층제(Markets and Hierarchies)』, 제임스 윌슨(James Q. Wilson)의 『관료제(Bureaucracy)』와 같은 고전들을 들 수 있다.[35] 이 주제에 대한 이들 저작과 기타 필독서는 우리의 사고를 충만하게 해주었지만, 네트워크와 정부에 관한 연구는 스스로 할 수 있는 일이 줄고 있는 공공부문을 어떻게 관리할 것인지 현실의 교훈을 바탕으로 한 실천적인 지침을 빠트리고 있다.

이 책 『네트워크 정부』는 이러한 공간을 채우는 데 도움을 주고, 이렇게 중요한 변화에 관한 논쟁과 논의를 촉진하고자 한다. 우리는 이 책이 민영화에 대한 이념적인 주장으로 빠지지 않도록 신중한 자세를 취했다. 우리 둘 다 여러 해 동안 이런 논쟁에 깊이 관여해왔다.[36] 하지만 이는 실효성 없는 논쟁이다. 공공과 민간의 경계가 점차 흐려지고 있고, 어떤 이념을

35) 공공행위를 위한 올바른 조직을 분석하는 다른 영향력 있는 책은 다음과 같다. John. D. Donahue, *The Privatization Decision: Public Ends, Private Mean*(New York: Basic Books, 1989); George H. Frederickson, *The Spirit of Public Administration* (San Francisco: Jossey-Bass, 1996); Donald F. Kettl, *Sharing Power: Public Governance and Private Markets*(Brooking, 1993); Vincent Ostrom, *The Intellectual Crisis of Public Administration*(University of Alabama Press, 1973); Lester Salamon(ed.), *The Tools of Government: A Guide to the New Governance*(Oxford University Press, 2002); Herbert A. Simon, *Administrative Behavior*, 3rd ed.(New York: Free Press, 1976). 이 분야에서 많은 저작을 낸 학자로는 Perri 6(Kings College, U.K.), Robert Agranoff(Indiana University), John D. Donahue(Harvard University), Donald F. Kettl(University of Pennsylvania), Walter J. M. Kickert(Erasmus University, Netherlands), Michael McGuire(University of North Texas), H. Brinton Milward(University of Arizona), Keith Provan(University of Arizona), Lester Salamon(Johns Hopkins University), and E. S. Savas(Baruch College) 등이 있다.

36) 예를 들면 다음과 같다. William D. Eggers and John O'Leary, *Revolution at the Roots: Making Our Bovernement Smaller, Better and Closer to Home*(New York: Free Press, 1995); Stephen Goldsmith, *The Twenty-First Century City: Resurrecting Urban America*(Washington: Regenery, 1997).

가진 정부라도 민간기업과 비영리단체들과 파트너가 되어 더 많은 일을 수행하고 있는 세계의 현실을 숙고하지 못한 것이다.[37] 거버넌스에 대한 네트워크 접근방법이 확산됨에 따라 정부 서비스의 외주에 대한 찬반에 대한 극단적이고 단순한 논쟁이 점차 부적절해지고 있다. 더욱 중요한 것은 인력과 사업 대신에 더 많은 네트워크로 구성된 정부를 어떻게 관리할지를 배우는 것이다. 이런 이슈를 탐구하는 것이 이 책의 주된 목적이다.

이 책은 두 개의 부로 나뉘어 있다. 제1부에서는 왜 네트워크 정부가 등장하고 있는지를 설명하고, 이런 새로운 모형을 집행할 때 정부관료들이 무수하게 접하는 난관들을 소개한다. 제2부는 네트워크 정부를 관리할 일련의 도구와 틀을 제공한다.

37) Russell M. Linden, *Working across Boundaries: Making Collaboration Work in Government and Nonprofit Organizations*(San Francisco: Jossey-Bass, 2002), pp.11~12.

제1장의 핵심 내용

주안점

▲ 계층제 정부관료제 시대의 종언이 다가오고 있다. 그 자리에 네트워크 정부라는 근본적으로 다른 모형이 등장하고 있다. 이것은 행정부가 인력과 사업을 관리하는 데서부터 공공의 가치를 생산하기 위한 자원을 조정하는 것까지 그 핵심적인 책임을 다시 정의하는 것이다.

▲ 네트워크 정부는 전 세계적으로 공공부문의 형태를 바꾸고 있는 네 가지 추세를 종합한 것이다.

1. 민간기업과 비영리단체를 활용해 정부 일을 하는 경향의 등장.
2. 고객-시민의 관점에서 과정을 합리화하기 위해 정부를 수평적 · 수직적으로 "통합"하려는 노력.
3. 파트너가 되는 비용을 크게 감소시키는 기술의 진전.
4. 공공서비스에서 더 많은 선택을 바라는 시민들의 요구 증가.

▲ 공공의 일을 수행하기 위해 정부가 공무원에게는 덜 의존하고, 파트너십과 계약의 네트워크에 더 많이 의존하게 됨에 따라 어떤 기관이 네트워크를 얼마나 잘 관리하는가 하는 것이 자체 공무원을 얼마나 잘 관리하는가보다 기관의 성공과 실패에 더 기여한다.

위험요인

▲ 정부 구조의 변화 없이 재화와 서비스가 생산되는 방식을 변경.

▲ 외주가 좋은 것인가 나쁜 것인가 하는 케케묵은 논쟁에 집중하는 가운데, 더욱 중요한 질문—점점 일을 덜 수행하는 정부를 어떻게 관리할 것인가—을 간과.

조언

▲ 네트워크 정부의 관리 문제를 과소평가하지 말라.

▲ 수평적 정부를 관리하기 위해 전통적인 계층제 통제를 활용하지 말라. 네트워크 정부는 지난 '100년간' 익숙했던 것과는 다른 형태의 공공관리를 필요로 한다.

사례

▲ 골든게이트 국립 휴양지: 이 국립공원은 역사적 건축물들을 유지하는 데서부터 멸종위기의 해양 포유동물을 복원하는 데 이르기까지 모든 것을 주로 파트너들에 의존해 수행한다. 국립공원관리청 직원은 전체 인력의 18%에 불과하다.

▲ 이라크전과 미군: 도급업자들은 전쟁, 그리고 심지어는 전장에서도 빠져서는 안 될 구성요소가 되었다. 이라크전쟁 동안 병사 10명당 1명의 도급업자가 있었다.

제2장

네트워크 모형의 장점

공화당이 지배하는 의회가 제정하고 민주당의 대통령이 서명했으며 양당의 주지사들이 집행한 1996년의 「복지개혁법」은 1990년대의 가장 큰 공공정책 성공사례의 하나로 널리 받아들여지고 있다. 그리고 낡은 현금 기반 복지 시스템에서 새로운 노동 기반 지원 사업으로 이동하는데 위스콘신 주보다 성공한 주는 없었다. 위스콘신 주에서는 1993~2000년에 복지 취급건수가 89%나 떨어졌고, 1997~1999년에 한 부모 가족들의 빈곤율이 30%에서 25%로 떨어졌다.[1)]

위스콘신에서 널리 예고된 복지개혁 사업인 위스콘신 웍스(Wisconsin Works: W-2)는 근본적인 임무의 변화가 핵심이었다. 복지 수령인에게 단순

1) R. Kent Weaver, *Ending Welfare as We Know It*(Brooking, 2000), p.343; Rebecca J. Swartz and Thomas Corbett, "W-2 Achievements and Challenges: An Overview and Interpretation of the White Papers Commissioned by the Department of Workforce Development"(University of Wisconsin-Madison, Institute for Research on Policy, 2001), p.2.

히 현금급여를 나눠 주는 대신 정부는 가족들이 경제적 자급자족을 이루도록 도움을 주기 시작했다. 행정적인 복지지원은 빠지고, 일자리에 필요한 조건, 직업훈련, 교통지원, 시간제한 등이 들어갔다.

잘 알려지진 않았지만, 광범위한 관리 변화가 이런 임무의 전환을 보완했다. 프로그램 운영 책임은 위스콘신 전역의 72개 W-2 기관들에 맡겨졌다. 일부 지역에서는 정부관료가, 다른 지역에서는 민간 공급자가 운영하는 이들 기관은 각각 고정요금을 지급받았고, 상당한 수준의 운영상 자유를 얻었다. 이런 유연성 대신 각 W-2 기관은 주정부가 관리하는 일련의 엄격한 성과 기준에 동의했다.

위스콘신 주의 인력개발부(Department of Workforce Development)는 임무를 재조명하고 관리 책임을 재정의했을 뿐만 아니라, 사업 행정에 대한 카운티의 독점을 중지시키고, 민간 공급자가 공개적으로 입찰에 참여할 수 있도록 했다. 위스콘신의 전례 없는 접근방법은 계속 진화하고 있다. 오늘날 위스콘신의 W-2 작업량 중 70% 이상은 민간 공급자가 담당하고 있다.

4개의 비영리단체와 1개의 영리기업 등 모두 5개의 W-2 기관이 민간단체인 밀워키 시는 가장 놀랄 만한 예를 보여준다. 수십 개의 지방 및 지역사회 기반 단체들이 W-2 기관들을 지원하는데, 직업훈련에서부터 보육에 이르는 많은 서비스를 제공하고 있다. 그 결과 거의 전적으로 민간단체와 비정부 조직들로 구성된, 복잡하지만 통합적인 생산적 복지 서비스 전달체계를 이루게 되었다(<그림 2-1>).

왜 위스콘신 공무원들은 새로운 복지 임무를 채택하고 밀워키에서 이렇게 상당히 다른 전달 모형을 추구했을까? 답은 간단하다. 밀워키의 계층제식 카운티 운영체계가 구체계에서는 수급권자를 결정할 규칙을 관리할 수 있었지만, 복지개혁에 의해 만들어진 새롭고 복잡한 난관에는 부적합했

〈그림 2-1〉 위스콘신 W-2 네트워크 전달 모형

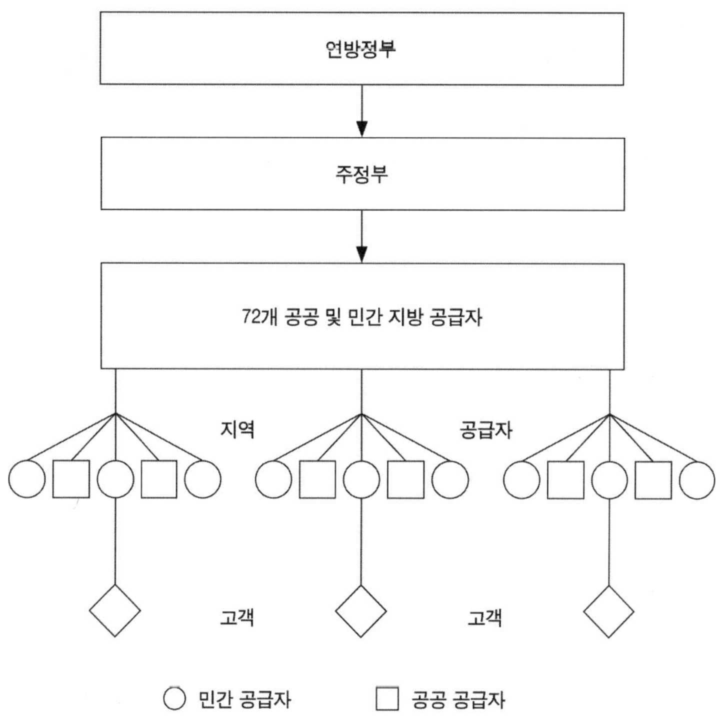

다. 힘든 일을 맡았던 전 위스콘신 W-2 사업 행정가 제이슨 터너(Jason Turner)는 다음과 같이 설명한다.

> 밀워키 카운티가 유능한 공적 지원 관리자라는 증거가 전혀 없었다. 좋은 복지 시스템이란 다음과 같은 구성요소를 갖추어야 한다. 시스템의 모든 지점에서 수급자를 관리하는 것, 상이한 프로그램 구성요소들 간 이동 지점의 수와 시간을 줄이는 것, 즉 수급권자가 방문해야 하는 기관의 수를 한정하는 것, 그리고 신속하고 확실한 제재 등이다. 밀워키에서는 이 중 아무것도 해당되지 않았다.[2)]

터너와 다른 밀워키 설계자는 네트워크 서비스 전달 모형이 계층제 시스템에 비해 중요한 이점을 제공할 것임을 믿었다. 예컨대 양도되고 민영화된 밀워키 모형은 W-2가 지역사회와 연계되게 할 수 있었고, 많은 지방 공급자들이 전문기술에 접근할 수 있게 해주었다. 이들 지역단체는 카운티가 할 수 있었던 것보다 훨씬 더 수급권자의 요구와 상황에 맞는 더욱 광범위한 서비스를 제공했다. 그리고 이러한 맞춤형 접근방법은 표준적이고 두루 적용되게 만든 정부 모형보다 훨씬 더 많은 혁신을 이뤄냈다. 위스콘신 인력개발국 국장이었던 제니퍼 알렉산더(Jennifer Alexander)는 다음과 같이 말한다. "우리는 다른 접근방법을 찾을 수 있기를 바랐고, 서비스를 전달하기 위한 가장 좋은 방법이 무엇인지를 실제로 검증하고 싶었다. 어떤 공급자는 식료품 구매권(food stamp)을 유용하게 사용할 수 있는 독특한 방법을 갖고 있었다. 또 어떤 공급자는 직무평가에 대한 독특한 접근방법을 갖고 있었다."

지방 YWCA의 사업체인 YW웍스(YW Works)는 수급권자의 요구와 상황에 맞도록 면밀하게 서비스를 제공하는 공급자 중 하나이다. YW웍스는 지역 여성과 함께 일한 114년의 역사 덕분에 대부분이 여성인 복지 수령인들을 노동 세계로 이동시키는 데 독특한 역할을 수행할 수 있었다. 예를 들어 어떤 여성이 숙련된 기술 훈련 프로그램에 들어가기 전에 취업면접이나 정시 출근하기와 같은 소프트 스킬을 포괄적으로 분석해준다. "우리는 여성들을 총체적으로 대한다. 사업에 들어올 때부터 떠날 때까지 그들의 삶 속에서 일한다"라고 YW웍스의 부사장인 리타 라이너(Rita Riner)는

2) David Dodenhoff, "Privatizing Welfare in Wisconsin: Ending Administrative Entitlements-W-2's Untold Story," *Wisconsin Policy Research Institute Report* 11(Milwaukee: January 1998), p.14.

설명한다.

밀워키 모형은 또한 전통적인 정부 서비스 전달 모형보다 더 많은 유연성을 제공해준다. 공급자들은 변화하는 상황과 요구를 충족시키기 위해 자신의 전달 모형을 채택하는 데 상당한 자유를 갖고 있다. 또 다른 W-2 공급자 중의 한 중역은 다음과 같이 말한다. “대상자들이 바뀌면 …… 그리고 고용주가 기대하는 바를 바꾸면 우리도 전략을 바꾼다. 나는 항상 이곳 사람들에게 우리 프로그램은 진행 중인 일이라고 말해준다.”

위스콘신의 W-2는 우리가 연구한 것 중 가장 복잡한 네트워크 정부 사업 중의 하나이다. 이는 네트워크 정부에 대한 엄청난 기대와 네트워크 정부의 가지각색의 복잡성을 보여준다. 이 장은 네트워크 정부의 이점을 살펴본다. 특히 몇 가지 이점이 네트워크 운동의 강력한 추진체가 되어왔다. 전문화, 혁신, 속도, 유연성, 범위의 확장 등이 그것이다. 이러한 성공이 안겨줄 도전은 제3장에서 다루기로 한다.

1. 전문화

네트워크 조직 모형은 21세기 기업을 정의하는 특징이 되고 있으며, 많은 회사의 구조와 운영을 근본적으로 바꾸고 있다. 건강관리에서부터 정보기술에 이르는 회사와 산업의 계층제 모형을 네트워크가 대체하고 있다. 『협력의 이익: 기업의 공급자 네트워크 확장을 통한 성공(Collaborative Advantage: Winning through Extended Enterprise Supplier Networks)』에서 제프리 다이어(Jeffrey H. Dyer)는 다음과 같이 적고 있다. “일부 산업에서는 생산 네트워크가 가장 중요한 경쟁의 단위이다. …… 독특하고 가치 있고 흉내 내기 어려운 제품과 서비스를 효과적으로 만들기 위해 효과적으로 협력하는 방법을 알고 있는 기업들의 네트워크를 형성할 때에만 기업은 경쟁에서 성공할 수 있다."[3] 건강관리산업에서는 대규모의 전국적 공급자들이 거래량과 수익을 증대시키면서도 행정 및 간접비 비용을 줄이기 위해 관리 및 마케팅 전문가들을 활용하면서 통합적인 서비스 전달 모형을 형성하기 위해 점차 지방의 공급자들과 파트너가 되고 있다. 이들의 입장에서 지방의 공급자들은 고객과의 접촉 지점이 될 수 있고, 지역 시장에 대한 깊은 지식을 제공해준다.

네트워크 모형의 성장은 전통적인 계층제 구조에 비해 기업과 정부 모두에 제공하는 더 많은 이익에 의해 추동되고 있다. 기업이 자신의 핵심적인 임무에 집중하고 '동종 최고(best of breed)' 공급자의 전문지식을 이용할 수 있게 자유를 준다는 것이 네트워크의 한 가지 편익이다. 예를 들어 포르셰 박스터(Porsche Boxster)는 고성능 특수 자동차를 개발하고 제조하는 것을 전문으로 하는 핀란드 공업사인 바르메트(Valmet)가 전적으로 조립한다. 세계 최고의 컨버터블 시스템 제조사로서 바르메트의 평판이 워낙 견고해서 포르셰가 박스터 전체 공급망의 관리를 바르메트에게 준 것이다. 이로 인해 포르셰는 새로운 자동차 모델을 설계하고 브랜드 이미지를 유지·향상시키는 핵심 역량에 집중할 수 있었다.

네트워크 사업 모형을 채택하고 전문화에 자원을 쏟은 것은 포르셰만이 아니다. 도요타는 광범위한 공급과 배급 채널 네트워크에 의존해 자동차 차대의 제조에서부터 물류의 관리에 이르기까지 모든 것을 수행한다.[4] 소프트웨어 회사인 시벨 시스템스(Siebel Systems)는 시스템 통합, 컨설팅,

3) Jeffrey H. Dyer, *Collaborative Advantage: Winning Through Extended Enterprise Supplier Networks*(Oxford University Press, 2000), p.5.

4) 도요타의 공급망 관계 모형에 대한 광범위한 논의를 위해서는 Dyer, *Collaborative Advantage*를 보라.

소프트웨어 및 콘텐트 개발 업무를 수행하기 위해 제휴 파트너들의 '생태계'를 구축했다. 시스코 시스템스(Cisco Systems)는 제품을 생산하는 30개 공장 중 2개만을 소유하고 있고, 시스코 라우터와 개폐기에 대한 주문은 이 회사와 계약한 제조업체로 바로 들어간다.

전문화의 이익은 정부도 네트워크 접근방법으로 전환하도록 만들고 있다. 1990년대 인디애나폴리스가 정보기술운영, 도시 공항, 폐수처리 시스템을 외부 공급자들에게 외주를 줄 때, 시가 확보한 가장 중요한 자산은 세계 수준의 운영자들이 가진 고도의 전문적인 기술 지식과 관리 기술이었다(Goldsmith, 1997: 30~44). 가령 히드로(Heathrow), 개트윅(Gatwick), 그리고 기타 주요 공항의 운영자인 영국공항공단(BAA)이 인디애나폴리스 국제공항의 관리를 맡았을 때, BAA는 자본운용계획, 금융, 주차, 편의시설 관리, 부동산 개발 수완뿐만 아니라 식음료와 소매 서비스까지도 도입했다. 시정부 혼자서는 이런 우수한 자원들을 결코 모을 수 없었을 것이다.

2. 혁신

네트워크는 정부가 다양한 공급자들을 포함시키는 광범위한 대안을 탐색할 수 있게 해주기 때문에 혁신과정에 중요한 실험을 장려한다. 하버드대학교의 미국정부혁신상(Harvard's Innovation in American Government award)을 받은 사업들이 네트워크 전달 모형을 이용하곤 한다는 사실은 혁신의 전개과정을 연구하는 사람들에게는 놀라운 일이 아니다. 사실 혁신은 종종 계층제 조직, 특히 정부관료제에서 더 높은 장애에 직면하곤 한다. 왜냐하면 내부의 많은 수평적 압박이 좋은 아이디어를 개발하는 데 필요한 상호작용을 제약하는 경향이 있고, 수직적 장애는 개발된 아이디어가 결정에 이르는

것을 방해하기 때문이다.[5)]

혁신은 냉전 시기 미국의 승리에 중요한 역할을 담당했다. 미국을 위한 무기 시스템을 구축한 민간기업의 네트워크가 소련의 명령·통제 모형하에서 운영되는 계층제적 국영기업보다 더 적응력이 높고 혁신적이었던 것이다. 확실히 군사력 증강은 군산복합체의 등장과 계약 사기 등 현실적인 문제를 야기했다. 하지만 어려움이 존재함에도 불구하고 이러한 네트워크 접근방법이 계층제적 접근방법보다 훨씬 더 역동적이다. 하버드대학교의 일레인 카막(Elaine Kamarck) 교수는 다음과 같이 설명한다.

> 소련에 맞서 더 나은 무기를 얻으려 한 미국은 자체의 내부 연구 실험실과 더불어 무수한 기업, 대학교, 민간 연구소 들을 정교한 무기류 개발에 참여시켰다. 전체주의 국가인 소련은 모든 것을 관장하는 공산주의 국가관료제가 현실 세계에서는 거의 일어나지 않는 통제된 실험으로 무기를 연구하게 했다. 1989년 실험은 끝났다. …… 네트워크 정부가 이겼고, 관료제 정부가 졌다.[6)]

마찬가지로 맨해튼 프로젝트(Manhattan Project)의 거미집 같은 조직구조

5) 정부 내 개혁에 대한 난관과 관련된 훌륭한 논의는 James Q, Wilson, *Bureaucracy* (New York: Basic Books, 1989), pp.218~232, 거대 조직의 개혁에 대한 난관 분석은 Calyton M. Christensen and Michael E. Raynor, *The Innovator's Solution: Creating and Sustaining Successful Growth*(Harvard Business School Press, 2003,), pp.9~11, 내부 네트워크에 관련된 논의는 Rosabeth Moss Kanter, *The Change Masters*(New York: Simon and Schuster, 1982)를 참조.

6) Elaine C. Kamarck, "Applying 21st-Century Government to the Challenge of Homeland Security"(Washington: IBM Endowment for the Business of Government, June, 2002), p.12.

는 혁신의 잠재력을 극대화할 의도에서 비롯되었다. 서로 다른 기업과 대학에 원자탄을 만드는 데 필요한 각각의 구성요소를 생산할 책임이 부여되었다. 듀폰(DuPont Corporation)은 플루토늄 프로젝트를 운영했다. 유니언 카바이드(Union Carbide)는 가스 확산을 연구했다. 크라이슬러(Chrysler)는 확산장치를 생산했다. 그리고 위스콘신대학교는 핵의 상수를 측정하는 데 필요한 정전 발생장치를 공급했다. 몇 가지 경우에서는 프로젝트 관리자인 레슬리 그로브스(Leslie Groves)가 동일한 과업을 여러 기관에 할당함으로써 경쟁을 유발하여 혁신을 자극했다.[7]

네트워크 전달체계가 제대로 확립되면 또 다른 종류의 혁신 기회를 낳기도 한다. 민주적 거버넌스는 끊임없이 양질의 민원서비스를 생산해야 한다. 그리고 시민의 반응에 대응해 핵심적인 혁신의 원천이 생긴다. 콜센터와 월드와이드웹(World Wide Web)을 통해 현장에서 공무원에게, 그리고 근린센터에서 다양한 방법으로 시민의 반응이 전달된다. 계층제 정부는 중간 및 상위 관리자들이 이런 경험을 하지 못하게 차단하는 경향이 있다. 반면 전형적으로 네트워크화된 반응은 이러한 반응을 경험해 정부와 관련된 일을 하는 개인의 수를 증가시킨다. 좋은 커뮤니케이션과 지식관리 도구의 도움을 받으면, 이러한 반응은 고객과의 접촉을 확장시켜 고객의 관심과 태도에 대한 정보의 개선으로 이어진다. 그리고 성공사례를 더욱 신속히 확산시킬 뿐만 아니라 혁신과 대응성을 증대시킨다.[8] 이런 식으로 네트워크는 단일 조직 내에서 가능한 것보다 더욱 광범위한 지식 기반에 더욱 적시에 접근할 수 있게 해줌으로써 학습과 지속적인 향상을 촉진한다.

7) 예를 들어, Leslie M. Groves, *Now It Can Be Told: The Story of The Manhattan Project*(New York: Da Capo Press, 1962), Chapters 4~7.

8) Dyer, *Collaborative Advantage*, pp.59~83.

3. 속도와 유연성

유연성은 정부가 대응하는 속도를 향상시킨다. 계층제적 의사결정 구조 때문에 완고한 관료제는 새로운 상황에 느리게 대응하는 경향이 있다. 상황이 변화될 때, 정부 인력과 조달 시스템의 경직성으로 인해 신속하게 이동하기 어렵거나 방향을 바꾸기가 어렵다.

반면 네트워크는 계층제보다 훨씬 더 민첩하고 유연한 경향이 있다(Linden, 2002: 13). 네트워크는 정부가 인력 배치 또는 긴급한 재료나 파트너의 수급을 더디게 하는 어리석은 절차를 회피할 수 있게 해준다. 또한 민간부문과 정부 기금 모두에 영향력을 발휘한다. 상황이 변화하거나 성과가 점점 줄면 계약조건이나 파트너의 변화를 반영할 수 있도록 계약을 설계할 수 있다(Milward, 1996: 194). 네트워크는 계층제보다 더욱 신속하게, 그리고 대개는 정치적으로 덜 곤란하게 규모를 줄이거나 늘릴 수 있다. 연방정부의 경우 20세기 연방정부에 가장 중요했던 두 가지 구상에 이러한 '서지탱크(surge-tank)'[9] 관리 모형을 활용했다. 원자폭탄을 개발하기 위한 맨해튼 프로젝트와 인간을 달에 착륙시킨 첫 국가가 되기 위한 경쟁이 그것이다.

제2차 세계대전 중에 미국과 독일은 핵무기를 먼저 만들기 위한 경쟁에 사활을 걸고 참여했다. 관료제의 명령 앞에 시간은 허락되지 않았다. 맨해튼 프로젝트의 전설적인 관리자 그로브스 장군(General Groves)은 규정집을 내던지고는 10여 개 대학과 20여 개 기업 파트너, 그리고 연방의 로스앨러

9) 수력발전소에서 도수관의 수량과 수압이 급변해 생길 수 있는 수차 등의 설비 손상을 막기 위해 도수관 끝 부분에 물을 담아두고 충격을 흡수·완화시키는 수압조절장치. —옮긴이

모스연구소에 있는 수천 명의 과학자를 불러 모아 광범위한 네트워크를 구축했다(그는 프로젝트의 최종 목표를 완전히 비밀로 하고 이 모든 일을 운영했다). 이런 모형은 전후 소련이 군비 경쟁에 돌입한 수년간 유지되었다. 실제로 1951년 원자력위원회(Atomic Energy Commission)에 고용된 6만 명 중에서 약 5,000명이 도급업자들이었다.[10]

1960년대와 1970년대 냉전 기간 동안 소련에 대항한 우주 경쟁을 하면서 연방정부는 다시금 서지탱크 모형을 채택했다. 케네디(John F. Kennedy) 대통령이 인간을 달에 착륙시키기로 선언한 후인 1962년 미국항공우주국은 3,500명의 도급업자와 2만 3,000명의 공무원을 채용했다(Light, 1999: 102). 불과 2년 뒤인 1964년 아폴로 사업이 본격적으로 가동되었고, 미국항공우주국은 기본 과업을 수행하기 위해 1만 명의 서비스 도급업자를, 로켓과 로켓 본체를 제조하기 위해 수천 명의 도급업자를, 연구와 개발을 수행하기 위해 6만 9,000명의 계약직 과학자 및 기술자를, 그리고 3만 2,000명의 공무원을 유지했다(Light, 1999). 1969년 닐 암스트롱(Neil Armstrong)이 미국 국기를 달에 세우고 난 후 미국항공우주국은 사업의 규모를 축소했고, 계약직 과학자와 기술자의 수를 5만 1,000명으로 신속히 줄였다(Light, 1999: 103). 반면 자체 인력은 800명까지 줄었다. 정부가 도급업자를 활용할 때 얼마나 큰 유연성을 가질 수 있는지를 다시금 보여주는 것이다.

정부 관리자들이 이러한 유연성으로 얻는 장점은 아무리 강조해도 지나치지 않다. 관리자는 서비스를 전달하거나 과업을 달성하기 위해 외부 파트너를 활용하면서 공무원에게는 쉽게 이뤄지지 않고 결코 가능하지도 않을 방식의 돌연한 통고로 고용하고 해고하고 배속하고 재배속할 수 있다. 국방

10) Department of Energy, "The Atomic Energy Commission and Postwar Biomedical Radiation Research"(tis.eh.doe.gov/ohre/roadmap/achre/intro_4.html [March 2004]).

부 인사담당 데이비드 츄(David Chu)는 공무원 체계는 "매력적인 대안이 아니다. 일하기 어렵다. …… 대응성이 없다. 사람들을 움직일 수가 없다"라고 설명한다.[11)]

네트워크는 또한 새로운 수요가 급증하여 고용 한계를 넘어설 때 정부가 생산성을 증가시킬 수 있게 해준다. 최근 공공 관리자들은 인력 동결, 고용 상한제, 정부 차원의 정원 제한 등에 직면해왔다. 이들은 관료제 규모가 억제되어야 한다는 메시지를 전달하기 위해 고안된 무딘 수단들이었다. 연방, 주, 지방 정부는 이런 수단들을 광범위하게 사용해왔다. 가령 1990년대 텍사스 주에서는 입법부가 고용을 동결시키고, 고용 상한제를 도입했으며, 공석인 자리는 없앴고, 회기마다 일괄적인 인력 감축안을 통과시켰다. 이러한 제한에 직면한 텍사스 주정부는 외부 조직들을 참여시켜 입법부의 새로운 명령을 충족시켰고, 공무원 수를 증가시키지 않고도 늘어난 업무를 수행할 수 있었다. 하지만 이런 능력은 남용될 수 있다. 과거 연방정부는 설계된 네트워크의 일부가 아니라 단순히 정원 제한을 회피하기 위해 계약직 직원을 자주 활용했다.

네트워크가 유연한 대응을 신속하게 할 수 있는 또 다른 중요한 방식이 존재한다. 다수의 사업이 여러 층의 정부, 수많은 개인과 상호작용하는 오늘날의 서로 연결된 세계에서 엄격한 만병통치식의 접근방법으로는 청소년 범죄를 줄이거나 마약이 만연한 지역사회를 재건하는 것과 같은 복잡한 정책문제를 효과적으로 해결할 수 없다.[12)] 정부는 대상자들에게 최대한 유연하게 서비스를 제공하고, 문제나 대상자에게 가장 가까운 공급자에게

11) Shawn Zeller, "Smashing the System," *Government Executive*(November 2003), p.34.

12) Russell M. Linden, *Working across Boundaries; Making Collaboration Work in Government and Nonprofit Organizations*(San Francisco: Jossey-Bass, 2002), p.13.

실질적인 재량권을 부여하는 해결책을 개발해야 한다.

예를 들어 다양한 관계를 갖는 근린 센터는 학대, 빈곤, 기타 어려움에 직면한 한 어머니에게 하나의 서비스를 전달하는 기관 하나가 기여할 수 있는 것보다 훨씬 더 기민하게 적절한 피난처, 상담, 직업훈련 등으로 인도해줄 수 있다. 네트워크화된 센터는 상황의 변화에 따라 제공되는 서비스의 범위를 조정할 수 있는 자유를 유지하면서도 광범위한 공급자들의 창의성과 전문기술을 활용할 수 있다. 더욱이 어머니와 그 가족 간의 관계를 유지시키면서도 이 모든 것을 할 수 있다. 이런 식으로 네트워크화는 정부가 만병통치식 서비스 공급자에서 무수한 공급자들을 위한 원스톱 포털로 진화하는 데 도움을 줄 수 있다.

마지막으로 네트워크의 일부인 지역 센터는 엄격한 정부 사업의 제약을 덜 받는다. 그러므로 일반적으로 정부 기금보다는 제약이 적은 민간 자본으로 공백을 메울 수 있다. 지역 센터는 연방 혹은 주정부 사업의 적격성 심사를 기다리지 않고 어머니를 또 다른 공급자에게 맡길 수 있다. 민간 공급자의 유연성은 끊임없이 변하는 대상자의 요구에 신속하고 맞춤형으로 대응할 수 있게 해준다.

4. 범위의 확장

정부 혁신가들은 네트워크의 범위를 확장하는 데 필요한 자원을 물색해야 한다. 때때로 이런 자원은 재정적인 것이고, 민간 자본이나 정부 자금이 필요하여 다른 잠재적인 파트너와 그들의 자금을 동원한다. 또는 파트너들의 참여 없이는 얻을 수 없는 전문적인 관리 기법이 필요한 아이디어를 정부관료제가 갖고 있을 수도 있다. 예를 들어 미국과 영국에서는 많은 지방정부가 지역관광과 경제발전을 촉진하기 위해 마케팅에 더 능한 민간 기업이나 협회와 제휴를 맺어왔다(Agranoff and McGuire, 1998: 67~91).

또 다른 경우 어떤 혁신가는 정부 예산이 삭감되었기 때문에 투자가 불가능한 상황에 직면할 수도 있다. 네트워크 접근방법은 비정부 파트너들에게 모든 운전자본(즉, 재정)을 제공하도록 요청함으로써 막대한 자본 비용을 들이지 않고도 정부관료가 범위를 확대하는 데 도움을 준다. 어떤 프로젝트가 재무적으로 실현 가능하려면 대규모로 집행되어야만 할 때가 있다. 전통적인 관료제 모형에서는 중규모의 도시가 단지 규모 문제로 최고의 사업을 놓치곤 한다. 이제 네트워크에 참여함으로써 도시는 다른 지역과 고객을 공유하고, 위험을 줄이고, 세계 수준의 전문가들을 활용함으로써 지리적 경계를 확장할 수 있다. 이렇게 네트워크는 관할권이 부여한 규모의 한계를 제거할 수 있다. 중소규모의 도시가 더 이상 단지 이러한 장애 때문에 좋은 아이디어를 버릴 필요가 없게 되었다. 네트워크 파트너가 해답을 제공할 수 있고, 위험을 감수할 수 있으며, 다른 정부 고객을 끌어옴으로써 한계비용을 줄일 수 있다.

그러나 범위의 확장은 또한 네트워크를 활용해 정부 서비스의 고객들과 더욱 광범위하게 연결하는 것을 의미한다. 이는 더 많은 미국인들이 온라인으로 세금을 신고하도록 장려한 구상을 통해 민간부문과 파트너가 되고자 한 미국국세청(Internal Revenue Service: IRS)의 결정을 추동한 주된 목표 중의 하나였다. 1998년 제105회 의회는 예산 절약, 신속한 환불 과정, 미국국세청에 대한 미국인들의 혐오 감소 등을 위해 2007년까지 모든 소득신고의 80%, 혹은 1억 2,000만 건 이상을 전자적으로 처리하도록 규정했다. 의회에서는 미국인 다수에게 전자신고를 설득하는 것이 가까운 미래에 증가하는 소득신고 처리에 드는 엄청난 연방 지출을 막는 유일한 길이라고 믿었다. 미국국세청 정보기술서비스부의 부서장보인 테리 루츠(Terry Lutes)

는 다음과 같이 말했다. “다음 10년 동안 우리는 추가재정지원 없이 4,000만 건의 추가 신고를 처리해야 할 것이다. 이를 처리할 유일한 방법은 최소한 4,000만이 넘는 납세자들이 전자적으로 신고하도록 하는 것이다.”

온라인 신고의 당위성은 의심의 여지가 없지만, 의회가 추진한 목표는 상당히 야심적인 것이었다. 1998년에는 전체의 1/5인 약 2,400만 건만 전자적으로 신고되었다. 미국인의 70%는 연방 소득세 신고를 온라인으로 할 수 있다는 것조차 모르고 있었다.

미국국세청이 의회의 목표를 충족시키기 위해서는 엄청난 지원이 필요하다는 것을 깨닫는 데는 오랜 시간이 걸리지 않았다. 미국국세청은 민간부문으로 눈을 돌려 납세 소프트웨어 기업, 전국의 납세 준비 회사, 세무 회계사들의 기술 및 마케팅 기술을 활용하기 위한 계획에 착수했다. 루츠는 다음과 같이 설명한다. “간단한 문제였다. 모든 납세 신고의 절반 이상을 납세 전문가가 하고 있고, 수백만 건은 납세 소프트웨어의 도움으로 납세자들이 완성하고 있다. 우리 목표를 달성하기 위해 민간부문과 함께 일할 필요가 있었다.”

루츠는 전국적인 회계 관리자들을 고용했다. 사실상 정부부문에서는 들어본 적이 없는 직업이었다. 이들에게 하나의 목표가 주어졌는데, 소득 신고를 종이에서 전자 양식으로 전환하기 위해 인튜이트(Intuit)와 같은 소프트웨어 기업, H&R 블록(H&R Block)이나 잭슨 휴잇(Jackson Hewitt)과 같은 납세 준비 회사, AOL이나 MSN과 같은 포털, 개별 개업자, 은행 및 기타 금융기관 등의 협력을 얻는 것이었다.

2002년 전자 신고에 대해 알고 있는 미국인은 80%에 이르게 되었고, 2004년에는 6,000만 건이 전자적으로 신고되었다. 이는 개인이 직접 하는 모든 소득 신고의 약 절반에 해당한다.13) 이런 증가의 상당한 부분은 미국국세청의 민간부문 파트너들이 수행한 막대한 광고 캠페인 덕분이다. “그들은 온라인 신고라는 메시지의 마케팅에서 강력한 협력자들이다"라고 루츠는 말했다.

네트워크는 또한 주요 사회문제를 해결하기 위한 노력에서 보여주는 비영리부문의 혁신적인 정신과 창의성을 정부가 관여시키도록 해줌으로써 범위를 확장하는 데 도움을 줄 수 있다(Goldsmith, 2002; Salamon, 1995). 유아사망률, 십대 후반의 임신율, 형편없는 교육 성과, 약물 남용, 그리고 범죄는 이를 경험한 사람들의 정서적·정신적 요구와 따로 떼어놓고 생각할 수 없다. 개인의 책임에 대한 요구와 분리시킬 수 없다. 하지만 정부관료제가 이렇게 복잡한 문제들을 해결할 수는 없다. 왜냐하면 정부관료제의 협소한 사업들은 정실주의를 예방하고 모든 사람이 똑같이 대접받도록 설계된 법률, 규칙, 규제의 제약을 받기 때문이다.

네트워크는 혁신적인 정부관료들이 시민사회에서 작동하는 요소들을 대신하는 것이 아니라 지원함으로써 사회문제를 해결하는 정부의 중요한 역할을 다할 수 있도록 해준다. 구체적으로 정부는 서비스, 사랑, 훈육을 적절하고 효과적으로 엮어 운영하는 근린조직과 종교단체와의 네트워킹이나 기금 지원을 통해 필요한 사람들을 도울 수 있다. 이런 접근방법은 정부 지원의 수동적인 수령자나 외부 사회 세력의 무기력한 희생자가 아니라 자치적인 시민이 되도록 용기를 돋우는 사업과 정책을 통해, 공공혁신가들이 공민권을 빼앗긴 시민들을 미국 생활의 주류로 적극적으로 있는 권한을 부여한다.

이들의 잠재력을 극대화하기 위해 이러한 네트워크는 수평적으로 그리고 수직적으로 움직이곤 한다. 각 부문을 망라하여 서비스에 관여할 뿐만 아니

13) Internal Revenue Service, "Number of Individual Income Tax Returns Filed Electronically and Accepted, by State, Fixcal Year 2002," *2002 IRS Data Book*(March 2003).

정부와 비영리부문: 공생관계의 증대

최근 수십 년 동안 비영리부문이 급성장해왔다. 이전보다 규모가 커지고 정치적으로 더욱 강력해졌으며 세련된 모습이다. 1977~1997년 새로운 비영리단체 수는 연평균 2만 3,000개였는데, 같은 기간 민간기업의 경우보다 훨씬 높은 성장률을 보인 것이었다(이러한 성장은 최근 가속화된 것인데, 1977~1987년에는 연평균 1만 5,000개가 증가하던 것이 1987~1997년에는 연평균 2만 7,000개 이상 증가했다). 서비스업 일자리 15개 중 하나는 비영리부문에서 찾을 수 있다.

비영리부문 총수입 역시 성장했는데, 1977~1997년에 (인플레이션 조정치로) 140% 증가하여 민간부문의 성장을 앞질러 왔다. 이 수치는 같은 기간 미국 경제의 성장률 81%보다 두 배 가까운 것이었다. 비영리부문 총수입 성장은 특히 예술, 문화, 행정 서비스, 건강관리 분야에서 강세였다. 이들 분야의 성장률은 광범위한 경제 성장률에 비해 최소 두 배였다.

비영리부문이 성장하면서 정부 자원에서 나오는 재정지원도 급상승해서 1977~1997년에 실질적으로 595%가 증가했다. 정부로부터 받은 비영리부문의 수입이 차지하는 비율 역시 상승했는데, 1977~1997년에 전체 비영리단체 수입의 27%를 차지하던 것이 33%로 증가했다(종교 단체들을 비영리부문의 정의에서 제외한다면, 비영리단체 수입에 대한 정부 기여는 총 37%이다). 이러한 증가의 주된 수혜자는 역시 보건, 행정 서비스, 예술단체 등으로 정부 지원은 인플레이션을 감인할 때 200% 이싱 증가했다.

비영리부문의 증가는 이제 정부가 재원을 지원하는 행정 서비스의 절반도 정부가 전달하지 않고 있음을 의미한다. 대부분의 지역사회에서 보건 및 행정 서비스의 3/5 이상은 이제 비영리 혹은 영리 공급자에 의해 전달된다. 그 결과 공생관계가 증가하고 있다. 정부는 가장 큰 비영리단체 투자자이며, 비영리단체들은 빈민, 노인, 장애인 들에게 국가를 대신해 많은 보건 및 행정 서비스를 전달한다.

자료: Lester Salamon, *The Resilient Sector: The State of Nonprofit America*(Brookings, 2003), p.51.

라 고객에 가장 가까운 정부 단위와 사업을 포함시키는 권한 이양 개념을 사용한다. 네트워킹이 더욱 효과적이기 위해서는 범정부 차원에서 접근방법의 근본적인 전환이 있어야 한다. 자신의 상황을 평가하고 자기 기관의 틀을 새로운 방향으로 발전시키려는 권한, 열의, 비전을 가진 지도자와 관리자들은 선두에 나서야 할 것이다. 그리고 여느 선구자처럼 다음 장에서 탐구할 중대한 도전에 직면하게 될 것이다.

제2장의 핵심 내용

주안점

▲ 네트워크는 정부가 다양한 공급자를 포함하는 광범위한 대안들을 탐색하도록 함으로써 혁신과정에 중요한 실험을 장려한다.

▲ 네트워크는 또한 '동종 최고' 공급자들의 전문지식을 보강함으로써 정부가 핵심적인 임무에 집중할 수 있게 해준다.

▲ 네트워크는 유연성을 증대시킨다. 서비스를 전달하거나 과업을 완수하기 위해 외부 파트너들을 활용함으로써 즉각적으로 자원을 증가시키고 감소시키거나 변화시킬 수 있다.

▲ 분산되어 있고 유동적인 형태의 네트워크와 각 구성원의 자율성으로 인해 시민들을 위한 가장 적절한 수준에서의 의사결정이 가능하다.

조언

▲ 주요 사회문제를 해결하려는 노력에 비영리부문의 혁신적인 정신과 창의성을 관여시킴으로써 범위를 확장하라.

▲ 긴급하지만 일시적으로만 확장이 필요할 때 네트워크를 활용하라. 1962년 미국항공우주국은 3,500명의 도급업자들을 고용했다. 2년 뒤인 1964년 아폴로 사업이 본격적으로 가동되었고, 미국항공우주국은 7만 9,000명의 도급업자들을 유지했다. 달 착륙이 완수된 후 미국항공우주국은 계약직 과학자와 기술자의 수를 5만 1,000명으로 줄임으로써 신속히 대처할 수 있었다.

사례

▲ 맨해튼 프로젝트: 원자폭탄을 만들기 위해 미국 정부는 10여 개의 대학, 20여 개의 기업 파트너, 그리고 연방의 로스앨러모스연구소에 있는 수천 명의 과학자들을 모아 광범위한 네트워크를 구축했다. 실제로 원자폭탄이 투하된 이후 원자력위원회에 고용된 6만 명 중 거의 5,000명이 도급업자들이었다.

▲ 미국국세청(IRS) 온라인 신고 이니셔티브: 소득 신고의 80%를 전자적으로 처리한다는 목표를 달성하기 위해 미국국세청은 민간 납세 준비업자나 소프트웨어 제조업자와의 혁신적인 파트너십을 성공적으로 이뤄냈다.

제3장

네트워크 모형의 도전

제2장에서 우리는 밀워키 시정부가 네트워크 모형을 활용해 얻은 이익을 설명했다. 이렇게 광범위하고 복잡한 공급자 네트워크를 공무원들이 작동시키고 관리하는 데서 마주치는 수많은 도전에 대해서는 아직 이야기하지 않았다. 밀워키 공무원들은 일찍부터 노급업자들이 주정부 기금을 남용했다는 주장에 직면했다. 어떤 비영리 공급자는 파티를 여는 데 주정부 기금을 유용한 혐의로, 또 다른 공급자는 다른 주에서의 계약을 위한 로비에 세금을 유용한 혐의로 고소되었다. 낮은 성과와 이러한 문제로 인해 위스콘신 주는 위스콘신 웍스(W-2)에 착수할 때 예상했던 것보다 훨씬 더 적극적인 관리 역할을 담당했다. 인력개발국의 한 관료는 다음과 같이 설명했다. "우리는 사례관리가 제대로 되지 않는 데서 W-2 공급자들의 몇 가지 패턴을 보기 시작했다. 우리로서는 훨씬 더 적극적인 모니터링을 해야 했다."

하지만 W-2 공급자들의 불만도 쌓여갔다. 주정부가 약속을 어겼다거나 산더미 같은 서류작업의 부담을 준다거나 비현실적인 성과 목표를 부과한다거나 하는 불만이다. YWCA의 리타 라이너(Rita Riner)는 민간 공급자들 사이의 공통적인 좌절을 다음과 같이 표현했다. "일하는 도중에 주정부가 일부 이윤과 성과 기준을 바꿔서 우리가 그 목표를 거의 달성할 수 없게 만들었다."

이런 정도는 관료제적 서비스 전달 모형에서 네트워크 모형으로의 변화 과정에서 위스콘신 공무원들이 직면한 이슈들 중에서 그래도 봐줄 만한 것이었다. 또한 대부분은 성공적이었다. 밀워키의 W-2 경험이 보여준 것은 무엇보다도 네트워크 형태의 정부가 큰 이익을 주지만 새로운 관리 문제를 정부에 떠안기기도 한다는 것이다.[1] 성공적인 네트워크 관리를 위해서는 개발 이익을 환수하기 위해 계약을 관리하는 기본 능력에 관한 문제, 호환성이 없는 정보체계와 같은 기술 문제, 네트워크 내의 한 파트너가 다른 파트너보다 더 많은 정보를 가질 수도 있는 의사소통 문제, 그리고 다양한 공공·민간·비영리부문의 문화 간 상호작용이 비생산적인 불협화음을 만드는 문화 문제 등을 해결해야 한다.

네트워크를 더욱 효과적으로 관리하는 첫 단계는 위의 문제를 비롯한 여러 도전들을 철저히 이해하는 것이다. 이 책의 다음 장에서 설명하는 주택도시개발부(Department of Housing and Urban Development: HUD)의 HOPE VI 프로그램과 같은 몇 가지 사례는 같은 프로그램이더라도 어떻게 관리되느냐에 따라 성공할 수도 실패할 수도 있음을 보여준다. 사실 어떤 프로그램의 성공이나 실패는 종종 네트워크 관리자가 네트워크 정부의 도전을 어떻게 처리하는지 여부에 달렸다. 네트워크 관리는 목표를 정렬하고, 감독하고, 의사소통의 붕괴를 막고, 다수의 파트너들을 조정하고, 경쟁

1) H. Brinton Milward and Keith G. Provan, "How Networks Are Governed," in Laurence E. Lynn, Jr., Carolyn Heinrich, and Carolyn J. Hill(eds.), *Governance and performance: New Perspectives*(Georgetown University Press, 2000), pp.316~317.

과 협력 간의 긴장을 관리하며, 자료와 능력의 부족을 극복하는 것이다.

1. 목표 일치

공급망 네트워크는 자동차나 트럭을 만드는 자동차 산업, 컴퓨터나 라우터를 만드는 하이테크 산업에서 구축될 수 있다. 이 경우 가격, 적시성, 품질의 3박자는 상대적으로 간단하다. 그리고 최종 생산물을 정의하기가 쉽다. 만약 네트워크가 붕괴되어도 보통은 문제의 소재를 찾아내고 신속하게 고치는 것이 가능하다. 물론 상업적 공급망 참여자들도 때때로 의견의 차이를 보일 수 있다. 하지만 목표나 가치와 관련한 실질적인 의견 차이는 거의 발생하지 않는다.

공공부문에서는 목표를 일치시키는 것이 간단하지 않다. 목표를 잘 맞춘다는 것은 과정이 아니라 결과에 대한 일치를 의미하는 것이다. 하지만 정부 네트워크는 공공 결과가 불분명하고 측정하기 어려우며 달성하는 데 수년이 걸릴 수도 있는 유형의 서비스를 전달하기 위해 형성되는 경향이 있다. 설상가상으로 네트워크가 중복되기도 하고 다른 목표를 가진 행위자들로 이루어지기도 한다. 정부가 도급업자들에게 책임을 지게 할 필요가 있지만, 네트워크식 해결책을 필요로 하는 바로 그 복잡성이 책임을 묻는 과정을 상당히 어렵게 만들곤 한다. 네트워크 내 행위자들은 모두 한정된 성과 목표를 갖고 상이한 서비스를 제공하고 있을지도 모른다. 가령 어떤 공급자는 서비스 대상자가 일자리를 얻었는지 여부에 따라 보상을 받을 수도 있다. 어떤 공급자는 같은 서비스 대상자가 더 이상 폭력의 희생자가 되지 않아야 보상을 받을 수도 있다. 이렇게 다양한 성공 기준이 네트워크 관리를 번잡하게 만든다.

더욱이 네트워크 내 조직들의 임무가 항상 잘 맞춰지는 것은 아니다. 지역사회단체인 라 보데가 드 라 파밀리아(La Bodega de la Familia)를 포함하는 네트워크, 혹은 체포를 통해 범죄를 예방하는 법집행 파트너의 임무가 치료와 사회복귀에 초점을 두는 행정 서비스 조직의 임무와 충돌할 수도 있는 네트워크가 그 좋은 사례이다(제4장 참조).

낡고 밀집해 있으며 가치가 하락한 시설물을 주변의 특징과 어울리게 교체하도록 도시 공공주택 당국에 보조금을 주는 구상, 주택도시개발부의 HOPE Ⅵ 프로그램에서 이런 긴장이 표출되었다. 지방의 공공주택 당국들은 행정 서비스와 카운슬링에서 개발과 건설에 이르기까지 광범위한 관련 활동을 외주로 주었다. 기존 거주자들이 쫓겨나지 않도록 하는 데 관심을 두는 주택문제 관련 단체들과 가난한 주민들을 광범위한 지역에 분산시키더라도 근린의 재건에 더 많은 관심을 두는 지역개발 관료들 사이에 때때로 긴장이 생겨난다. HOPE Ⅵ 추진 과정에서 기존 거주자의 재배치를 줄일 책임을 진 계약 파트너들은 재개발 촉진에 도움이 되도록 보조금을 주는 시설물의 밀도를 줄이는 데 더 관심이 있는 지역사회 관련자들이나 시 공무원들과 사이가 좋지 않았다.

십대의 임신과 같은 기타 곤란한 사회문제를 처리하기 위해 형성되는 네트워크에서도 목표를 맞추는 데 어려움이 발생한다. 예를 들어 십대의 임신을 줄이고 결혼 전에는 아이를 갖지 않도록 하는 데 관심이 있는 공공기관은 종교단체들과 파트너가 될 수도 있다. 하지만 종교단체들은 신앙을 장려한다는 목표를 갖고 있을 수도 있다. 그러면서 자신들의 목표가 혼외 출산을 줄인다는 공동의 목적을 달성할 가장 좋은 방법이라고 확신할 수도 있다. 이는 근본적인 정책 이슈를 제기한다. 파트너십을 어느 정도까지, 그리고 어떤 조건으로 진척시킬 것인가? 원칙적으로 행동하는 종교지도자들은 정부와 타협할 능력이 없을지 모른다. 목표에 합의하더라도 어떠한 것이 적절한 사회적 행동인지에 대해 종교와 정부 부문의 의견 불일치가 클 수도 있다. 워싱턴 D.C.의 앤서니 윌리엄스(Anthony Williams) 시장은 다음과 같이 설명한다.

> 종교 공동체는 명확히 더 높은 권위자에게 응답할 의무를 갖는다. 농담 삼아 하는 말이 아니다. 상대적 관점이 아니라 절대적 관점에서 다뤄야 할 것이다. 선과 악이 존재하고, 옳고 그름이 존재한다. 일종의 신학적이거나 원리적 혹은 도덕적 관점에서 어느 정도의 빈곤이나 무주택 문제를 받아들일 수 있는가? 없다. 0이라는 뜻이다. 이런 정의에 의하면 합의에 이르는 것은 항상 마지못한 것이기 마련이다. 그래서 항상 일시적이며 나중에 도전을 받게 된다.

목표 불일치는 정부가 네트워크를 활성화할 때뿐만 아니라 네트워크의 일부와 경쟁할 때에도 발생한다. 예를 들어 인디애나폴리스 시는 독점적이고 돈이 많이 들어가는 대중교통체계를 영리부문, 비영리부문, 정부 등 더욱 다양한 서비스 공급자들의 네트워크 집단으로 대체해 더욱 높은 대응성을 확보하고자 했다. 시는 정치적 타협에 따라 노선이나 계약을 유지했고, 대도시의 버스를 운영했던 기존 운수회사 내에 관리자를 두었다. 대안적인 형태의 교통이 더 많은 승객에게 이익이 될 수 있지만, 불행하게도 이 회사는 어떤 사업도 잃고 싶지 않았다. 이는 네트워크 참여자들의 긴장으로 이어졌다. 서비스 보조금에 대한 요구가 기존 수익을 초과하면서 기존의 대규모 버스 노선을 운영하는 준공공기관, 지선을 운영하는 소수 민족 소유의 기업들, 그리고 도시 거주자와 장애인을 수송하는 지역사회개발회사들이 모두 상이한 그리고 종종 경쟁적인 목적을 가지고 운영되었다.

정부는 파트너들에게 사익을 공공선으로 승화시키도록 요구하는 반면,

네트워크 구성원들은 자신의 이익을 극대화하고자 하는 불가피한 긴장에서 세 번째 형태의 목표 불일치가 생겨날 수 있다. 최악의 경우 민간 파트너가 사익을 위해 정부의 프랜차이즈를 부적절하게 이용함으로써 부패를 야기할 수 있다. 불행한 일이기는 하지만 이러한 불법 행동은 법적 과정을 통해 상당히 쉽게 다뤄질 수 있다. 진짜 공명정대한 차이를 다루는 것이 훨씬 어려운 문제이다. 하버드대학교의 마크 무어(Mark Moore) 교수는 다음과 같이 설명한다.

> 목적은 끝까지 유지되고 목적을 달성할 수단만 변하는 협정을 통해 유용하게 추구될 수 있는 잘 이해되고 공동으로 설정된 목적이 존재한다고 말할 수 있다. 그러나 이것은 어떤 파트너 단체가 자신이 바라는 대로 활용하려고 공동소유의 자산을 양도하는 것 말고는 어떤 공공의 목적도 존재하지 않는다고 하는 것과 전혀 별개의 일이다. 공적인 목적이 네트워크의 작동을 통제하고 안내하기 위해 어떻게 형성되고 활용되는지, 혹은 좀 더 좁은 의미에서 정부가 파트너십을 통해 원하는 것을 충분히 얻었는가 하는 관점에서 어떻게 상이한 파트너십 협정들이 평가될 수 있는가 등의 쟁점이 항상 중요하다.[2)]

이런 세 가지 의미에서 목표 일치라는 쟁점은 성공적인 관계를 위해 긴요하고 진행 중인 구성요소이다.

2) Mark Moore, 필자들에게 보낸 이메일, May 9, 2004.

2. 왜곡된 감독

많은 정부가 민·관 파트너십과 외주를 서비스 관리라는 골칫거리를 덜어내기 위한 방법으로 오해하고 적절한 감독을 수행하지 못하고 있다. 이 때문에 비용 초과, 서비스 실패, 심지어 스캔들과 같은 결과가 불가피하다. 예를 들어 뉴저지 주 차량관리부는 최근 몇 가지 계약에서 명확한 감독 실패 문제로 비난을 받은 적이 있다. 이런 스캔들의 대가는 크다. 1985년 주정부 조사위원회(State Commission of Investigation: SCI)의 감사를 통해 느슨한 보안과 표준 감사 절차, 그리고 민간 계약자에 대한 모니터링이 미흡하다고 밝혀진 뒤 민간이 운영하던 십여 개의 차량관리부 지구 사무실이 주정부의 통제로 환원되었다. 17년 뒤 주정부 조사위원회와 주정부 검찰에 의한 조사를 통해 주정부 공무원들이 민영화된 배출가스 검사 시스템의 문제를 적절하게 모니터하는 데 실패했음이 밝혀졌다. 두 사례 모두 감독 소홀에서 기인했다.

반대로 생산성과 무관하게 공급자들이 계약의 모든 세부 사항을 이행하도록 하면서 공무원들이 자기 권한을 남용할 수도 있다. 산출이나 결과에 대한 감독 권한으로 인해 정부 계약 감독자들이 네트워크 파트너들의 상호작용을 종종 간섭하게 된다. 이런 간섭은 허가, 규칙 시행, 공급자 기술의 적절성에 대한 심문, 혹은 주정부가 활용함으로써 민간기업과 비영리단체의 상황을 어렵게 만들 수 있는 기타 여러 메커니즘으로 나타날 수 있다.

이 두 극단이 계속 반복된다. 처음에 철저한 감독에 실패한 정부가 그다음에는 문제가 부상할 때 과도하게 반응하며 파트너들의 세세한 부분까지 관여하려 한다. 이와 같이 과도하고 불필요한 절차가 파트너들에게 부과되는 것은 주로 이전의 스캔들과 오류의 잔재로 인한 것이다. 생산적 복지 도급업자들에 대한 부정적인 이야기가 언론에 보도된 후 밀워키 복지 공급자들이 바로 이러한 반응을 경험했다. 주정부는 관련된 특정 도급업자들과 이 문제를 처리하기보다는, 모든 네트워크 파트너들에게 추가적인 보고 양식을 기재하라고 요구했다. 이런 추가적인 요구사항으로 인해 전체 시스템에 과부하가 걸렸다. 이에 대해서 인력개발국의 한 고위 관료는 "우리가 핵심에서 너무 벗어났다"라고 말하며 "우리가 너무 많은 기준과 자료 증빙을 요구했다. 이 중 얼마는 결과보다는 과정에 관한 것이다"라고 인정했다. 좋은 감독이란 과정이 아니라 결과에 집중하는 것이다.

3. 의사소통의 붕괴

어떤 서비스가 조직 내부에서 공급될 때, 조직 내 비공식적 의사소통 채널이 공식적 의사소통 노력과 정보 흐름을 증폭시킨다. 확산과 분산 때문에 의사소통이 어려워질 수 있는 네트워크 접근방법에서는 '휴게실'에서 이루어지는 형태의 내부 의사소통 채널이 방해를 받는다.[3] 더욱이 정부는 때때로 자체적으로는 부과하지 않는 불필요한 비밀유지 제약을 도급업자들에게 부과함으로써 정보 흐름을 중단시키기도 한다. 게다가 파트너들이 각자 호환되지 않는 정보체계를 활용한다면 의사소통은 한결같지 않고 협력은 빈약해질 것이다. 일정하고 활발하며 비공식적인 의사소통 채널이 붕괴된다는 것이 때로는 더 이상 문제를 포착할 수도, 위기에 대응할 수도 없음을 의미한다.

의사소통 문제는 정부 주도의 네트워크에 한정되지 않는다. 민간부문에

3) Eugene Bardach, *Getting Agencies to Work Together: The Practice and Theory of Managerial Craftsmanship*(Brooking, 1998), pp.131~134.

서는 이러한 문제를 해결하기 위해 1990년대 동안 수십억 달러를 지출했다. 하지만 공급자와 생산자 간의 의사소통 붕괴가 항상 발생한다. 가트너 그룹(Gartner Group)은 모든 IT 외주 프로젝트의 절반이 손익 약속을 지키지 못한 주된 이유로 의사소통 문제를 들고 있다.[4] 예컨대 의사소통 문제가 2001년 시스코 시스템스(Cisco Systems) 재고목록에서 22억 달러의 평가절하를 초래했다. 1990년대 후반 시스코는 인터넷과 정보통신의 급속한 발전에 따른 수요 증가에 대응해 가상 공급망을 증가시켰지만, 2000년 기술 실패가 시작될 때 이를 전환하는 데 실패했다. 그 결과 시스코는 아무도 사고 싶어 하지 않는 엄청난 부품 재고에 시달렸다. 몇 가지 요인이 시스코의 큰 실수를 야기했는데, 가장 중요한 것은 공급망 네트워크 전반의 잘못된 의사소통이었다. 제품 수요가 줄어들어 생산을 늦추거나 중단시켜야 한다는 말이 회사 본부로부터 공급망 피라미드의 중간이나 하위에 있는 부품 도급업자들에게 신속히 전달되지 않았다.[5]

제5장에서 살펴보겠지만, 기술은 이런 의사소통 문제를 해결하는 과정에서 중요한 역할을 한다. 지식관리 소프트웨어, 원격회의, 화상회의, 그리고 원격·전자 관리 역량이 모두 네트워킹 과정을 향상시킬 수 있다.

하지만 시대에 뒤떨어진 정보통신기술이 더 나은 의사소통을 방해할 수도 있다. 예를 들면, 2001년 가을 워싱턴 D.C.에서 발생한 탄저균 위기 상황에서 중부 대서양 연안 주에 있는 카이저 퍼머넌트(Kaiser Permanente) 의료 그룹이 의사들에게 하루에 두 번 이메일과 폰 메시지로 탄저균 치료를 위한 새로운 지침을 설명했다. 이 회사는 또한 감염의 위험이 있는 우체국

4) Gregg Keizer, "Outsourcing: A 50-50 Proposition," *Information Week*, March 26, 2003(www.informationweek.com/story/IWK20030326s0006).

5) Paul Kaihla, "Inside Cisco's $2 Billion Blunder," *Business 2.0*, March 2002(www.business2.com/b2/web/articles/0,17863,514495,00.html).

직원들을 확인하기 위해 환자 기록을 검색해 연락함으로써 가능한 치료법을 제시했다.[6] 하지만 카이저가 연방정부와 연락을 취할 때는 팩스, 전화, 우편물 등 정교하지 않은 정보 공유 전략에 의지했다. 정부의 IT 시스템이 외부 파트너와 상호작용할 만큼 확립되지 않았고, 많은 정부 기록들이 디지털화되지 않았기 때문이다.

4. 분절적인 조정

네트워크 정부는 전형적으로 다양한 수준의 정부, 비영리단체, 영리기업 간의 조정을 필요로 한다. 각 단위마다 구성원들이 있고, 복잡성이 높고 책임이 불명확할 때 조정 문제가 네트워크를 해칠 수 있다. 어떤 한 조직의 성과가 나쁘거나 두 조직 간의 관계가 붕괴되면 전체의 성과를 위태롭게 할 수 있다.

이런 위험은 정부가 각 공급자와 정부와의 관계뿐만 아니라 네트워크 내 조직 간의 관계도 관리해야만 한다는 것을 의미한다.[7] 가령 정신건강 네트워크는 입원환자 진료시설, 자살예방 긴급 직통전화, 비상시설, 일부 집단 수용소 운영자, 직업훈련 제공자 등으로 구성될 수 있다(Milward and Provan, 2000: 329). 네트워크 관리자는 이들 기관을 조정해야 할 뿐만 아니라 각 공급자가 정보를 공유하고, 대상자를 다른 네트워크 공급자들에

6) Marianne Kolbasuk McGee, "The Bioterrorism Threat Is Forcing Health Care to Lose Its Aversion to IT," *Information Week*, November 19, 2001, p.52.

7) Phillip J, Cooper, "Moving beyond Advocacy in Public-Private Partnerships," in Patrick Boyer(ed.), *The Leadership Challenge: Effective Organization in the 21st Century*(Guelph, Ontario: Guelph University, 2002), pp.127~144.

경쟁과 협력 간의 긴장

하나의 네트워크에서 협력하고 있는 공급자들이 다른 곳에서는 계약과 재원을 두고 서로 심한 경쟁을 벌여야 하는 현실 때문에 목표의 일치와 파트너의 협력을 모두 달성하는 것은 아주 복잡한 문제이다. 이런 외적인 긴장이 네트워크 관계 내에서 때로는 불신과 정보 왜곡으로 나타나는 근본적인 긴장을 초래한다.

미국교육부가 대규모 직접 융자처리계약을 위한 제안서들을 평가할 때 두 가지 솔루션을 후보 명단에 올렸다. 하나는 단일한 계약자가 통합관리하는 네트워크였고, 다른 하나는 한 조직이 모든 서비스를 제공하는 것이었다. 네트워크에 의한 솔루션은 각 대기업의 전문 역량을 자연스럽게 연계시킬 수 있는 광범위한 능력을 약속했다. 그러나 교육부는 네트워크 솔루션과의 계약을 체결하기 전에 주의 깊게 조사를 해야 했는데, 두 개의 큰 파트너들이 다른 여러 분야에서는 중요한 경쟁자들인 이 팀을 네트워크 통합자가 정말 순조롭게 관리할 수 있을까 하는 문제였다.

우리가 이 책에서 경쟁자들의 긴장을 해결할 방법을 소개하겠지만, 당장은 민간부문에서의 해결책을 들여다볼 것을 제안한다. 어떤 프로젝트에서는 협력하고 또 다른 프로젝트에서는 경쟁하는 경쟁자 이야기를 15년 전에는 전혀 들을 수 없었지만, 이제는 기업의 일상적인 관행이 되었다.

게 보내고 서비스를 조정하도록 해야 한다. 어떻게 해야 이런 일을 잘할 수 있을지를 이해하고 있는 정부기관이나 비영리단체는 드물다.

사실 일부 정부 프로그램은 네트워크 형태로 제공되는 것처럼 보인다. 하지만 조정은 아주 부족하여 네트워크라는 정의 자체에 무리가 있는 실정이다. 노인의료보험(Medicare)과 국민의료보조(Medicaid)에 둘 다 해당되는 노인들에 대한 정부의 보건 서비스 제공이 하나의 예이다. 2003년 노인의료보험의 처방약 급여에 대한 의회의 논쟁에서 이 위험성이 높은 집단이 주목을 받았다. 보건정책 전문가들은 이들을 '이중 수혜자'라고 불렀다. 대부분이 요양소에서 사는 이중 수혜자들의 의료 요구는 연방 노인의료보험 프로그램으로 충분하다. 하지만 이들에 대한 약제는 주정부가 운영하는 국민의료보조 프로그램으로 충당된다. 이중 수혜자들에 대한 건강관리를 제공하는 것은 불규칙하게 확산되는 복잡한 네트워크이다. 연방 노인의료보험 프로그램과 주정부의 국민의료보조 적용 범위 이외에도 '네트워크'에는 지방 기관, 의사, 요양소, 기타 돌봄제공자, 그리고 많은 주정부 약제 급여 프로그램을 관리하는 민간의 급여 관리 기업들이 포함된다.

개인들에 대한 서비스에 초점을 두는 잘 조정된 네트워크에서는 환자 보호의 총비용과 질이 중요할 것이다. 불행하게도 이중 수혜자들에 대한 건강서비스는 그렇게 조직되어 있지 않다. 보호와 자금 조달이 단편적이어서 약제에 대한 의사결정이 다른 건강관리 서비스와 잘 조정되지 않고, '종합적인' 건강관리의 기회를 놓치거나 아예 존재하지 않게 된다. 어떤 공급자가 약을 사용하면 이후에 입원이나 수술을 줄일 수도 있을 텐데, 약이 비싸다고 사용하지 않기로 결정할 수도 있는 것이다.

5. 자료 부족과 잘못된 벤치마킹

좀 더 간단한 외주에서와 마찬가지로 정확한 자료의 부족은 네트워크화된 서비스 전달을 실패하게 만들 수 있다. 네트워크 혁신을 고려하는 관료라면 그 일이 기존 계층제적 정보 네트워크를 통해 수행되어야 할지를 우선 결정해야만 한다. 하지만 관료가 정부 옵션의 실비용과 성과를 알고 있을 때만 이런 결정을 내릴 수 있다. 그리고 보통은 그렇지 못하다. 정부는 경쟁자가 없고 따라서 '효율적으로 일할' 보상체계가 적기 때문에 서비스의 추가 비용에 관한 정확한 자료를 준비할 필요가 없는 것이다. 정부 내에서 이런 자료를 준비할 추동력은 종종 정치적인데, 자료가 어떻게 표현되어야 할지를 윤색하는 상황에서 나타난다. 웅덩이를 메우거나 소득신고를 처리하는 데 비용이 실제로 얼마나 소요되는가? 대부분의 경우 정부 스스로는 실제 비용을 설명할 수 없다. 처음에는 인디애나폴리스의 부시장으로, 다음에는 민간 컨설턴트 자격으로 네트워크 접근방법을 적용하려는 많은 정부 기관들과 일해왔던 스킵 스티트(Skip Stitt)는 말한다. "현직에 있는 정부 공급자가 어떤 서비스를 제공하는 데 드는 총비용이 얼마인지 처음부터 알고 외주를 준 사례를 떠올릴 수가 없다. 성과 척도가 아주 명확한 사례들이 있긴 하지만, 이런 경우라도 모든 영역에서 명확한 것은 아니다. 더욱이 자료를 갖고 있을지라도 제대로 공유하지 않으려는 동기가 강할 수도 있다. 가령 어떤 보안관이 교도소를 민간기업에 외주를 줄 수 있음을 알게 되었을 때는 간접비용이나 매몰비용을 줄여 말할 동기가 생긴다. 그러나 그가 다른 관할 당국에 죄수 수용비용을 청구할 때는 아무리 간접적인 것이라 할지라도 모든 비용을 기록하고 포함시킬 동기가 강하게 생길 것이다."

1990년대 중반 캔자스 주가 양육, 입양, 그리고 가족중심서비스 프로그램을 모두 외주로 돌릴 때, 중대한 자료 부족 문제를 경험했다. 캔자스 주가 입찰자들에게 주었던 비용 자료는 주정부의 실비용을 낮게 잡은 것이었다. 캔자스 주 아동 및 가족 서비스 위원이었던 테레사 마코위츠(Teresa Markowitz)는 "우리가 성과를 산정하는 데서의 문제는 어떤 자료도 존재하지 않는다는 것이었다"라고 설명한다. "무에서 자료를 수집해야만 했다." 당연하게도 주정부가 실제로 받은 입찰가는 실제 서비스 비용보다 낮은 것이었다. 그 결과 계약 첫 2년 동안에는 거의 모든 공급자들이 엄청난 비용초과를 경험했다. 그 결과 평판 좋고 안정적인 비영리단체였던 두 공급자가 파산을 선언해야만 했다.

이런 자료 실패는 또한 정부관료들이 외부 파트너들과 서비스를 계약한 이후 '기대를 높이는' 경향이 있기 때문에 지속적인 문제가 된다. 비현실적인 기대를 조장하고 파트너들 사이의 긴장을 야기하면서 최선이 최악으로 바뀐다. 정부는 어떤 지점에서 출발했는지를 기억해야만 하고, 본래의 기준선에 비추어 성공을 평가해야만 한다.

6. 역량 부족

제1장에서 우리는 정부가 갈수록 더 도급업자들에게 의존해 일을 수행하고 있기 때문에 '공동화되었다'는 주장을 간략히 검토했다. 이 주장에 따르면, 정부는 도급업자를 관리할 만한 충분한 내부 전문지식조차 결여된 지점에까지 이른다.[8] 이런 비판이 일부 맞는 말일 수도 있지만, 종합적인 문제는 도급업자를 관리할 공무원이 적다기보다는 네트워크를 효과적으로 관리하는 데 필요한 올바른 기술이나 훈련을 받은 공무원이 적다는 데 있다.

네트워크 정부를 관리하기 위해서는 공무원들을 관리하는 것과는 다른 종류의 내부 역량이 필요하다. 좋은 네트워크 획득 역량은 폭넓은 경험, 그리고 다양한 구성과 상이한 파트너가 얼마나 상이한 결과를 생산할지를 알아볼 능력이 있는 개인들의 참여를 요구한다. 불행하게도 대부분의 정부에 이런 기술과 능력이 부족하다. 가령 연방정부는 다양한 계약을 통해 전달되는 수백만 달러 규모의 수많은 프로젝트들을 감독할 수 있게 고도로 훈련된 프로젝트 관리자가 크게 부족하다.

무엇이 관리 결핍을 야기하는가? 미국에서 한 가지 원인은 공무원 체계이다. 우리가 제7장에서 논의할 것처럼, 공무원의 협소한 경력은 재능 있는 공무원들을 불필요하게 제약한다. 공무원 제도는 정부의 서비스 제공을

8) H. Brinton Milward, Keith G. Provan, and Barbara A. Else, "What Does the 'Hollow State' Look Like?" in Bozeman(1993); Milward(1996: 193~195; 1994: 1~73).

위해 발전되었다(Kettl, 2002: 499). 이런 체제에서 정부는 특정 영역의 전문가를 고용한다. 이들 공무원은 자기 직무에서 경험을 쌓고 기술적인 전문가가 되면서 관리자나 감독관 지위로 승진한다. 대부분의 사기업과는 대조적으로 공무원 체제는 좋은 프로젝트 관리자 혹은 협상가가 승진할 수 있는 현실적인 별도의 경로를 갖추지 못했다. 미국농무부의 프로젝트 관리자인 애나 갤러거(Ana Gallagher)는 "문제는 어떤 경력경로도 없다는 것이다. 만약 내가 정부 내에서 승진하려면 프로젝트 관리자를 그만두어야 한다. 그리고 IT 부서의 관리를 맡아야 한다. 나는 그러고 싶지 않다"라고 설명한다.[9)]

일부 기관에서의 관리 결핍은 조달 쪽으로 훈련된 공무원 수의 감소와 기존 외주관리 공무원에 대한 복잡성이 증가하는 환경에서의 효과적 업무 수행 훈련의 실패 등 두 가지 다른 요인에 기인한다. 이러한 문제는 경험 있는 직원이 퇴직하거나 이직할 때 악화될 것이다. 연방의 조달 혹은 외주관리 공무원의 약 40%가 향후 5년 안에 퇴직 후보자가 될 것이다.[10)]

공공부문에서 복잡한 계약 기술이 더욱 부족해질 텐데, 대규모의 복잡한 외주관리에는 외부 전문가들의 조언을 받아 기술 부족이 어느 정도 완화될 수 있다. 그럼에도 정부는 핵심적인 조달 능력은 유지해야 하고, 좀 더 식견이 있는 공무원이 이미 알고 있는 것처럼 외부 조달의 도움을 받아야 한다.

---

9) Karen Robb, "Too Many Projects, Too Few Chiefs," *Federal Times*, December 1, 2003, p.1.

10) David Phinney, "Senate Committee Welcomes Procurement Nominee," *Federal Times*, May 3, 2004; U.S General Accounting Office, "Acquisition Workforce: Status of Agency Efforts to Address Future Needs," Report to Senate Committee on Governmental Affairs, GAO-03-55, December 2002.

7. 관계의 안정성

정부는 안정성이라는 장점을 갖고 있다. 시간이 갈수록 공공부문의 서비스 전달과 간단한 양자 관계는 안정적이 되는 경향이 있다. 무엇을 기대하고 있는지를 파트너들이 알고 있고, 계약이 만료된 이후에도 그 서비스는 거의 변하지 않을 것이다. 고위 공무원들과 언론은 거의 항상 혁신가들의 높은 기준이나 혁신가들이 직면하는 고유의 위험을 고려하기보다는 이런 안정적이고 지속적이지만 종종 평범한 노력에 상을 준다. 업자든 고객이든 현상유지를 통해 수혜를 받는 사람들은 변화에 대해서는 위협을 느낀다. 예를 들면 인디애나폴리스에서는 소외된 지역의 주민들이 정부와 유나이티드 웨이(United Way)가 재원을 마련해 오랫동안 유지된 커뮤니티센터의 존재에 위안을 받는다. 많은 센터들이 실질적인 도움을 주지 못하고 성과도 불규칙적일지라도 그렇다. 시정부가 취업알선과 관련해 일정한 성과 기준을 충족한 센터에만 재원을 유지하기로 선언하자 주민들이 항의했다. 변화가 이들의 유일한 관심사는 아니다. 이들의 우려는 시청이 '변화'를 말하면서 가장 가난한 마을을 거론한다는 것이 실제로는 삭감을 의미한다는 근거가 충분한 회의론에 바탕을 둔 것이다.

혁신가들은 안정적인 서비스를 유지하기 위해 노력하면서도 높은 보상기준과 위험 감수라는 난관에 직면한다. 어떤 네트워크가 제안될 때, 특히 정부가 네트워크 관리를 제3자와 외주 계약할 때, 계약이 만료될 경우 어떤 일이 생길지에 대한 관심이 제기된다. 이런 불확실성으로 위험 감수에 대한 반감이 생기고, 파트너들이 서로 신중해지게 된다. 더욱이 만약 새로운 네트워크의 이익이 유연성과 성과라면 정부 계약관리자가 실제로 계약을 종료시키거나 실질적으로 변경할 권리를 행사할 수도 있다. 이렇게 되면 관계의 안정성과 관련한 우려를 악화시키는 것이다.

조달 공무원들이 추가적으로 계약 변경 계획을 구상하게 될 수도 있다. 이는 정부가 계약 종료나 연장 중단 관리 권리를 실제로 행사할 수 있을 만큼 실제적인 권한을 부여하는 것이다. 이런 변경 조항은 건물과 기타 자본투자의 미래 소유권, 고객과의 의사소통에 대한 몇 가지 통제권, 계약 기간 동안 다른 구제활동 참여 등의 계획을 포함할 수도 있다. 진입의 장애물을 어떻게 관리할 것인지를 미리 결정하면 나중에 계약 모니터 수단을 크게 향상시킬 수 있다.

8. 성공 가능성의 향상

네트워크 정부의 이점과 도전을 체계적으로 정확히 나열함으로써 우리는 두 가지를 달성하고자 한다. 첫째는 네트워크 접근방법이 적절할 것인지, 그리고 어느 때 적절하지 않을 것인지 정부관료들이 상황을 평가하고 활용할 수 있도록 도움을 주는 것이다. <표 3-1>에 제시된 것처럼, 어떤 조건은 네트워크 모형의 전달이 유리하고, 어떤 조건은 더욱 전통적인 계층제적 접근이 유리하다. 네트워크 정부의 이점과 도전에 밀접하게 관련된 이런 기준에 비추어 가능성을 평가함으로써 정책결정자들은 부적절한 일을 회피할 수 있다.

둘째, 정부관료들이 네트워크의 활용을 통해 서비스의 질과 비용-효과를 높일 수 있는 비할 데 없는 기회에도 불구하고 이런 접근방법에는 큰 위험과 도전이 따르게 됨을 분명히 하고자 한다. 이들 도전을 처리하고 이익을 극대화하기 위해서는 정부를 새로운 방식으로 운영해야 한다. 이들 도전을 명쾌하게 이해하고 다루는 혁신적인 관료들이라면 문제를 완전히 근절하지는 못하더라도 이를 완화하고, 성공 기회를 높일 수 있다.

〈표 3-1〉 정부의 거버넌스 모형 선택을 결정하는 요인들

네트워크 모형에 유리한 요인	계층제 모형에 유리한 요인
유연성 필요	안정성 선호
고객에 대한 차별적인 대응 필요	균일하고 규칙에 따른 대응 필요
다양한 기술 필요	한 가지의 전문적인 기술만이 필요
잠재적으로 가용한 다수 민간부문의 존재	정부가 유력한 공급자임
바람직한 결과나 산출이 분명함	결과가 애매함
민간부문이 기술 격차를 채워줄 수 있음	정부가 필요한 경험을 갖고 있음
민간부문의 자산을 차입하는 것이 중요함	외부 역량은 중요하지 않음
파트너들이 높은 확산력과 신용을 갖고 있음	정부가 관련 분야의 시민들을 경험함
다수의 서비스가 동일한 고객에 관계됨	서비스가 상대적으로 독립적임
제3자가 정부보다 낮은 비용으로 서비스를 전달하거나 목표를 달성할 수 있음	내부의 전달이 더 경제적임
급속히 변화하는 기술	서비스가 기술 변화의 영향을 받지 않음
다양한 수준의 정부가 서비스를 제공	단일 수준의 정부가 서비스를 제공
다양한 기관이 동일한 기능을 활용하거나 필요로 함	단일 기관이 동일한 기능을 활용하거나 필요로 함

이 책의 제2부에서는 이런 새로운 접근방법이 수반하는 것이 무엇인지, 그리고 이를 어떻게 이행할 것인지를 살펴본다.

제3장의 핵심 내용

주안점

▲ 어떤 한 조직의 성과가 좋지 않거나 네트워크 내 어떤 두 조직 간의 관계가 와해되면 전체의 성과를 위태롭게 할 수 있다.

▲ 성공적인 네트워크 관리를 위해서는 기법, 기술, 정보 비대칭, 문화적 이슈를 다뤄야 한다. 네트워크 관리자는 목표를 조정하고, 감독하고, 의사소통의 붕괴를 막고, 다수의 파트너들을 조정하고, 경쟁과 협력 간의 긴장을 관리하며, 자료와 역량 부족을 극복하는 등 네트워크 정부의 문제들에 정통해야 한다.

위험요인

▲ 충분한 감독을 수행하지 못하고 파트너들에게 과도하게 반응하고 세세한 것까지 관리하면서 문제에 대응.

▲ 네트워크 파트너 간의 목표를 조정하는 데 실패.

▲ 조화 가능성을 분석하지도 않고 경쟁자들을 파트너로 포함시켜 네트워크를 형성.

조언

▲ 네트워크 파트너들에게 과도하게 준수 의무를 부여해 압도되지 않도록 하라.

▲ 입찰 전에 비용과 질을 벤치마킹하라.

▲ 정부가 계약 종료권을 실제로 행사할 수 있도록 실제적인 권한을 유지할 수 있게 변경 계획을 만들어라.

사례

▲ 밀워키 생산적 복지: 거의 전적으로 비정부 조직들로 구성된 밀워키의 통합 W-2 서비스 전달체계는 이 나라의 가장 복잡한 행정 서비스 네트워크 중의 하나이다. 밀워키의 경험은 네트워크 정부의 엄청난 가능성과 가지각색의 복잡성을 모두 보여주었다.

▲ 뉴저지 차량관리부: 이 기관은 최근 몇 가지 명확한 계약문제를 경험했다. 비평가들은 뉴저지가 겪은 어려움의 주된 이유를 부적절한 감독으로 들었다.

제2부

네트워크에 의한 관리

제4장

네트워크 설계하기

어떤 네트워크를 만들어보려 할 때, 당신은 대개 현재 존재하지 않는 네트워크를 구축한다. 이는 단선적이기보다는 폭넓게 생각할 필요가 있음을 의미한다. 제대로 하려면 결국 어떤 네트워크가 되어야 하는지에 대한 개념적인 짐이 필요하다.

존 코스키넨(John Koskinen, 전워싱턴 D.C. 시행정관)

공공서비스를 효과적으로 제공하는 네트워크는 저절로 생겨나지 않는다. 먼저 누군가는 민간조직과 공공조직을 섞어 한결같은 서비스 제공 시스템을 구성하는 방법을 반드시 알아내야 한다. 이런 네트워크를 설계하는 사람은 파트너가 될 법한 기관들을 파악하고, 관련된 모든 이해 관계자들을 협상테이블로 불러 모으고, 현재 내부가 돌아가는 상태를 분석하고, 구성될 네트워크의 기능에 대해서 의견을 나누며 결정을 하고, 이에 따라 네트워크의 부분들을 조합하고 구성하며, 구성된 네트워크를 유지할 전략에 대해서 고안한 후, 마지막으로 이 네트워크를 동기화시켜야 한다.[1] 이런 네트워크 설계자들은 각각의 파트너들을 수용할 만큼 유연하고, 변화하는 환경에 적응할 만큼 역동적이고, 하지만 공동의 목표 달성을 위해 임무에서 벗어나지 않는 모형을 설계해야 하는 어려움에 직면하게 된다.

네트워크 방식의 성공 여부는 그 네트워크의 초기 설계에 달렸다. 네트워크 정부는 네트워크 내부의 정보와 자원의 흐름을 구조화한다. 마치 좋은 지도와 같이, 좋은 설계는 정부가 궁극적인 정책과 운영 목표를 달성하는 데 도움이 된다. 네트워크의 관리 여부와는 관계없이 설계 시의 미미한 결점은 이후 막대한 문제를 일으킬 수 있고, 파트너들의 시간과 에너지를 낭비할 수도 있다. 정부는 네트워크 설계 단계를 이용해 네트워크를 구성하고 관리하는 가운데 발생할 수 있는 주요한 문제들에 대해서 먼저 논함으로써 이러한 문제들이 발생하는 것을 막을 수 있다.

특히 설계 단계는 다음의 5가지 주요한 질문을 수반한다.

▲ 정부가 달성하고자 하는 목표는 무엇인가?

▲ 네트워크를 형성하고 활성화하는 데 어떠한 도구가 필요한가?

▲ 정부가 목표를 달성하는 데 도움을 주는 가장 적절한 파트너는 누구인가?

▲ 주어진 목표를 위해 네트워크는 어떻게 설계되어야 할 것인가?

▲ 네트워크는 어떻게 조정(governed)되고 관리되어야 할 것인가?

1) 정부나 제3자가 네트워크를 설계한 공공-민간 네트워크는 대부분 정부 고위 관료나 정치가가 네트워크를 활성화하는 역할을 수행한다. Robert Agranoff and Michael McGuire, "Bid Questions in Network Management Research," paper prepared for the Fifth National Public Management Research Conference, Texas A&M University, December 3-4, 1999, pp.2~3.

1. 임무와 전략: '무엇'에 대한 대답

대다수의 경우, 사람들은 '기관이 달성하고자 하는 정책목표는 무엇인가', '이런 목표들은 네트워크의 구성원들이 해야 할 일들에 어떤 영향을 주는가' 등의 임무와 전략에 매우 중요한 질문을 거의 하지 않는다. 그 대신 기관의 임원들은 조직도를 보며 그 조직이 잘하지 못하는 것을 알아낸 다음, 그 부분에서 임무와 목표의 성취 여부는 묻지도 않은 채 민간조직에게 그 부분을 대신해줄 것을 부탁한다. 이런 방식으로 네트워크화된 정부는 종종 실패하게 된다. 이는 새로운 사업을 관리하는 방식으로 인한 실패가 아니라 애초부터 네트워크에 위임된 것들에 의한 실패이다. 임무에서 시작해서 이에 따라 그 과정들을 구상함으로써 네트워크 정부는 과정을 먼저 보고 임무를 생각하는 전통적 정부와는 근본적으로 다른 변화를 일으킬 수 있다.

기존의 관례에 익숙해져 있고 의도된 관료적 습관에 제약받는 정부 고위 관리자는 네트워크 정부의 성공을 위해 더욱 크고, 중대하며, 더욱 흥미진진한 모형과 해결책을 개념화하는 것을 매우 어려워할 것이다. 네트워크의 구성요소와 그 상호작용이 구축되는 조직화의 핵심은 경로가 아니라 목적지여야 한다.

예시로, 네덜란드 헤이그 근처에 있는 몽테뉴 중학교의 임직원들이 추가적인 학생 수용능력을 필요로 한다면, 그들은 선례를 따라 이를 도울 몇몇 도급업자들로부터 입찰을 받는 방식을 선택했을 것이다. 하지만 이들은 자신들이 실제로 구매하고자 하는 것은 단순히 학교 건물과 같은 물리적인 자산이 아니라, 청결, 경비, 안전, 정비, 정보기술 등과 같은 서비스가 생산하는 양질의 학습환경이라고 결론지었다. 핵심은 학교 건물과 같은 제조물이 아니라 학교 건물의 가용성 및 서비스였다. 현재 학교 교사들과 임직원들은 아이들을 가르친다는 핵심 임무에 모든 시간을 보내고 있고, 민간기업 컨소시엄이 다른 모든 것을 처리한다. 영국의 수많은 학교들도 이런 혁신적인 산출 지향적 모형을 적용하고 있다.

1) 올바른 질문을 하라

네덜란드 학교의 예가 보여주듯, 올바른 전략을 수립한다는 것은 무엇보다도 조직의 핵심 임무에 집중해, '이 기관이 창조하고자 하는 결과 기반의 공공가치란 무엇인가'라는 중요한 질문을 한다는 것을 의미한다.

이 질문에 답하기 위해서는 정부의 고위 관료들이 정책목표를 정하고, 이런 목표의 달성을 위해서 기관들이 꼭 해야 할 정확한 역할을 결정해야 한다. 예를 들어 주택 부족현상에 직면한 주택 당국 행정가는 다음과 같은 질문을 하게 될 것이다. "내 직업이 한 채의 집을 건설하는 것인가, 아니면 집을 소유하고 사용하는 사람의 숫자를 극대화시키는 것인가?" 만약 대답이 후자라면, 그의 주된 임무는 계약이나 다른 방법으로 공공주택을 건설하는 것이 아니라, 사람들의 주택 소유 정도를 늘리는 데 필요한 자원을 모으고 기초를 마련하며 지도하는 것이다.

이러한 사고과정은 1990년 후반에 앤터니 윌리엄스(Antony Williams)가 워싱턴 D.C.의 시장이 된 이후, 그와 그의 직원들이 도시보건 시스템을 검토하는 과정에 적용되었다. 거의 2세기 동안 워싱턴 D.C.의 '종합병원(General Hospital)'은 지역 공공보건 시스템의 중추적 역할을 해왔다. 그러나 최근 시 소유의 종합병원은 부실경영 및 현금자산 적자문제에 시달렸다. 이런 시점에서 윌리엄스는 "어떻게 하면 병원을 바로잡을 수 있을까?"라는 질문 대신에, "내 역할이 공영병원을 경영하는 것인가, 아니면 저소득층이 받을 수 있는 공공보건 혜택을 극대화하는 것인가?"라는 더 근본적인 질문

정부 목표를 정하기 위한 주요 원칙들

▲ 중요한 공공의 가치를 결정한다.
▲ 역사적 과정의 협소한 시각을 통해 답이나 문제를 정의하지 않는다.
▲ 바람직한 결과를 위해 네트워크의 설계를 조정한다.

을 던졌다. 전 시행정관인 존 코스키넨(John Koskinen)은 "컬럼비아 지구(district)는 몇몇 보건통계에서 최하위를 기록하고 있다. 병원 운영 여부보다는 단지 이런 통계수치의 개선에 관한 논의가 이루어졌다. 이로부터 우리는 한 발 뒤로 물러서서 '도시의 건강관리 서비스를 최선으로 개선시킬 수 있는 행동은 무엇인가'라는 질문을 했다"고 회상했다.

이런 방식으로 접근할 경우 대답은 명백했다. D.C. 종합병원을 닫고, 이 병원에 사용되던 도시 보조금을 사립 병원과 공동체 기반 건강 클리닉의 네트워크를 형성하기 위해 이용하는 것이다. 지구의 행정 공무원들은 이러한 접근방법이 세금을 절약하는 것뿐만 아니라 더 많은 사람에게 더 높은 질의 건강관리 서비스를 공급한다고 믿었다. 코스키넨은 "우리는 정부가 병원을 경영하기보다는, 건강관리 서비스를 필요로 하는 사람들에게 이를 제공해야 한다고 결정했다"라고 말하며, 또한 "현재 우리는 이전에 D.C. 종합병원에서 공급했던 것보다 더 나은 건강관리망을 구축해 서비스를 공급하고 있다"고 말했다.

워싱턴 D.C. 건강관리 서비스 네트워크를 구성함으로써 윌리엄스 시장은 이전에 충분히 활용되지 않았던 시내의 수많은 개인 병원과 사립 병원의 역량이 드러나게 할 수 있었다. 공공기금을 활용해 보건망을 구축함으로써, 윌리엄스는 이런 개인 병원들이 다른 공공보건 서비스 공급자들과 별도로 운영되던 때보다 더 큰 종합적인 가치를 창출할 수 있었다. 이러한 방식으로 보건 서비스 공급자들 사이의 연합은 그들의 역량을 제고했으며, 도시의 보건관리 시스템 전체에 활력을 불어넣었다. 네트워크는 핵심 보건관리 서비스 공급자 중 하나가 파산하는 등 몇 가지 문제를 겪기도 했으나, 이 시스템은 도시가 한 곳에 집중적으로 투자했던 때보다 더 낮은 비용으로 더 많은 기회를 제공했다.

2) 고정된 틀에서 벗어나라

정부기관은 역사적 과정, 현재의 조직도, 기존 역량, 또는 그런 문제 때문에 민간부문이 현재 제공하고 있다는 것 등이 네트워크 접근방법으로 전환되어야 할 활동을 좌우하도록 해서는 안 된다. 제대로 작동하지 않고 있는 과정을 위주로 협소하게 인식된 기능적인 채널 안에서 외주를 결정할 때 비용은 떨어지고 질은 향상될 수 있지만, 그 이점은 제한적이기 마련이다. 과정이 문제라면 구성요소를 바꾸는 것이 큰 도움은 되지 못한다. 반면 네트워크화된 모형을 지렛대로 활용하면, 새로운 해결책을 만들고 기존 작업을 변화시킬 수 있다. 워싱턴 D.C.에 있는 전문서비스협의회(professional Service council)의 스탠 솔로웨이(Stan Soloway) 회장은 다음과 같이 설명한다.

> 민간부문에 '설계 공간(design space)' 개념이 있는데, 결과가 어떠해야 한다고 미리 정한 개념이 아니라 결과까지를 설계하는 데 필요한 공간을 말한다. 내가 국방부에 있었을 때 페더럴 익스프레스(Federal Express)에서 하루를 보내게 되었다. 우리에게 강조되었던 핵심적인 요점은 당신이 외주를 주기 전에 오늘 당신이 일하고 있는 모든 것을 철저히 재평가하고, 과정을 지도로 그리며, 당신이 현재 하는 일 중에서 새로운 모형으로 연결시키지

않을 것을 제거하는 것이 필요하다는 것이다.

미국연안경비대(U.S. Coast Guard) 역시 심해 함대를 현대화하는 과정에서 이런 방식을 도입했다. 연안경비대는 심해 함대 현대화에 필요한 상품과 서비스의 구매 전략을 완전히 재구성했다. 배 90척과 항공기 200대로 구성된 100억 달러 상당의 구함대는 오늘날의 조건과 동떨어져 있었다. 이를 대체하는 과정에서 표준적인 방식을 따를 경우 낡은 비행기, 보트, 기계의 모든 부분들을 따로따로 구매한 후, 이 모든 것들을 어떻게 잘 조합할 것인지를 나중에 파악했을 것이다. 하지만 미국연안경비대는 하나의 컨소시엄과 계약해서 전체의 재고를 몇 년에 걸쳐 하나의 통합된 패키지로 대체하는, 전혀 다른 방식을 택했다. 연안경비대는 각 입찰자들에게 그들이 어떻게 연안경비대의 임무를 효과적으로 달성시킬 것인지, 더 나은 새 기술을 이용해서 어떻게 전체 업무과정을 효율화시킬 것인지에 대해 설명하는 제안서를 제출하도록 요구했다. 연안경비대는 그들이 성취하려는 결과가 무엇인지, 그리고 이를 위해 구비할 역량—탐색과 구조, 해상 조난자 발견, 국가 안보기준에 맞는 통신망 제공, 재난대응기준 충족 등—이 무엇인지 자세히 설명해주었다. 그리고 최종 입찰업체 세 개에 배치된 연안경비대 전문가 팀의 도움을 받아 업체들이 보트, 배, 비행기, 위성, 정보기술, 그리고 무인항공기 등 필요한 시스템을 설계하도록 했다. 궁극적인 목표는 연안경비대가 원래 일하던 방식을 변화시키는 것이었다.

2. 전략의 개시

네트워크 정부는 단순한 민영화가 아니고, 민영화를 위한 구실이 되어서도 안 된다. 네트워크 정부는 고도로 복잡한 사회에서 양질의 시민 서비스를 공급하기 위해서는 다양한 사람들과 조직들이 필요하다는 것을 인식하기 때문이다. 질적 차이는 주로 네트워크 내의 다양한 지점에서 일어나는 학습에서 비롯된다. 그러므로 시장, 부서의 장, 또는 기업 관리자들이 조직의 변화를 이끌어내기 위해 해야 하는 중요한 질문은 민간부문에 제안서를 제출하라고 하는 것보다, 또는 회사를 위해 일하는 사람들이 이전보다 더 많이 일하도록 지시하는 것보다, 어떻게 하면 조직의 임무를 달성하기 위해서 필요한 자원들을 모으고 이를 가능하게 할 수 있을지에 대한 것이다. 창조적인 관료들은 혁신적인 대응을 개시하는 데 동원할 수 있는 다양한 자산을 가지고 있다.

1) 돈

돈은 진정한 가치를 생산하는 관계를 형성하기 위해서 가장 간단하면서도 때로는 가장 효과가 적은 방법이다. 보조금이나 계약을 통해 돈을 분배하는 정부의 권력은 분명히 다른 잠재적 참여자의 관심을 끌 수 있다. 하지만 전통적 조달 방식을 통해서 사용되는 돈은 대개 매우 협소하고 예상치 못했던 반응들을 얻어낸다. 물론 창의적인 정부관리자들이 기존 집단들을 장려해 네트워크를 구성토록 할 수도 있지만, 이런 개방적 과정(이 책 후반부에서 논의된다)은 아직 흔치 않다.

2) 수사적 발언

생각과 수사적 발언도 파트너들을 통합시킬 수 있다. 선출직 관료들은 중요한 아이디어를 공유하고 있는 집단들을 설득하기 위해 이런 방식을 활용할 수 있다. 예를 들어 조지 W. 부시 대통령이 2004년 3월 로스앤젤레스에서 한 연설은 어떻게 그들이 자신들의 지역사회와 일반적인 파트너 관계를 맺을 수 있는지, 좀 더 구체적으로는 어떻게 그들이 그해 교도소에서 출소하는 60만 명의 죄수들을 도와줄 수 있을지에 대해 듣고 싶어 하는 수천 명의 사람들을 끌어모았다.

내슈빌의 빌 퍼셀(Bill Purcell) 시장은 그의 목표가 10만 채의 신규 또는 재건축 주택의 생산임을 분명히 밝혔으며, 이를 달성하기 위해 목사, 건축가, 몇몇 지역개발회사, 도시계획가 들을 모아놓고 일을 진행했다. 물론 이런 계획의 결과는 단순한 망치질과 못질 이상을 수반한다. 퍼셀 시장은 "건설에는 자원의 확보가 필요하다. 그러나 그 집에서 살 사람들을 확보하기 위한 일, 즉 소유, 거주, 시민정신이 중요한 거주 초창기에는 이웃 가족의 지원도 필요하다"라고 설명했다.

행정관료들 역시 중요한 공공 문제와 관련된 집단을 불러모을 수 있다. 예를 들어 훌륭한 공원관리자라면, 도시의 모든 아이들이 녹지공간과 선형공원에서 반 마일 안에 거주하게 될 것이라는 비전을 제시할 것이다. 이러한 메시지를 가지고 공원관리자는 학교, 수로 및 산책로 지지자, YMCA와 같은 민간 레크리에이션 단체, 그리고 기타 단체를 모아서 이런 목표를 성취하기 위한 전략들을 논의할 수 있다.

유사하게, 십대 임신 줄이기와 같은 이슈는 선출직 공무원이 주장하든 공공보건 관료가 주장하든 네트워크를 조직화하는 주제가 될 수 있다. 이처럼 사안의 특성이 네트워크가 형성될 커뮤니티를 종종 규정한다. 십대 임신에 반대하는 캠페인은 학교, 학부모, 종교, 의료, 지역사회 단체들의 네트워크를 통합할 수 있다. 공동의 관심 이슈에 대한 서로 다른 접근방법이 문제를 해결하고, 공동의 접근을 통해 광범위한 지역사회를 이롭게 하며 모든 측면의 이슈들을 다룰 수 있다. 이처럼 각 부분이 어떻게 연계되는가

하는 것, 즉 네트워크가 각자의 효과성을 배가시킨다.

3) 소집 능력

공무원도 심오하지만 협소한 지식을 가진 여러 집단을 모아 서로 연결해 줌으로써 가치 있는 발견을 할 수 있다. 대개 비영리조직들은 그들의 핵심 서비스에 대한 수요에 압도되어 같은 분야에 있는 다른 조직들을 알아내고 그들과 의사소통하는 데 필요한 자원과 시간이 부족하다. 공무원은 촉매자로서의 소집권한을 활용함으로써 유사한 목표를 가진 조직과 개인이 만나고, 공통적인 기반을 발견하며, 어쩌면 노동 분업과 자원 공유의 방법까지도 찾아낼 수 있는 장소를 제공할 수 있다. 그리하여 이들이 각자 이전보다 더 효율적이고 효과적이게 만들 수 있다.

몇 년 전, 인디애나 주 포트 웨인 시의 그래이엄 리처드(Graham Richard) 시장은 특히 공공서비스가 덜 지원되는 지역에서 관계의 단절이 너무 많았음을 인식했다. 그는 이 지역에 새 도서관과 도시연맹(Urban League)이 운영하는 방과 후 교육활동 및 헤드 스타트 프로그램(Head Start Programs)을 세울 새로운 부지가 필요함을 알게 되었다. 그는 지역에 필요한 것들과 존재하는 자원들이 분리되어 있음을 발견했다. 리처드 시장은 저명한 가톨릭 및 루터교 교회들의 대표를 포함한 주요 관련자들을 사무실에 초청했다. 그는 설명했다. "소집권한을 활용하여 주요 토지를 소유하고 있는 가톨릭과 루터교 단체들을 참여시킴으로써 …… 도서관, 방과 후 교육활동, 헤드 스타트 프로그램, 그리고 도시연맹의 본부가 있는 캠퍼스를 구성하는 새로운 사업을 개시할 수 있었다." 리처드는 이처럼 중요한 소집 역할과 함께 시의 토지이용 권한을 지렛대로 활용했다. 그는 "소집권한은 지역사회에서 시장이 가진 가장 중요한 자산 중의 하나이다. 왜냐하면 이를 활용해 이전에

서로 만나보지도 못했던 중요한 관계자들을 한자리로 불러 모아 이야기하게 하고…… 이들이 '나는 당신들이 이런 일을 하는지 몰랐어요, 함께 일하는 게 어때요?'라고 말하게 되는 장을 마련하기 때문이다"라고 말했다.

4) 사람과 기술자원

공무원은 인력이나 기술이라는 자원을 추가해 네트워크의 활성화에 도움을 줄 수 있다. 인디애나폴리스 시에서는 종교단체와 지역사회단체 수백 개를 협력 프로젝트에 불러 모은 구상인 프런트 포치 연합(Front Porch Alliance)이 성공했다. 어떻게? 시장이 임명한 소수의 사람이 각기 선택된 지역의 가가호호를 방문해 헌신적인 사람들과 조직들을 이어주었고, 그들이 도울 수 있는 사람들과 필요한 정보를 알아내어 이들의 협력을 증진시켰으며, 장애물들을 제거했다. 공무원들은 이전에는 관련 없던 주민과 집단이 의사소통을 시작하는 데 필요한 기반을 제공했다.

정부관료들은 네트워크가 성공하는 데 필요한 도구를 여러 가지 방식으로 제공할 수 있다. 정부는 종종 다양한 컴퓨터 시스템의 자료를 통합할 수 있는 상대적으로 저렴한 기술을 소유하고 있거나 기꺼이 구매할 수 있다. 이 때문에 그렇지 않았다면 서로 담장을 쌓아올렸을 조직들이 협력할 수 있다. 플로리다 주는 최근 실시간으로 정보를 공유할 수 있게 해줌으로써 아동서비스를 제공하는 다양한 조직들의 자료를 개선하고 통합해줄 기술 계획을 선언했다. 주정부는 분권적인 아동복지체계를 구성하는 민간, 비영리, 공공기관 전반에 걸쳐 활용될 수 있는 휴대용 무선 도구, 메인 프레임 통합, 그리고 소프트웨어에 비용을 지불할 것이다.

이러한 플로리다 주정부의 개입이 없었다면 아동복지는 긴밀히 연관된 네트워크가 아니라 서로 연계되지 않은 수많은 서비스군으로 남았을 것이다. 대부분의 도시에서 아동복지사, 학교 사회복지사, 청소년 보호관찰관, 소년보도경찰관, 지역 아동복지단체 등은 다른 문제 있는 형제자매나 부모에 대한 정보는 말할 것도 없고, 문제아동에 대한 정보를 공유하지 않는다. 그 결과 가치 있는 통찰력을 보여줄 많은 상호작용 지점들이 아동을 지원하는 데 필요한 지식을 생산할 수 있도록 모이지 않는다. 플로리다 주는 많은 제공자들 간의 의사소통을 개선할 인프라를 제공함으로써 통합적인 의사소통을 높이는 좀 더 구조화된 아동복지 네트워크를 형성하기를 희망한다.

5) 권위

정부는 자신의 권위를 네트워크를 구축하기 위한 자원으로 좀 더 명시적으로 활용할 수 있다. 예를 들어 재판장은 자신의 권위를 이용해 다양한 방면의 조직들을 모아, 약물중독자와 같은 구체적인 문제 또는 사람들을 좀 더 효과적으로 다룰 수 있는 방법을 개발할 수 있다. 재판장의 권위를 선별적으로 '빌려' 활용함으로써 참여 조직들에게 범죄자들에 대한 영향력을 부여할 뿐만 아니라, 이전에는 독립적으로 활동했던 조직들이 지식을 공유하고 종종 개인으로서의 '고객들'이 진전을 보이면서 더 나은 해결책과 더 많은 학습을 가능하게 해준다.

인디애나 주 마리온 카운티(Marion County)에서 어려움을 겪는 아동들이 부적절한 서비스를 받게 될 위험에 직면했을 때, 소년법원 재판관인 제임스 페인(James Payne)이 이런 접근방법을 활용했다. 상당수가 법원의 보호감독관으로 구성된 임시조직(ad hoc groups)이 아동에게 서비스를 제공했지만, 올바른 도움을 제공하지 못했다고 재판관은 생각했다. 그는 새로운 제공자와 종교단체를 불러 모으고 접수단계(intake)[2]와 진단 작업(diagnostic work)

에 대해 숙련된 조직과 결합시킴으로써 해당 시스템을 극적으로 향상시켰다. 이처럼 공식적인 권위가 통합적인 서비스 네트워크를 만들어, 더 많은 서비스를 제공하고, 더 나은 결정을 촉진할 수 있는 정보를 공유시켰다.

권위는 다양한 방식으로 '차용'될 수 있다. 예를 들어 많은 도시에서 지역개발회사를 공인하는 과정은 지방정부의 권위와 연방기금이라는 관점에서 이점이 있다. 시청이 한 집단을 공식적으로 인정하는 것이 유형적인 가치를 부여해준다. 경찰이 지역자문회의나 공식적인 범죄감시단체를 지명하는 것은 새로운 상호작용의 지점을 만들고 서비스를 개선할 수 있는 집단에 경찰이 자격을 부여하는 것이다.

3. 올바른 파트너 선택하기

버몬트대학교의 필립 쿠퍼(Phillip Cooper)는 '전체 네트워크는 가장 약한 구성요소가 가진 만큼의 힘을 가짐'을 알게 되었다. 이는 파트너의 선택이 중요하다는 것을 의미하는데, 특히 특정 서비스 또는 생산품을 공급하고자 설계된 네트워크 내에서 더욱 중요하다.[3] 가장 최적의 잠재적인 파트너를

2) 클라이언트와의 최초 접촉이 생산적이고 유용하도록 하기 위해 사회사업기관이 이용하는 절차이다. 일반적으로 이 절차는 클라이언트에게 기관이 제공할 수 있고 제공하지 못하는 서비스에 관해 알리는 것, 요금과 예약시간과 같이 서비스의 조건에 대한 적절한 정보를 얻는 것, 기관의 서비스를 기꺼이 수락하도록 클라이언트와 합의에 도달하는 것, 클라이언트에게 필요한 서비스를 가장 적절히 제공할 수 있는 사회사업가를 배정하는 것 등을 포함한다〔이철수, 『사회복지학사전』(블루피쉬, 2009)〕.— 옮긴이

3) Phillip J. Cooper, *Governing by Contract: Challenges and Opportunities for Public Managers* (Washington: CQ Press, 2003), p.117.

찾는 것은 다른 참여자들이 가진 어떤 자원이 정부의 일에 가장 효과적으로 쓰일 수 있는지를 결정하는 문제이다. 문제는 어떤 행위자들이 어떤 방식으로 언제 모일 때, 정부 혼자 일할 때보다 노력의 비용과 단위당 더 나은 결과를 생산할 수 있을까에 관한 것이다. 여기에 답할 책임이 있는 사람은 조직의 임무를 구성요소로 분리할 수 있는 동시에 새로운 자원을 발굴할 수 있어야 한다.

올바른 파트너를 선택하는 가장 중요한 요소는 각기 처한 상황에 따라 다르다. 예를 들어 네트워크의 목적이 공동체를 강화하는 것이라면 정부관료는 공동체 내에서 파트너를 찾을 것이다. 만약 목적이 기술적 서비스를 제공하는 것이면 양질의 기술 공급자를 찾아내는 것이 주된 일이 될 것이다. 만약 네트워크의 임무가 성교육을 통해 십대 임신을 줄이는 것과 같이 잘 정의된 가치를 요구한다면 파트너들은 그 가치를 공유해야 한다. 하지만 몇 가지 폭넓은 기준이 정부가 가장 적절한 파트너를 구분하는 데 도움을 줄 수 있다.

1) 문화적 호환성

지속적이고 상호 간 호혜적인 관계를 보장하기 위해서는 네트워크 파트너를 선택하는 과정에서 문화적 호환성을 고려해야 한다. 문화적 이슈는 각 네트워크의 성격에 따라 다양할 것이다. 예를 들어 생산적 복지 네트워크에서 노동을 우선으로 하는 접근방법처럼, 만약 네트워크의 목적이 새로운 정책을 이행하는 데 있다면 파트너 조직과 관련 공무원들은 그 가치를 공유해야 한다. 이러한 상황에서 실제로 정부 정책결정자들은 관료제 내에서 그들 스스로 생산할 수 없는 문화적 변화들을 촉진하고 도입하기 위해 네트워크 방식으로 전환해야 한다.

반대로 만약 목적이 공급망을 구축하는 데 있다면, 반드시 조정되어야 할 이슈는 가격, 품질, 적시성, 그리고 이들 요인 간의 상쇄효과 등에 관한 것이다. 이런 경우 기술적 이슈는 임무에 관한 이슈가 될 수 있다. 콜센터의 일처리 방식을 살펴보자. 무엇이 더 중요한가? 처음 전화가 왔을 때 가능한 한 많은 질문에 답하는 것인가? 빠르게 전화에 응답하고 처리하는 것인가? 아니면 시민들이 전자정부를 이용하게 해 비용을 절감하는 것인가? 만일 이런 문제들이 파트너 선택 시 명백히 고려되지 않는다면, 이런 문제들을 둘러싼 다양한 의견들은 결국 그들 간의 관계를 위협하는 가치적 공백을 만들어낼 것이다.

2) 운영 능력

운영 능력의 우수성은 잠재적 파트너들을 평가하는 가장 직접적이고 공통적인 기준이다. 이런 경우 정부는 기술과 경험, 노련함을 보려 한다. 예를 들어 최근 미국교육부가 시대에 뒤처진 학생대출 시스템을 재구축하기로 결정했을 때, 어떤 잠재적 파트너들이 현재의 기능을 통합하고 새로운 시스템을 구축해 운영할 수 있을지를 확인하기 위해 시장을 조사했다. 이후 제안서는 몇몇 경쟁자들이 결합해 이전에 구축해본 적이 없거나 여력이 없는 분야의 기술을 모아 컨소시엄을 형성하게 만들었다. 협력의 필요성을 인식하고 결합한 이들 민간부문 구성원들은 정부기관이 협력을 이뤄내기 위해 종종 필요로 하는 명령과 통제 메커니즘 없이도 필요한 사항들을 충족시켰다.

잠재적 파트너들의 운영 능력을 평가하는 데 일반적으로 중요시되는 몇몇 요소들이 있다.

위스콘신 가족복지구상

정부가 찾아내야 할 특화된 전문지식의 한 가지 형태는 네트워크를 통합할 수 있는 능력이다. 위스콘신 주의 14개 카운티들이 결합해 만든 가족복지구상(Family Partnership Initiative)은 아동들이 다수의 통합된 서비스의 경계를 조율하여 적절한 대우를 받을 수 있게 하는 철저한 사례 관리를 제공하고자 한 것이었다. 위스콘신 주는 따로따로였던 카운티들이 모일 수 있는 체계를 만들었지만 네트워크를 통합하는 데 필요한 정도의 기량을 갖춘 카운티는 없었다. 14개 카운티의 파트너십은 지역 내 자원을 조사함으로써 루터교 가족복지회(Lutheran Family Services)라는 조직을 확인할 수 있었는데, 이 단체는 필요한 통합 기량과 경험을 갖고 있었다.

비용. 네트워크 파트너가 현재의 비용보다 적은 돈으로 활동을 수행할 수 있을 것인가? 비록 최근에는 네트워크에 외주를 줄 때 비용 하나만 또는 비용 위주로 고려하지는 않지만, 이는 납세자의 세금이 지출될 때마다 중요한 요소가 된다.

특화된 전문지식. 종종 네트워크 모형을 활용하는 주요한 이유 중의 하나는 공공부문이 '같은 분야에서는 최고인' 공급자들의 특화된 전문지식을 얻는 데 도움을 주기 때문이다. 매일 더 나은 브레인스토밍에 관심을 기울이는 관리자들이 있고 더욱 신속하게 차량을 견인할 방법을 가진 회사가 수많은 다른 운영책임을 지고 있는 어떤 도시 관리자보다도 이런 업무를 더 잘할 것이다. 마찬가지로 특정 영역의 전국적 또는 세계적 규모의 회사는 도시, 주, 그리고 국가 차원에서 우수 사례와 혁신을 공유함으로써 정부에서는 불가능한 수준의 기술을 연마할 수 있다.

재정 능력. 파트너들은 시장의 변덕스러운 폭풍우를 뚫고 나가고 개별 계약의 실패에도 아랑곳하지 않을 만큼 재정적으로 충분히 안정적이어야 한다.

위험 분담 능력. 네트워크 내의 모든 파트너가 위험을 떠맡을 필요는 없지만 최소한 몇몇은, 특히 통합 역할을 맡은 파트너는 성과와 재정적 위험을 분담할 수 있어야 한다.

3) 고객 근접성

어떤 경우 정부는 특정 집단과 효과적으로 의사소통할 수 있는 방법을 찾는다. 이런 집단은 분산되어 있어서 범위가 넓은 조직이 필요할지 모른다. 이는 백악관이 Y2K의 문제를 다루는 과정에 기업연합과 팀을 이룬 중요한 이유이다. 다른 경우 정부의 행정 서비스는 현존하는 신뢰관계가 더욱 중요하게 부상되는 작은 마을 단위로 제공된다. 이 모든 경우를 통틀어, 파트너들은 정부보다 서비스를 받는 시민들과 더욱 긴밀한 관계를 가진다.

이웃 간의 결속. 정부가 구상 중인 프로그램은 대체로 현재 사는 곳과 가까이에서 고객들과 기존의 관계를 맺고 있는 경우가 드물다. 이를 바로잡기 위해 창의적인 공공 관리자라면 정부 사무소를 열기보다는 이미 지역사회에 접근해 있는 근린 파트너를 탐색하곤 한다. 근린 파트너는 반드시 정부가 제안하는 것과 유사한 사업 분야에 있을 필요가 없을지도 모른다. 단지 접근성을 보장할 수 있으면 된다. 인디애나폴리스 시가 인력 양성의 상당 부분을 외주로 넘겼을 때, 많은 경우 훈련 전문가들은 이웃과의 결속력이 부족했다. 그래서 이들은 소규모의 지역단체들과 종교단체들에 눈을 돌렸는데, 이들 단체는 다른 기관들이 전달하는 광범위한 서비스들의 통로

기존의 구조와 기관의 활용

네트워크 접근방법에 착수하기 위해서는 종종 네트워크가 새롭게 만들어질 필요가 있지만, 대개는 정부가 기존 구조와 제도를 끌어들여 네트워크를 형성할 수 있을 것이다.

1999년에서 2000년으로 넘어가는 것을 컴퓨터 프로그램이 인식하지 못할 수도 있음이 분명해졌을 때, 빌 클린턴(Bill Clinton) 대통령이 존 코스키넨(John Koskinen)을 집무실로 호출하여 그에게 Y2K 멜트다운을 막도록 지시했다. 이것은 매우 범위가 넓은 책임이었다. Y2K는 지방, 주, 연방정부 시스템뿐만 아니라 어쩌면 더 중요하게는 전력망에서부터 월스트리트에 이르기까지 모든 것을 작동시키는 민간부문의 정보 시스템을 파괴할 수도 있는 위협적인 것이었다. 시스템이 작동하지 않는다면 미국 경제에 끔찍한 결과를 초래할 수 있었다.

그 순간 대통령실에 남은 코스키넨은 이런 엄청난 과업을 어떻게 수행할 것인지 아무런 아이디어도 떠올릴 수 없었다. 그러나 그가 알고 있는 것이 하나 있었다. 거대한 관료제 접근방법은 작동하지 않을 것이라는 점이었다. "여러분이 대규모 조직들에 명령을 내리고 통제할 수는 없다." 코스키넨은 설명했다. "많은 영역에 걸쳐 네트워킹을 해야 하고, 기존 기관과 구조를 활용해야 한다."

그래서 코스키넨은 스태프를 소규모로 유지했다. 몇몇 의원들은 그에게 더 많은 인력을 고용할 것을 묻자 그대로 빌었지만, 그는 정중히 거절했다. 수천 명의 스태프가 있다 할지라도 전통적인 관료제 정부 접근방법을 통해 이런 막중한 과업을 수행하는 데 충분한 인력을 확보할 수 없음을 알았던 것이다. 관료제의 제국을 건설하는 대신에 코스키넨은 기업과 주정부 및 지방정부 들이 이미 일상적으로 상호작용을 하고 있는 수천 개의 산업과 정부협의체에 영향력을 행사하며 자신의 책임을 다했다. 가령 지방 주유소들이 자신들의 주유 펌프 시스템에 대한 Y2K 적합성 검증에 느리게 대응하는 것이 분명해졌을 때, 코스키넨은 백악관의 권력을 이용하려 하지 않았다. 그 대신 그는 석유 및 가스산업 협의체 지도자들의 도움을 구했고, 이들이 신속하게 나서서 펌프의 Y2K 적합성이 검증되지 않은 주유소에는 가스 배달이 원활하지 않을 수 있음을 시사했다.

시간을 소비하고 값비싸며 때로는 평판이 안 좋을 수도 있는 더 많은 권한을 만드는 대신, 코스키넨은 변화에 영향을 미칠 수 있는 곳에서 시스템을 활용했다. 기존의 수천 개의 강력한 협의체 관례와 구조를 활용함으로써 코스키넨은 ≪내셔널 저널(National Journal)≫의 필자 시드니 프리드버그(Sydney Freed-berg Jr.)가 지칭한 네트워크들의 네트워크를 만들었다. "무엇을 하라고 말하거나 검증에 나서도록 규제하기 위해 거기에 있었던 것이 아니다." 코스키넨은 말했다. "우리가 원했던 것은 파트너십이었다. 모든 종류의 기관과 협의체들과의 신뢰관계를 발전시킴으로써 우리의 목표를 달성했다."

역할을 했던 것이다.

정당성. 정부의 노력은 종종 지역사회의 지지를 거의 받지 못하는데, 이런 지지의 결여를 네트워크로 개선할 필요가 있다. 뉴욕 주 가석방심사국(New York State Division of Parole)이 지역사회단체인 라 보데가 드 라 파밀리아(La Bodega de la Familia)를 파트너로서 선정했을 때의 예가 그것이다. 라 보데가는 가족들과의 활동을 통해 지역사회의 강력한 지지를 받고 있었다. 라 보데가를 파트너로 선정함으로써 가석방심사국은 정당성을 향상시켰고, 마음 졸이는 가족들을 좀 더 쉽게 설득할 수 있었다. 이는 가석방 노력을 뒷받침하는 데 필요한 것으로서 범죄자들의 재범을 막는 데 도움이 되었다.

4. 네트워크 유형 결정

어떤 네트워크 유형이 정부의 필요에 가장 적합한지 결정하려면 먼저 다른 유형의 네트워크가 가능한지 살펴보는 것이 필요하다. 정부 내의 네트워크와 관련된 전문가들 또는 실무자들과의 대화 결과, 우리는 정부가 이용할 수 있는 6가지의 네트워크 유형을 확인했다. 그러나 이 목록이 결코 포괄적인 것은 아니다.[4] 단지 네트워크 모형이 다양한 형태라는 것과 다양한 목적을 제공한다는 것을 보여주는 것이 목적이다.

1) 서비스 계약

서비스 계약 네트워크에서 정부는 계약을 조직 도구로 활용한다. 계약자들과 하위 계약자들은 합의하에 일대일 관계와는 다른, 수직적 또는 수평적 관계를 생성한다. 이런 네트워크는 보건, 정신건강, 복지, 아동복지, 교통, 안보 시스템과 같은 공공부문의 다양한 영역에 확산되어 있다.

2) 공급망

공급망 네트워크는 정부에 전투기나 다중 교통 시스템과 같이 복합적인 생산품을 공급할 때 형성된다. 공급망 네트워크는 민간부문에 비해 공공부문에서는 좀처럼 찾기 어렵다. 왜냐하면 정부는 공산품이 아니라 서비스를 주로 제공하기 때문이다. 공급망 네트워크는 주로 안보 및 교통 분야에서 나타난다.

3) 임시조직

정부는 종종 특정 상황, 대개 응급상황에 대처하기 위해 네트워크를 활성화한다. 예를 들어 병원, 의사, 공공보건, 법 시행 기관들의 임시조직 네트워크는 전염병의 발발, 자연재해나 사이버 위협과 같은 문제들이 있을 경우 생겨난다.

4) 다른 유형의 네트워크를 보려면, Robert Agranoff, "Leveraging Networks: A Guide for Public Managers Working across Organization"(Washington: IBM Endowment for the Business of Government, 2003).

4) 채널 파트너십

기업과 비영리조직은 소매점이 생산자를 위한 배급 채널로 작동하는 것과 같은 방식으로 정부를 대신해서 거래를 주도한다. 예를 들어 고객이 새 자동차를 구입하면, 판매대리점이 고객을 대신해 자동차 등록을 대행해 준다. 다른 예로, 운동 관련 상품점에서 낚시 면허를 구입하는 것, 세금 신고를 위해서 인튜이트 또는 H&R Block의 웹사이트를 이용하는 것 등이 있다. 더 많은 기업들이 공공부문 거래를 온라인 서비스로 수행하면서 채널 파트너십의 수는 더 확대될 것이다.

5) 정보 확산

공공 정보를 퍼뜨리기 위해서 정부는 정보의 확산을 도울 자원을 가진 비영리조직 및 영리조직과 파트너가 될 수 있다. 정부는 시민들과의 의사소통을 위해 이미 존재하는 정보 확산 방식을 이용할 수 있다. 예를 들어 지구 수호대(Earth 911)의 웹 사이트는 풍부한 환경정보와 실시간 자료를 제공하고 있다. 이는 연방정부기관, 50개 주정부기관, 수천의 지방정부들 및 무수한 지역 단체들과 비영리조직들을 하나의 국가 전체적 환경 네트워크로 연결시킴으로써 가능했다.

6) 민간 연결망(Civic Switchboard)

이 경우 정부는 다양한 조직들이 중요한 공공 산출물을 생산할 수 있는 각각의 능력을 증대시키는 방식으로 서로 연계시킬 수 있다는 좀 더 광범위한 관점을 활용한다. 공공부문은 모든 시민을 대표하도록 선출된 권한과

〈그림 4-1〉 민·관 네트워크의 유형

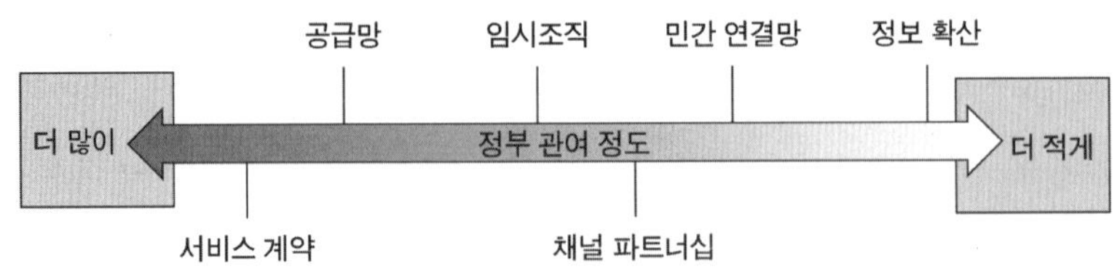

광범위한 책임 덕분에, 서비스를 제공하지만 자원이 필요한 민간조직들과 필요한 자원을 가졌을 것 같은 다른 조직들을 연결시키는 데 활용될 수 있는 독특한 관점을 제시한다. 행위자들을 연계시켜 새로운 순 가치를 생산한다. 간단한 예를 들어보면, 보호소가 노숙자들을 돌보는 데 도움이 되도록 푸드 팬트리(Food Pantry)[5] 네트워크를 형성할 수도 있다.

예를 들어, 주택소유 증가를 목적으로 하는 주택 및 개발 관계자들은 어떤 지역의 주택소유율이 예상보다 낮은 주된 이유가 신용대출이 제한적이기 때문임을 알게 될 수도 있다. 이런 신용대출 문제를 해결하기 위해서, 당국자들이 주택소유 상담과 부채정리를 함께 지원할 수도 있다. 또한 재정지원 조직들과의 의사소통에 능하지 않거나 이들을 신뢰하지 않는 사람들에게 중재자들을 보낼 수도 있다. 이 경우 정부가 할 수 있는 가장 큰 공헌은 직접적으로 돈을 제공하는 것보다 다른 부문들이 문제를 해결하는 데 일익을 담당할 수 있도록 현재의 역량과 지식을 바탕으로 네트워크를 구축하는 것이다(<그림 4-1>).

5) 식품을 기탁받아 소외계층에 지원하는 푸드뱅크를 말함. ─ 옮긴이

7) 올바른 네트워크를 선택하는 방법

정부가 이러한 유형의 네트워크나 조금 또는 완전히 다른 방식 중 어느 것을 이용하든 간에, 다음의 질문들에 대한 답은 공무원들이 어떤 유형의 네트워크가 특정 상황에서 가장 적합한가를 파악하는 데 도움이 될 것이다.

- ▲ 당신이 원하는 것은 무엇인가? 서비스를 제공하는 것인가? 정보를 공급하는 것인가? 수송기를 만드는 것인가? 전체적 목적이 적합한 네트워크를 선택하는 데 중요한 결정요인이다. 예를 들어 만약에 주요한 목표가 접근성을 증가시키는 것이라면, 정부는 아마 채널 파트너십을 선택해야 할 것이다. 그리고 민간부문에서 시장의 막강한 접근성을 이용할 수 있을 것이다.
- ▲ 필요가 일시적인가 아니면 지속적인가? 네트워크가 단지 특정 사건에 대한 대응에 필요한가? 또는 네트워크에 대한 필요가 지속되는가?
- ▲ 얼마나 많은 돈을 사용할 수 있는가? 사용할 수 있는 돈이 적으면 적을수록 공공자금으로 관리되는 계약 네트워크를 구축하기는 매우 어렵다.
- ▲ 책무와 유연성 중 상대적으로 중요한 것은 무엇인가? 목적으로서 책무의 비중이 클수록 명백한 목표와 보상체계를 제공하는 계약 네트워크가 최적이 될 것이다. 만약 유연성이 책무보다 중요하다면 느슨한 구조가 더욱 적절할 것이다.

애리조나 주의 차량관리부(Motor Vehicles Department: MVD)는 1990년에 이런 과정을 경험했다. 주의 급작스러운 인구 증가는 MVD의 운영역량을 초과했다(인구는 1990~1998년 30% 증가했다). 이런 인구성장은 차량, 운전자, 렌트, 상업차량 및 MVD가 제공하는 서비스에 대한 수요가 더 많아졌음을 의미한다.[6] 1990년대 동안, MVD의 작업량은 매년 13%씩 증가했다. 같은 기간 주정부는 일련의 세금 삭감을 실행했고 지출과 인력구성에서 제로성장 정책을 수행했다. 성장하는 인구와 동결된 지출의 조합은 교통국으로 하여금 기금이나 인력의 확대 없이 증가하는 서비스의 수요를 해결할 방법을 찾게 했다. 그 결과로 교통국은 고객서비스를 증진하고, 비용을 감소시키며, 교통국의 작업량을 좀 더 효과적으로 관리하기 위해 제3의 공급자들이 거래의 일부를 담당 관리하도록 하는 제3자 프로그램(Third Party Program)을 실시했는데, 이전에는 교통국 직원들이 고려하지 않았던 대안들이다.

제3자 프로그램이 교통국의 업무 중 일부를 민간부문으로 이동시키는 것이지만, 교통국이 채택한 이 방식은 전통적 민영화와는 차이가 있는 것이었다. 교통국은 경매 또는 외주를 위한 서비스 구조를 확립하면서 단일 계약자에 의존하지 않았다. 더구나 교통국은 그들을 대신해 서비스를 제공할 공급자들에게 비용을 지불 예산도 갖고 있지 않았다. 어떤 서비스를 입찰에 부치고 단일 공급자에게 계약을 체결하기보다는, 충분한 자격이 있고 정당하다고 인정되며 프로그램이 설정한 적합성 검사 기준을 충족시킨다면 상당한 수의 제3자가 서비스를 제공할 수 있도록 하는 제3자 규칙이 작성되었다. 사실 프로그램의 핵심적인 규정은 어떤 단일한 제3자도 서비스에 대한 배타적인 권리를 갖지 못한다는 것이었다. 프로그램의 바로 이 '많은 공급자' 측면이 사업을 수행하는 데 대한 교통국의 경쟁력 있는 정부 접근방법의 토대였다. 제3자들은 또한 착수 비용과 지속적인 운영 비용을

6) MVD는 차량 등록, 소유권 재등록, 차량 검사, 운전면허 발급, 그리고 다양한 교통 관련 허가에 대한 책임이 있다.

변화에 대한 대처: 유연한 네트워크 설계

정부구조는 느릿느릿 움직이는 인사절차와 스스로 만든 법적 제약으로 인해 융통성에 한계가 있다. 고도로 유동적인 민간부문과의 연합을 통한 네트워킹은 정부가 변화하는 상황에 좀 더 잘 적응하게 해준다. 이런 이유로 유연하지 못한 네트워킹은 본래의 목적을 방해한다.

우리가 앞서 살펴본 것처럼, 네트워크가 형성되는 한 가지 이유는 네트워크의 많은 교차점을 통해 창출되는 가치를 지속적으로 포착하기 위함이다. 빈번하게 변화할 수 있고 빠르게 변화할 수 있는 능력이 네트워크 설계에 구축될 수 없다면 이런 편익을 잃고 말 것이다. 네트워크는 다음과 같은 능력을 가져야 한다.

- 파트너나 서비스를 추가하거나 제외할 수 있는 능력
- 영역을 넓히거나 축소할 수 있는 능력
- 놓쳐버린 요소들을 통합할 수 있는 능력
- 예기치 않은 성공을 이루고 공유할 수 있는 능력
- 예기치 못한 실패를 협력적으로 관리할 수 있는 능력
- 성과 목표를 바꿀 수 있는 능력

역동적인 네트워크라면 원래의 계약에는 분명하게 명시되지 않은 새로운 가치 원천을 지속적으로 찾아내고, 빠른 혁신을 이룰 수 있다. 또한 기대한 결과에 이를 수 없게 만드는 계약자의 파산, 계약 문제, 또는 경제적 침체와 같은 환경적인 충격에 대응할 수 있어야 한다. 유연한 구조라면 가령 네트워크의 여러 측면들을 재설계하거나 또 다른 파트너를 추가하는 등 예기치 않은 사건에 조직이 재빨리 대응할 수 있게 함으로써 네트워크가 이런 종류의 불확실성에 대처하는데 도움을 줄 수 있다.

네트워크 설계를 올바로 하기 위해서는 때때로 반복적인 시행착오 과정을 수반할 수도 있다. 1990년대 초반 인디애나폴리스 시는 인력양성 서비스를 직접 수행하는 것이 민간산업협회(Private Industry Council)의 핵심적인 임무여서는 안 된다고 결정했다. 직업훈련 서비스를 수행하는 대신 협회는 그 서비스를 구매해야만 했다. 그 결과 협회는 직접적인 서비스 제공자에서 공급자 네트워크의 계약관리자가 되었고, 공급자들은 일자리를 얻고 보호 대상에서 벗어나는 인원만큼 수수료를 받았다. 하지만 머지않아 시 공무원이 이런 역할은 너무 협소함을 깨달았다. 무수한 문제를 가진 사람들은 단지 두세 달의 도움이 아니라 많은

도움을 필요로 했다. 보상 체계와 파트너의 선택 모두 조정을 필요로 했다. 이에 대응하여 시정부는 물리적 또는 정신적 장애가 있는 사람들을 돕는 데 전문성이 있는 종교단체와 지역사회단체를 포함하여 민 · 관 네트워크를 확장함으로써 설계를 수정했다. 그리고 더 많은 어려운 사례에 대해 보상 비율을 높일 수 있었다.

지불해야만 할 것이고, 그럼으로써 직원 채용과 설비에 관련된 교통국의 비용을 경감시킬 수 있다.

MVD는 전통적인 서비스 계약 네트워크보다는 민간 영역과 함께 현재 우리가 '채널 파트너십'이라고 부르는 것을 만들어냈다. MVD는 민간부문이 또 다른 경로를 제공하도록 하여, 이를 통해 애리조나 주의 시민들이 자동차 양도증명 및 등록과 같은 자동차 거래, 운전면허증 서비스와 차량점검 등의 서비스를 처리할 수 있게 했다. 시장에 존재하는 동기를 활용해 애리조나 주는 정부의 필요조건을 충족시키는 관련 집단들에 권한을 위임하여 보통 정부기관들이 제공하던 서비스를 제공하도록 함으로써 자원을 절약했다. 1990년대 중반 사업이 시작된 이래 MVD는 총 70여 개의 외부 조직과 파트너가 되었다. 그중 가장 잘 알려진 것 중 하나는 서비스애리조나(ServiceArizona)이며, 이는 IBM과 협력해 다중채널 전자서비스 전달 시스템(multichannel electronic service delivery system)을 제공했다. 고객들은 매년 인터넷 및 전화의 음성서비스를 이용해 차량등록 갱신을 할 수 있다. 서비스애리조나가 미국에서 전자전달 시스템을 처음으로 도입한 것이다.

제3자 프로그램은 성공적이었다. 제3자 서비스 공급자들은 현재 주에서 행해지는 상용 운전면허 도로 시험의 절반을 관리하고 있다. 이들 조직은 교육구, 정부기관, 그리고 운전자가 상용 면허를 취득하는 데 필요한 대형 차량을 보유한 민간기업과 같은 조직들을 위해 일하기 때문에 특히 가치가 있다. 예를 들어 교육구를 조사할 권한을 부여받은 제3자는 새로운 통학버스 운전자에 대한 운전시험을 관리하면서 새로운 운전자를 양성하는 데 상당한 시간을 절약할 수 있다.

전체적으로 볼 때 MVD의 파트너 네트워크를 통해 이루어진 거래는 200명의 주정부 공무원이 수행한 업무와 맞먹으며, 인력, 시설, 대외비 및 다른 사용처 등에서 연간 6만 달러 이상의 비용 감축할 수 있었다. 애리조나의 공무원들은 기존의 틀을 벗어나는 사고를 했고, 무엇보다 과정 대신 목표를, 그리고 이를 실현하기 위해 이미 존재하는 구조들을 활용했다.

5. 누가 네트워크를 통합하고, 무엇이 통합되어야 하는가?

오늘날 전문화와 외주의 시대에, 자동차 제조업은 차 조립에 필요한 개별적인 수백 개의 부품을 공급하는 크고 복합적인 공급자 네트워크를 관리해야 한다. 전통적으로 제조업자는 이러한 공급자를 직접 관리해왔다. 하지만 점차 일부 자동차 회사들은 자동차 인테리어 작업과 같은 조립과정의 큰 구성 부분에 대한 책임을 이 공정에 전문화된 회사들에 맡기기 시작했다. 컴퓨터부터 의류 사업까지 이와 같은 현상이 많은 산업에서 나타나고 있다. 이러한 경향의 뒤에는 다음과 같은 믿음이 있다. 때때로 네트워크를 구성하는 다양한 조직과 과정을 외부의 사람들끼리 더 잘 통합해 본래 회사보다 더 잘 관리할 수 있다는 것이다.

자동차를 만들 때 복잡한 네트워크의 통합이 요구되는 것처럼 테러리스트의 위협에 대응하는 것, 생산적 복지 사업에 등록된 누군가를 위한 서비스를 조정하는 것 등과 같이 복잡한 상황에 직면하는 정부들이 책임을 다하는 과정에서도 네트워크의 통합이 요구된다. 우리가 여기서 논하고 있는 갑작스레 나타나는 덜 공식적이고 덜 지속적인 형식과는 다르게, 의도적으로 만들어진 네트워크는 일종의 통합자를 필요로 한다. 활동을 조정하고, 문제를 해결하고, 수준 높은 서비스의 공급을 보장할 수 있는 강력한 통합자는 잘 설계된 네트워크에서 매우 중요한 구성요소이다.[7] 이를 조직하는 사람은 '중추(hub)'로서 행동하며, 다른 모든 네트워크 참여자들을 연결하는 유일한 개체가 된다. 정부가 서비스를 제공하는 데 네트워크에 의존하면 할수록 제조업자들이 근본적으로 하는 질문을 하게 된다: 어떤 과정이 통합되어야 하며, 누가 통합할 수 있는가?

우리는 이러한 두 개의 질문 중, '누가 통합과정을 관리할 것인가?'라는 두 번째 질문부터 시작할 수 있다. 정부는 네트워크를 통합하는 이런 어려운 임무의 책임을 누가 질 것인가를 결정할 때 세 가지 선택을 할 수 있다. ① 정부 자신이 통합자로서 매일매일 네트워크 내부의 수행방식을 관리할 수도 있다. ② 정부가 모든 통합 임무를 주요한 계약자에게 위임할 수도 있다. ③ 정부가 네트워크를 조정하기 위해서 제3자를 고용할 수도 있다.

1) 통합자로서의 정부

정부는 제2차 세계대전 당시 맨해튼 프로젝트로부터 최근 오하이오 주 200곳 이상의 민간 자동차 프랜차이즈와 교통국이 형성한 네트워크에 이르기까지 역사적·전통적으로 복잡한 민·관 네트워크의 통합자 역할을 해왔다. 많은 측면에서 공공부문은 네트워크의 통합자 및 관리자로서 논리적인 선택을 제시한다. 공공기관은 서로 다른 집단을 불러 모아 그들의 행위를

7) Keith Provan and Birnton Milward, "Do Networks Really Work? A Framework for Evaluating Public-Sector Organizational Networks," *Public Administration Review* 61(2001), pp.414~423

〈그림 4-2〉 통합자로서의 정부

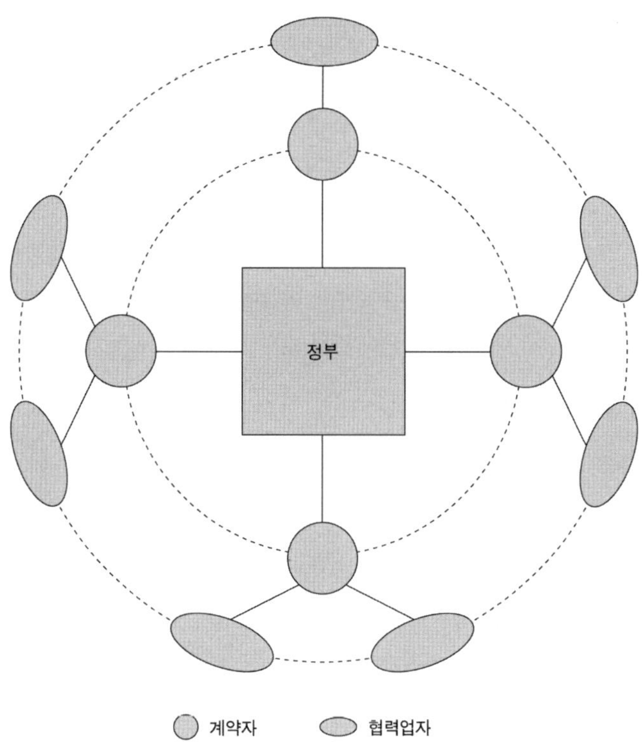

조정하고, 분쟁을 조정하기 위해 공식적 지위와 공정성을 활용한다(<그림 4-2>).

그러나 정부는 스스로를 관리하는 통합자로서 활동하는 데 실제적 어려움에 직면한다. 정부조달법은 공무원들이 잠재적 네트워크 협력자들과 협상하는 데 가격 외의 요인들을 고려하는 것을 제한한다.[8] 게다가 정부는

8) Steven J. Kelman, "Deregulating Federal Procurement: Nothing to Fear but Discretion Itself?" In John J. DiIulio Jr.(ed.), *Deregulating the Public Service*(Brooking, 1994), pp.102~128.

네트워크 파트너의 선정을 위해서 이들을 평가할 특정 재능들을 열거해야 하는데, 이는 각기의 문제들에 익숙하지 않은 정부의 능력 외의 일인 경우가 많다.

HOPE VI 프로그램은 정부 스스로가 통합자가 되는 것이 불가능하지는 않더라도 얼마나 어려운지를 보여준다. 주택도시개발부(HUD)는 1992년에 공공주택사업의 실패를 뒤집겠다는 목표로 이 사업을 시작했다. HOPE VI는 모든 선거구민들에게 무엇인가를 약속했다. 주민에게는 지역에서 쫓겨나지 않고 새롭고 더 나은 주택을 제공할 것을 약속했다. 인접한 마을에는 공공주택의 밀집으로 엉망이 된 지역을 부수어, 좀 더 여유롭고 보기 좋고 주위 이웃의 환경을 따라갈 수 있는 주택들을 건설하겠다고 약속했다. 사회복지 조직과 지역의 다른 이해관계자에게는 참여와 물질적 지원을 약속했다. 그리고 이것이 충분하지 않다면, HOPE VI는 주민들을 단지 좋은 주택으로 이주시키는 것이 아니라 자급자족으로 나아갈 수 있는 의미 있는 일자리로 이동시키는 과업까지 받아들였다.

개인들의 자속에서부터 주택문제에 이르는 다양한 사업목표들을 달성하기 위해 HOPE 주택사업 네트워크는 이전에 같이 일해본 적이 없고, 다양한 임무를 가지는 다양한 집단들을 한데 모으기 위해 노력했다. 미국 HUD의 공무원들에게 이런 조직들의 통합자가 될 만한 논리적인 파트너는 지방공공주택청(local Public Housing Authorities: PHA)이었다. 그러나 일반적으로 PHA는 주로 HUD에서 결정된 복잡한 규칙들을 공공주택들에 적용하는 것이었다. 하지만 HOPE 주택사업은 완전히 다른 기술들을 요했다. 그리하여 PHA는 지역문제, 부동산 개발에 대해 박식해야 했고, 복잡한 재정구조를 조정할 수 있는 기술을 필요로 했다. 그들은 또한 복합적인 문제를 가진 사람들이 스스로 자신들의 문제를 돌볼 수 있도록 돕는 사회집단들을 어떻게 조정할 것인지에 대해서 알아야 했다.[9)]

몇몇 주택 당국들은 강력한 리더십과 시청의 지원으로 HOPE 사업에 관련되지만 제멋대로 행동하는 집단들을 한데 모으고, 이런 수많은 파트너들을 통합할 수 있는 능력을 입증했다. 노스캐롤라이나 롤리 카운티의 수장 스티브 빔(Steve Beam)이 주택단지와 그 이웃 환경을 재생하기 위해 다양한 집단을 한데 불러 모은 것이 그 한 예이다. 빔과 그의 파트너들은 롤리 시내의 핼리팩스 코트(The Halifax Court) 주택사업 자리에 1에이커 공원, 커뮤니티센터, 유아원 시설, 그리고 청소년과 어른을 위한 6개의 학습시설로 구성된 캐피톨 공원(Capitol Park)을 건설했다. 지역 주택 당국들은 건설회사 및 학교, 청소년 클럽, 청년연맹 그리고 롤리 허리케인 하키팀 등 지역에서 잘 알려진 조직들을 파트너로 포함시켰다.

그러나 나라 전역에서 잘못된 관리방식이 HOPE 주택사업에 자주 흠집을 냈다. 파트너들 사이의 다툼, 높은 단위 비용, 임무에 대한 혼란, 다단계의 정부 승인절차로 더욱 복잡해지는 끝없는 지연은 결국 사업에 심각한 손상을 입혔다. 대부분의 PHA는 이런 임무에 대한 혼란을 조정하는 데 필요한 기술과 전문성이 없었고, 다양한 지역 및 건설 네트워크를 통합하거나 복잡한 부동산 문제와 다방면의 생산적 복지 사업들을 한데 모아 효과적으로 통합하는 능력이 부족했다. 더구나 HOPE 주택사업에서 시작된 자금 외에 주택 당국자들은 네트워크의 개체들을 지속적으로 한데 모을 수 있는 자산을 보유하고 있지 않았다.

그 결과 의회의 몇몇 의원들은 비용 문제로 프로그램을 비난했으며, 다른 이들은 수많은 도시들이 HOPE 사업의 자금을 잘 사용할 능력이 없음을 지적했다. 부시 대통령은 HOPE 주택사업을 중단할 것을 제안했다.

9) G. Thomas Kingsley and others, "Lessons from HOPE VI for the Future of Public Housing: A Working Paper"(Washington: Urban Institute, August 2003).

정부가 통합자로서 역할을 해야 하는가?

1. 네트워크 전체를 관리하는 데 필요한 올바른 기술, 경험, 자원 들이 정부 내부에 구비되어 있는가? 그렇다면 어디에 있는가?
2. 네트워크 전체를 관리하는 데 필요한 기술들이 정부 외부에 있는가? 그렇다면 이들이 정부 내에 존재하는 것들보다 우수한가?
3. 네트워크를 관리하기 위해 정부는 얼마나 많은 관리적 관심을 쏟아야 하는가?
4. 실제 서비스 공급에 정부기관이 얼마나 근접해 있어야 하는가?
5. 어떤 통합 모형이 책임성을 최대로 증진시키는가?
6. 착수 속도는 얼마나 중요한가?
7. 정부가 착수비용과 자금투자의 도움을 필요로 하는가?
8. 만일 제3자 관리자나 주 계약자들이 실패하거나 사업에서 손을 뗄 경우 사업을 지속할 실제적인 절차가 존재하는가?
9. 파트너십 형태가 정부 조달정책하에서 쉽게 허용되지 않는 품질과 비재무적인 고려사항을 필요로 하는가?

교훈은 명백하다: 어떤 경우에는 정부가 스스로 일반적 계약자처럼 활동할 수 있다. 그러나 이러한 역할은 정부관료가 서비스 계통과 기관들을 초월하는 창의적 사고를 하고, 정부 간 네트워크를 구성하며, 가장 가능한 해결책을 창의적으로 구상할 수 있는 내부관리 역량을 갖출 것을 요구한다. 이런 능력이 없는 정부 수장들은 다양한 참여자들을 통합할 수 있는 능력을 가진 외부 공급자들이 가장 중요한 자산이 됨을 분명히 인식해야 한다. 정부 스스로 통합자로서의 역할을 할 수 있는지 여부를 결정하는 데 고려해야 할 요인들을 확인해볼 필요가 있다.

2) 통합자로서의 주 계약자

집을 짓는 데 다수의 계약자들을 고용하고 관리하는 것보다 한 명의 총계약자(general contractor)를 고용하는 것이 이치에 맞듯, 네트워크를 통합하기 위해서 한 명의 전문가를 고용하는 것이 정부에게 최고의 이익을 안겨줄 수 있다. 이는 미국연안경비대가 록히드(Lockheed)사를 고용해서 심해함대의 현대화를 추진했던 이유와 같다. 미국감사원(GAO)의 공동 연구자인 랜디 윌리엄슨(Randy Williamson)은 심해 프로젝트에 대해서 다음과 같이 말한다.

> 이전에는 계약이 어려움에 봉착했다면, 대개 감시 감독과 전문적 기술이 부족했기 때문이었다. 이 경우 연안경비대에게는 이러한 일들을 수행할 전문성이나 역량이 없었다. 스스로 했다면 1,000여 명의 다른 도급업자와 하도급업자들이 필요했을 것이다. 록히드사를 고용함으로써 연안경비대는 그 모든 것을 수행할 전문가를 고용한 것이다.

네트워크를 스스로 통합할 내재적 능력이 없는 정부는 통합된 해결책을 위한 계약 모형으로서 연안경비대의 통합 모형을 빈번히 활용해, 주 계약자들이 통합의 거의 모든 부분에 책임을 지도록 만든다(<그림 4-3>). 이러한 모형은 특히 공공기관들에서는 찾아볼 수 없는, 심도 있고 가장 높은 수준의 프로젝트 관리 역량을 필요로 하는 대규모의 개혁 노력에서 주로 나타난다. 대개 주 계약자들이 가진 가치 있는 산업지식과 인맥은 성공적인 네트워크 관리에서 핵심적 역할을 하는 연합체를 만들고 유지시켜주는 영향력과 전문성을 갖추고 있다. 예를 들어 대규모로 진행되었던 두 개의 정보기술 외주 프로젝트, 즉 해군·해병 간 인트라넷 구성(Navy Marine Corps Intranet:

〈그림 4-3〉 통합자로서의 주 계약자

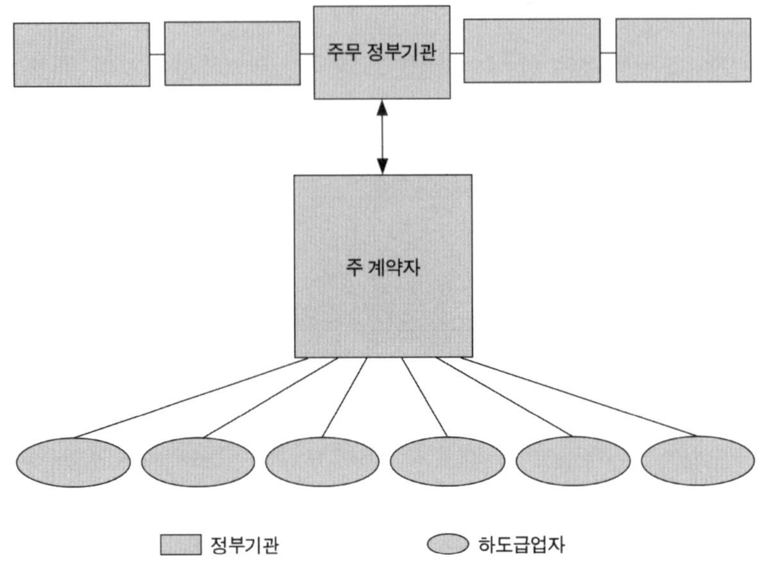

NMCI) 프로젝트와 미국 국가안전보장국(National Security Agency)의 그라운느브레이커(Groundbreaker)[10] 프로젝트는, 정부관료들이 내부적으로 수행하는 것보다 민간기업이 다양한 서비스 전달과 기반시설의 구성요소들을 더욱 잘 통합하고 관리할 수 있다는 결론을 내렸다는 것이 처음부터 "시장에 나가서" 대안을 찾게 된 이유라는 인식을 반영한다.

최소한 이는 영국의 리버풀 시가 브리티시텔레콤(British Telecom)사에 정보기술 현대화 프로젝트의 모든 과정을 조정하게 한 근본적 이유라고 할 수 있다. 브리티시텔레콤사가 필요한 모든 서비스를 자체적으로 공급하지는 않았다. 그 대신 수많은 기술 공급자들의 컨소시엄을 이끄는 가운데, 책임성의 단일 원천이자 다수의 다른 파트너를 이어주는 전달자가 되었다.

10) 첩보위성. — 옮긴이

리버풀 시와 브리티시텔레콤사 사이의 이 같은 합의는 때때로 '관리 서비스(managed services)' 계약이라고 일컬어진다. 이러한 계약에서는 하나의 주요한 계약자가 서비스 개요서들을 통합하고 복수의 하도급업자들을 관리한다. 전에는 정부기관이 상품과 서비스를 스스로 구매한 반면, 관리 서비스 계약하에서 이런 책무는 주 계약자로 이전된다. 본질적으로 정부의 에이전시들은 소비자 역할을 하는 것으로 여겨진다. 미국연안경비대의 지식 총괄 책임자인 냇 하이너(Nat Heiner)는 이런 과정을 "우리가 전기, 수도, 전화의 공급을 서비스로 개발했듯이 당신들은 정보기술의 공급을 서비스로 전환하고 있는 중이다"라고 설명했다.11)

미국교통안전청(Transportation Security Administration: TSA)은 2002년 유니시스사(Unisys Corporation)와 1억 달러 정보기술 관리 서비스 계약을 체결했을 때, 이런 관리 서비스 접근방식을 널리 적용시켰다. 유니시스사는 기관을 대신하여 델, 시스코, 오라클 모토롤라 등 대기업을 비롯하여 최소 25개 기업의 판매상 네트워크를 관리했다. 이들 판매상은 컴퓨터, 소프트웨어, 네트워크, 데이터 센터, 헬프데스크 서비스에 이르는 기관의 정보기술 기반을 구성하는 모든 요소를 공급했다.

교통안전청은 많은 이유에서 이 모형을 채택했다. 첫째는 최저가격이었다. 교통안전청은 대규모의 하드웨어나 소프트웨어를 구매하지 않고 관리 서비스를 구입함으로써 자본 비용을 많이 줄일 수 있었다. 둘째, 이 모형은 9·11 사태 이후 의회에 의해 교통안전청이 만들어지고 나서 교통안전청이 빠르게 업무를 시작하는 데 도움이 되었다. 만일 외부의 일반적 계약자에

11) Richard W. Walker, "CIOs Take a New Approach, Put Performance First," *Government Computer News*, January 27, 2003. www.gcn.com/22_2/mgmt_dition/20910-1.html

의존하지 않았더라면 그렇게 빠르게 출범할 수 없었을 것이다. 셋째, 교통안전청은 유연성을 필요로 했다. 교통안전청이 출범했을 때 "장래에 우리에게 필요한 것이 무엇인지에 대해 상당 부분이 정의되지 않았다"라고 교통안전청의 최고 정보 책임자 팻 샴바크(Pat Schambach)는 설명한다. "429개 공항이 있다는 것을 알게 된 것이 행운이었다. 그러나 관리 서비스 모형의 장점은 나는 필요로 하는 것을 명령만 내릴 뿐이고, 어떻게 제공할 것인지는 계약자들이 알아내야 했다는 데 있다."[12)]

3) 통합자로서의 제3자

정부관리자들은 정부를 대신해 네트워크를 관리할 누군가를 고용하는 세 번째의 선택을 할 수 있다. 주 계약자 모형과는 대조적으로, 이런 모형에서 계약자들은 대개 서비스의 공급과는 직접적으로 연관되지 않는다. 제3의 통합자 모형은 정부를 대신해 직접 일을 하기보다는 서비스 공급을 최적화하기 위해 다양한 공급자들을 조정하고 협력적 관계를 안정화시키는 등 네트워크의 중개인으로 기능하는 가운데, 내부에서 공급하는 것 이상의 이점을 정부에 제공한다. 첫째, 이 모형은 정부관리자가 최대한 정책과 결과 그리고 임무 수행에 초점을 맞추도록 한다. 둘째, 외부 조직은 기존 관계와 네트워크에 정부조직이 할 수 있는 것보다 더 많은 영향을 미칠 도구들을 가지고 있는 경우가 많다.

몇몇 사례에서 정부기관들은 제3의 통합자 모형이 주 계약자를 고용한 것보다 더 적합하다는 것을 보여주었다(<그림 4-4>). 영국의 그리니치 시의 사례에서, 시 의회는 주요한 현대화 사업을 착수하는 과정에 다수의

12) 같은 글.

〈그림 4-4〉 통합자로서의 제3자

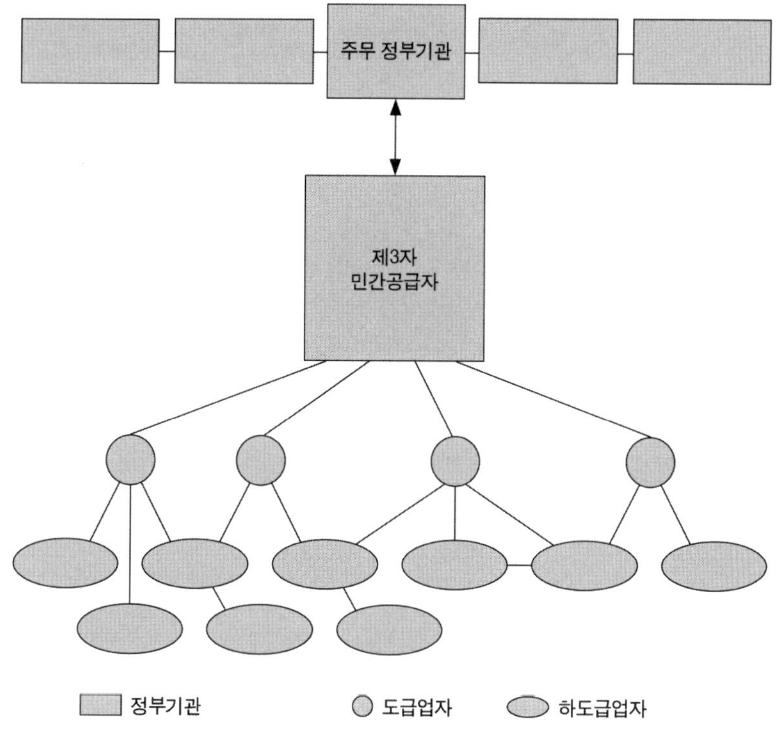

전자정부 공급자들을 포함시켰다. 그리고 지방공무원들은 특정 연합체 파트너들과 주 계약자의 기술에 얽매이기보다는 최고 수준의 공급자들을 자유롭게 선택하고 싶어 했다. 통합자는 이미 결정된 기술 해결책을 가지고 오지 않았고, 통합자가 바라는 정직한 중개인을 시 의회에 제공했다. 그리니치 공무원들에 따르면, 제3자 모형의 또 다른 중요한 이점은 제공하는 유연성이 크다는 데 있다. 저렴한 초기집행 비용, 짧은 계약 기간, 그리고 잘 진행되지 않을 때 중단하기 쉬움 등이다.

텍사스 주는 9만 3,000여 명의 어린이에게 제공될 아동돌봄 네트워크를 관리하기 위해 제3자 모형을 도입했다. 다른 주의 아동돌봄 기관에는 수백

〈그림 4-5〉 텍사스 주 아동돌봄 네트워크

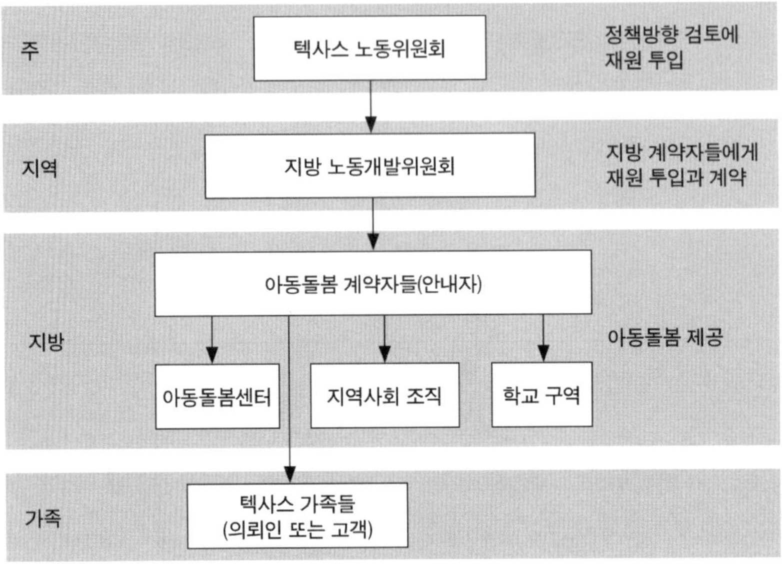

주
텍사스 노동위원회
정책방향 검토에 재원 투입

지역
지방 노동개발위원회
지방 계약자들에게 재원 투입과 계약

지방
아동돌봄 계약자들(안내자)
아동돌봄센터
지역사회 조직
학교 구역
아동돌봄 제공

가족
텍사스 가족들 (의뢰인 또는 고객)

명의 직원이 있었던 반면, 텍사스 주정부에서 아동돌봄 사업을 담당하는 부서에는 단지 14명의 직원이 있었다. 이는 텍사스 주가 텍사스 주 내의 저소득층 가족을 위한 아동돌봄 서비스를 공급하는 공급자 수천 명의 네트워크를 관리하고 평가하는 것을 비롯하여 아동돌봄과 관련된 모든 서비스를 제3자와 계약했기 때문이었다.

텍사스 주정부는 아동돌봄 서비스와 관련된 업무를 직접 제공하지 않았다. 아동돌봄 서비스 공급자의 고용, 아동돌봄 복지사들의 훈련, 정보와 자원의 제공, 아동돌봄 센터 네트워크 성과의 평가 등은 모두 외부 조직에 의해 공급되었다(<그림 4-5>). 주정부의 역할은 프로그램의 기금을 모으고 정책을 개발하며 제3자 네트워크 관리자의 성과를 모니터하는 것이었다.

이러한 제3자 관리자 중의 하나로 비영리조직인 '아동돌봄연맹(Child Care Associates)'은 텍사스 주의 몇몇 카운티에서 아동돌봄 서비스 공급자의 네크워크를 관리하는 계약자이다. 예를 들어 아동돌봄연맹은 주의 중북부 지역 1,600여 공급자들의 네트워크를 감독한다. 네트워크 관리자로 역할을 하는 가운데 아동돌봄연맹은 공급자들의 성과를 분석하고 평가한다. 아동돌봄연맹은 이런 모니터링 역할 외에도 가족들의 요구에 가장 적합한 공급자들을 가족들이 선택하는 데 도움이 될 정보를 제공하고, 부모와 공급자들 간의 문제를 중재함으로써 부모들의 옹호자로 일하고, 공급자들에게는 다양한 형태의 금전적인 지원을 제공하는 역할을 담당한다.

아동돌봄연맹의 최고 관리자인 존 휘트캠프(John Whitcamp)는 민·관 네트워크인 제3자 모형의 여러 가지 이점을 옹호한다. 첫 번째 이점은 지역사회에 대한 근접성이다. 휘트캠프는 "우리는 마을에서 누가 무엇을 하는지 알고 있으며, 정부기관보다 커뮤니티 속에서 관계와 정보 네트워크를 더 잘 구축할 수 있다. 복지개혁을 위해 일하든 십대의 양육에 관한 일이든 우리는 매일 커뮤니티 속에 있기 때문이다"라고 설명한다.

동일한 형태를 텍사스 주 모든 곳에서 찾아볼 수 있다. 멕시코 만 지역에서는 지방노동위원회가 근린센터 주식회사(Neighborhood Center, Inc.)라는 단체와 계약해 아동돌봄 서비스를 중개했다. 인보관운동(settlement movement)[13]에 뿌리를 두고 있는 근린센터는 약 1세기 전에 설립된 이래 가난한 아동들에 대한 일련의 서비스를 전달해왔다. "우리는 어떤 결과를 달성하는 데 필요한 걸상의 다리 하나에 불과하다." 근린센터의 최고경영자인 앤절라 블랜차드(Angela Blanchard)는 설명한다. "우리는 모두 같은 주민으로서 봉사하기 때문에 지역사회 내에 많은 협력 파트너들과 긴밀하게 일해

13) 복지가 안 된 지역에 대학생이나 지식인 등이 의식적으로 들어가서 정주하며, 지역주민과 함께 살면서 접촉을 통해 주민을 조직화하고, 보건·위생·교육·법률상담 등의 활동을 하여 지역의 복지향상을 도모하는 운동〔『간호학대사전』(한국사전연구사, 1996)〕. — 옮긴이

야만 한다.”

주 계약자 모형과 대조적으로 제3자 모형을 활용하면 이런 경우 유용한 편익이 발생한다. 주정부를 위한 대행기관으로서 아동돌봄연맹과 같은 단체들은 정부가 경찰과 법 집행의 질에 관심을 돌릴 수 있게 해준다. 이렇게 되면 복잡한 통합 계획에서의 실패 위험을 어느 정도 감소시키고, 네트워크 내의 파트너들을 제외시키고 교체하기가 좀 더 쉬워진다. 더욱이 때로는 통합자의 보수를 공급자들과 다른 성과기준에 따라 결정함으로써 통합자가 결과를 혼자 차지하지 않고 규칙과 벌칙을 집행할 수 있게 하는 데 도움이 된다.

하지만 네트워크를 관리하기 위해 제3자를 활용하는 것은 불리한 면도 있다. 우선 자금 제공자로서의 정부와 궁극적인 의뢰인 간의 또 다른 층이 생긴다는 것이다. 예컨대 애리조나 주는 행동건강시스템을 위해 서비스 제공자들의 네트워크를 조직화하고자 비영리단체들과 계약을 한다. 제3자가 지방의 제공자들과 발전시켜온 오랫동안 확립된 관계가 이런 네트워크의 성공에서 중요한 역할을 수행하지만, 시스템은 또한 프로그램에 자금을 제공하는 연방기관과 궁극적으로 서비스를 전달하는 제공자 사이에 5개 층을 만들게 된다(Milward, 1996: 193; Milward and Provan, 2002). 더욱이 정부가 제3자 네트워크 관리자의 기법에 의존하기 때문에 주 계약자 모형보다 정도는 덜하지만, 제도적 지식의 안정성과 지속성이라는 관점에서 어느 정도 위험을 감수한다.

상쇄관계 때문에 세 가지 네트워크 통합 모형 중 어느 것이 그 상황에 가장 타당한지를 결정하기 전에 많은 요인들을 정부가 주의 깊게 평가해야 한다.

4) 무엇이 통합되어야 하는가에 관한 결정

정부기관들이 서비스 전달의 협소한 연통 모형(stovepipe model)에서 벗어나면서, 어떤 서비스 전달이 통합되어야 하고 어떤 서비스를 나눠서 전달해야 하는가 하는 질문이 점차 중요해졌다. 많은 경우 개별 서비스를 다양한 계약자들에게 외주를 주는 것보다 다양한 행위자들을 연계해 포괄적인 서비스 전달 모형을 만드는 것이 좀 더 효과적임을 공무원들이 알게 될 수도 있다. 가령 인디애나폴리스 시가 공항을 관리 경쟁 체제로 넘길 때, 공항의 어떤 업무가 제안요청서에 포함되어야 하는지, 그리고 공항의 모든 측면을 관리해본 경험이 있는 자가 있는지를 판단해보는 것이 우선 필요했다. 시는 처음에는 국립케이터링회사가 구내식당을 관리하고, 전문적인 주차관리회사가 주차장을 운영하며, 공항 운영자가 비행장 업무를 운영해야 한다고 생각했다. 그러나 좀 더 주의 깊게 분석하고 난 후, 시는 실제 이익은 하나의 조직이 모든 부문을 관리함으로써 승객을 위한 경험을 극대화할 때 나올 수 있을 것이라고 판단했다. 히드로 공항과 7개의 다른 영국 공항들을 관리하는 영국 회사인 BAA(영국공항공단)가 이 모형을 통해 성공적으로 경쟁하여 계약을 따냈다.

이런 사례가 보여주듯이 적절한 통합은 수많은 기관들의 활동을 조화시킬 수 있을 것이다. 일부는 다른 기관들일 수 있고, 다른 수준의 정부일 수도 있다. 잘 작동되기 위해서 긴밀한 통합이 필요한 프로그램이 더 작은 계약들로 나뉜다면, 아주 크지는 않더라도 심각한 운영상의 문제를 야기할 수 있다.

캔자스 주는 아동복지체계를 민영화하던 1996년 이런 문제를 발견했다. 캔자스 사회재활서비스부(Kansas Department of Social and Rehabilitative Service)는 주를 다섯 개 지역으로 나누고 지역별로 따로 가족보존서비스와

〈그림 4-6〉 캔자스 주 아동복지 계약설계

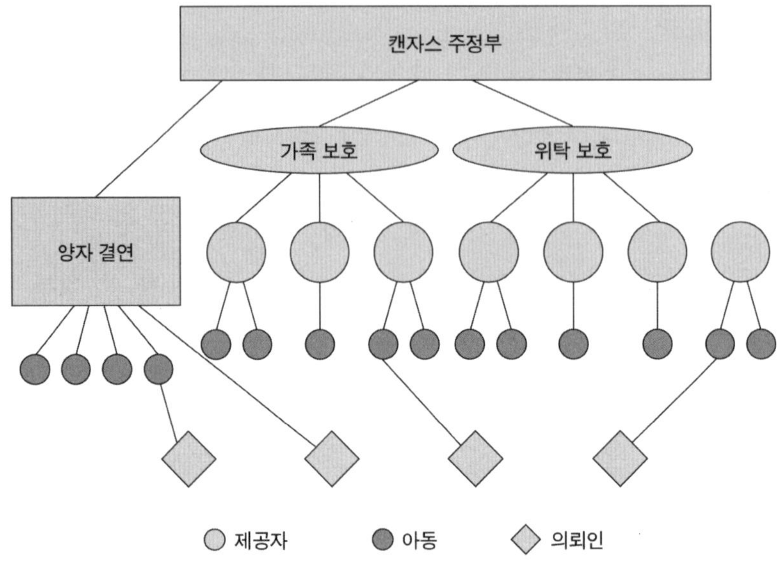

가정위탁을 입찰에 부쳤다. 한 번의 주 전체 수준 계약으로 입찰하는 조건이었다. 민영화를 지휘했던 부서의 선 국장인 테레사 마코위츠(Teresa Markowitz)는 "우리는 해왔던 방식대로 지역과 서비스를 나누었다. 동부의 돌봄 제공자에게 서비스를 맡겨 규모는 크지만 제대로 관리가 안 되게 하기보다는 캔자스에서 일해온 제공자들을 원했기 때문이다"라고 말했다. 이렇게 선의로 설정한 목표의 결과로, 사례가 어떻게 분류되는가에 따라 아이들이 이 제공자 네트워크에서 저 제공자 네트워크로 여러 차례 옮겨다녀야 할 수도 있었다(<그림 4-6>). 이처럼 '분할하여 계약하려는' 주정부의 노력은 통합적인 서비스 전달이라는 주된 정책 목표 중 하나를 무심코 훼손하게 되었다.

이는 단일 통합 해결책이 항상 옳다는 것을 말하는 것이 아니다. 때때로 더 작은 계약으로 기능을 분할함으로써 정부가 이익을 볼 수도 있다. 홍콩 정보기술 및 방송국 부국장인 앨런 시우(Alan Siu)는 다음과 같이 설명했다.

> 어떤 경우에는 우리가 '원스톱 서비스(one-stop service)'를 선호할 것이고, 그리고 하나의 계약자 또는 운영자 — 물론 이들은 다른 파트너 또는 하위 계약자들을 참여시킬 수 있다 — 를 관리할 것이다. 어떤 경우에는 정부가 경쟁을 유발하고 좀 더 다양한 서비스를 제공하기 위해 하나 이상의 사업파트너를 참여시킬 수도 있다. 예를 들어 토지과의 전자지도 프로젝트에서 복수의 서비스 제공자들을 선정했다.[14)]

정부는 그들 대신에 시장이 서비스를 제공하도록 하기 전에 무엇을 내부적으로 관리할 수 있는 것인지, 어떤 활동을 계약해야 하는 것인지, 어떻게 그들을 묶을 수 있는지에 관해 신중하게 접근해야 한다. 이러한 질문에 답하기 위해 정부는 첫 번째로 다양한 기관, 관료, 시민 사이의 상호작용 등 모두를 포괄하는 정부의 업무과정에 대해서 명확히 알아야 한다. 업무과정의 설정에 관한 상세한 논의는 이 책의 범위를 벗어나지만, 이런 모든 것들이 올바르게 행해질 때 공직자들이 다음과 같은 핵심적 통합 설계에 대한 질문에 답하는 데 도움을 줄 수 있을 것이다.

▲ 현재의 과정은 얼마나 상호의존적인가? 통합을 유지하기 위해서는 무엇이 필요한가, 그리고 무엇이 개별적으로 계약되어야 하는가? 상호의존적일수록 조직적으로 통합될 것이다. 정부가 상호의존적인 연결의 가치망을 파괴할 때 실패의 위험성이 증가한다. 비통합적인 계약으로부터

14) Deloitte Research, "Relationship Portfolio for the Public Sector: A Strategic Approach to Partnering in Turbulent Times"(New York: 2002), p.17.

나오는 생산품과 서비스의 문제는 외주로 간단히 처리될 수도 있었던 불필요한 문제와 위험성을 증가시킨다.

▲ 어떠한 과정이 네트워크의 해결책을 위한 범위에 포함되지 않는가? 어떤 과정이 내부적으로 관리되어야 하며, 어느 것이 관리되지 않아야 하는가? 정부는 전형적으로 이러한 사고에 시간을 충분히 쓰지 않는다. 그들은 네트워크화된 새로운 접근을 정착시키기 위한 적절한 내부적 조정을 하지도 않는다.

5) 정부의 핵심

이 책에서 우리는 개체들의 집단과는 대조되는 것으로 공공 목적을 달성하기 위해 설정된 네트워크들을 주요하게 살펴본다. 주말 대청소를 하자는 근린 지도자들의 요구에 대응하는 것과 같이 특정한 목적을 위한 개별 노력들을 조직화하는 정부가 하나의 예이다. 공무원들은 공공의 목적을 위한 노력을 조직화할 때 한계를 이해해야만 한다. 예컨대 누구를 테이블로 불러야 할지 신중할 필요가 있다. 인보관을 위한 노력의 일원으로 악덕 집주인이 초대되면 안 되고, 인력양성 훈련에 아동노동 위반자가 초대되면 안 된다는 것은 명확하다.

그러나 좀 더 어려운 사례에는, 그리고 공공 목적의 경계가 불분명한 경우에는 어떻게 할까? 공공 놀이터에 상업 광고물, 말하자면 코카콜라 간판을 설치하면 두 배는 더 좋은 놀이터를 만들 수 있다고 할 때 동의할 것인가? 훨씬 더 나은 재정적 제안을 해온 주요 도시개발 프로젝트의 파트너가 소수자와 여성 하위 계약자의 비율을 늘리기를 거부한다면 어떻게 할 것인가? 만약 제1장에서 다룬 골든게이트 국립 휴양지에서 민간 참여자 중의 하나가 환경단체가 아니고, 파트너십을 크게 선전하는 대가로 공원에 도움을 주고자 하는 석유회사라면 어떻게 할 것인가? 이런 질문 중 어느 것도 인상적인 것은 아니지만, 네트워크 파트너들의 참여가 각자의 일반적인 평판과 특정한 프로젝트의 요망사항에 반해 평가되어야 할 때 정부의 핵심을 유지하는 것은 아주 어려운 이해관계 조정을 포함하는 것이다.

물론 정부가 서비스를 완전히 민영화할 수도 있고, 단지 참여를 규제할 수도 있다. 그러나 이 책에서 우리는 정부가 적극적으로 관여하고 일정한 책임을 유지하는 사례들을 주로 살펴본다. 이들 사례에서는 관리 감독이 핵심이다. 통합 책임의 대부분이 거래업체들에 있을 때도 정부기관이 전체적인 네트워크 통합 노력에서 여전히 중요한 역할을 수행해야 한다. 정부의 고유한 책임이 무엇인가 하는 문제는 종종 노동문제 및 노동활동과 관련이 있다. 네트워크 정부의 목적을 위해 좀 더 적절한 질문은 가치를 수반한다. 정부가 지켜야 하는 핵심적인 가치는 무엇인가? 그리고 번잡하기도 한 협력체제에서 공무원들이 이들 가치를 어떻게 온전히 유지할 수 있을까? 이런 질문들에 답하려면 서비스에 대한 접근, 시민의 비용, 공정성과 형평성, 재정적 책무, 안정성, 그리고 품질과 같이 중요한 이슈들을 관통할 수 있어야 한다. 인디애나폴리스 시는 교도소 하나를 외주로 넘길 때, 보건과 음식 문제는 물론 보안부서의 상주 고용 인원수, 검열 대상, 그리고 검열의 주기 등 여타의 필수 항목들에 대한 최소한의 수준을 명시했다. 이들 중요한 문제가 네트워크 파트너들에 의해 충족되어야 하지만 동시에 정부에 의해 보증되어야 한다.

중요한 가치들을 지키려면 네트워크의 시작부터 지속적인 관리에 이르기까지 과정의 전 단계에 주의가 필요하다. 주 계약자는 하위 계약자들과 관련해 이들 이슈들에 주의해야겠지만, 이때에도 정부의 전체적인 관리 감독 책임이 줄어드는 것은 아니다. 가령 연안경비대는 함대를 현대화하기 위해 록히드사를 고용한 이후에도 계약을 관리 감독하고 연안경비대의 다양한 부서들과의 업무를 조정하기 위해 50명 이상을 고용했다. 그럼에도 불구하고 프로젝트가 몇 가지 어려움에 처했다. 공공부문만이 정책을 결정하고, 변화에 포함된 모든 이슈들을 관리하며, 정부 측 네트워크를 조정할 수 있다.[15)]

이 장에서 논의한 것을 요약하자면, 네트워크 관리와 관련된 가장 도전적이고 중요한 문제의 대부분은 기대치의 설정, 최적의 시행 도구에 대한 결정, 올바른 네트워크 구조 선택, 네트워크 설정 후 정부 역할의 결정 등과 같이 네트워크의 설계와 관련되는 것이다. 불행히도 고위 공직자들은 종종 이러한 문제를 대수롭지 않게 여긴다. 초반에 설계가 잘못되면 이러한 프로그램이나 서비스를 정정하기 위해서 불가피하게 최소 1~2년 정도를 낭비하게 될 것이다. 이 장에서 우리는 민·관 네트워크 형성에 관한 정부의 지침을 제시했다. 다음 장에서는 다양한 네트워크의 조직이 어떻게 전체로서 기능하게 되는지에 초점을 두고 논의할 것이다.

15) Paul Hirst, "Democracy and Governance," in Jon Pierre(ed.), *Debating Governance* (Oxford University Press, 2000), chapter 3.

제4장의 핵심 내용

주안점

▲ 네트워크 접근방법의 성공과 실패는 네트워크의 설계로부터 나온다.

▲ 정부기관은 역사적 과정이나, 현재 조직의 구조 또는 역량이 네트워크적 접근방식에서 추구해야 하는 행위들을 좌우하지 못하게 해야 한다.

▲ 네트워크 활성화를 위해서 공직자들이 사용할 수 있는 자산으로는 돈, 수사적 발언, 사람, 기술, 권위 등이 있다.

▲ 강력한 통합자는 잘 설계된 네트워크의 중요한 구성요인이다.

위험요인

▲ 프로그램에 긴밀한 통합이 필요할 때 프로그램이나 과정을 더 작은 단위의 계약으로 나누는 것.

▲ 주 계약자에게 넘길 것에 관한 문제는 정부에서 결정되어야 한다. 오직 공공부문만이 정책을 결정하고, 과도기 상황에 관련된 모든 공적 이슈들을 관리하며, 네트워크의 정부 측면을 조정할 수 있다.

조언

▲ 네트워크의 파트너를 선정하는 경우 그들로부터 얻을 수 있는 이익을 가치, 수행역량, 평가, 소비자들과의 근접성과 같은 기준에 따라 주도면밀하게 분석해야 한다.

▲ 유연한 구조는 조직들이 예상치 못한 상황에 빠르게 대응하게 함으로써 네트워크가 불확실성을 다룰 수 있도록 도울 수 있다.

▲ 집을 지을 때 한 명의 주 계약자를 고용하는 것이 이치에 맞는 것처럼, 네트워크를 통합하기 위해 하나의 전문가를 고용하는 것이 공공기관에 가장 최선의 이익을 안겨줄 수 있다.

사례

▲ 텍사스 주 아동돌봄 네트워크: 미국의 많은 주정부 아동돌봄 관료제는 수백 혹은 수천의 직원들을 보유하고 있다. 하지만 텍사스 주정부의 아동돌봄사업과 관련된 직원은 14명뿐이다. 이는 주정부가 주에서 필요한 모든 아동돌봄 서비스 및 저소득층 자녀들에게 아동돌봄 서비스를 제공하는 공급자의 네트워크를 관리하고 평가하는 모든 일들을 계약방식으로 처리했기 때문이다.

▲ 미국연안경비대: 미국연안경비대가 그들의 심해함대를 현대화하는 사업을 추진하는 과정에서 전통적인 방법을 따라 선박, 비행기, 기계의 부속품들을 따로따로 구매하지 않고, 다년간에 걸쳐서 전체적으로 낡은 부분들을 관리하고 대체할 수 있는 하나의 통합 패키지인 컨소시엄과 계약을 하는 식의 아주 다른 모형을 도입했다.

제5장

네트워크 묶기

제4장에서 우리는 '누가 네트워크를 통합해야 하는가'라는 문제에 대한 정책결정가들의 해결을 돕기 위한 틀을 제시했다. 이 장에서 우리는 '어떻게'라는 질문에 대한 답을 시도할 것이다. 어떻게 다른 종류의 조직들을 함께 결합하고 별개의 업무과정들을 네트워크에서 작동할 수 있도록 할 것인가? 네트워크 통합자는 신뢰할 수 있는 의사소통 채널, 네트워크 참여자들 사이의 동등한 활동, 신뢰할 수 있는 관계 확립을 어떻게 구축할 것인지를 반드시 생각해내야 한다.

과학기술이 도움이 된다. 이것은 파트너들을 서로 연결하고 공공부문과 연결하는 네트워크의 중앙신경조직이다. 예를 들어 웹에 기반을 둔 기술은 제3자 정부서비스 제공자가 직업훈련서비스에 대한 고객의 적격성을 점검할 수 있게 했고, 행정 서비스 기관들이 그들의 파트너들과 함께 버려진 아이들에 대한 정보를 실시간으로 공유하거나 주정부를 대신해 자동차 서비스를 전달하는 계약자가 운전면허를 갱신하려는 지원자의 신원을 즉시 검증할 수 있게 했다.

하지만 네트워크 통합은 기술만으로는 달성될 수 없다. 사람들의 문제를 다루고, 과정을 조사하고, 가치를 조정하며, 신뢰를 구축하는 것도 필요하다. 네트워크는 확고한 관계를 발전시키는 데 도움을 줄 수 있다. 그리고 확고한 관계는 신뢰를 구축함으로써 네트워크를 강화시킨다. 이러한 모든 조각들을 바르게 맞추는 데에는 시간, 기술, 그리고 무엇보다도 인내심이 필요하다.

1. 의사소통 채널 확립

제3장에서 우리가 지적했던 것처럼 의사소통의 붕괴는 네트워크 실패의 주요한 원인이다. 서비스 전달이 조직 내부로부터 네트워크 공급으로 바뀜에 따라 비공식적 면대면 의사소통의 감소는 정보와 아이디어의 흐름을 심각하게 붕괴시킬 수 있다. 또한 서비스 전달의 붕괴, 그리고 목표와 기대에 대한 혼란을 야기할 수 있다. 관련자들 사이에 문화적 차이가 나타나면 나타날수록 연계의 강도는 더욱더 중요해진다.

진행 중인 프로젝트를 위한 안정적인 플랫폼의 토대로서든, 위급한 상황에 처한 최초의 대응자를 위한 연결지점이든, 네트워크 안에서 정보가 자유롭게 흐를 필요가 있다. 미국우정사업국은 2001년 탄저균 사태에 대한 연방정부의 대응을 지켜보면서 효과적인 의사소통이 얼마나 중요한지를 발견했다. 국가 안보와 공중보건의 위기관리에 직면해 우정사업국은 탄저균 발견 지역들을 확인하고 정화하기 위해 통합재난지휘센터(Unified Incident Command Center)를 설치했다. 샘플링과 정화를 위해 고용된 계약자들뿐만 아니라 다양한 연방기관들로부터 차출된 공무원들이 센터의 직원으로 고용되었다. 정보가 충분하지 않다는 가장 중요한 문제를 밝히기 위해 우정사업국의 환경관리 정책부는 폴 페네왈드(Paul Fennewald)를 지휘센터로 불러들였다. 우정사업국과 다른 연방·주 기관들로부터 지휘센터로 혹은 지휘센터로부터 외부로의 정보 흐름이 원활하지 않았다. "내가 가장 처음 한 일은 우리가 여기서 해결하고자 하는 문제가 무엇인가라고 묻는 것이었다. …… 그리고 나는 이것이 정보 흐름의 문제라는 것을 깨달았다. 의사소통의 문제이지 탄저균 문제가 아니었다"라고 페네왈드는 말했다.[1)]

1) 디지털 연계

오늘날 세계에서 성공적인 네트워크는 디지털 중추를 필요로 한다. 네트워크는 여전히 팩스, 전화, 회의에 의해 운영될 수 있지만, 각 네트워크 파트너들과의 깊은 전자적 연결 없이는 정부의 네트워크 관리가 실패할 가능성이 높다.

개인이 생화학 테러 공격에 의해 감염된 경우를 생각해보자. 이 상황에 대한 최초 대응자의 빠르고 효과적인 대응이 질병의 확산을 막는 데 결정적이다. 응급실에 환자가 옮겨진 후에는 공격에 대한 대응을 관리하는 데 관련된 수십 개의 민·관 조직에 환자의 증상과 최종 진단이 반드시 전달되어야 한다. 조직 간의 동시적인 의사소통을 가능하게 하는 기술 없이는 상이한 조직 간의 이와 같은 긴밀하고 신속한 조정은 이루어질 수 없을 것이다.

몇 가지 주목할 만한 예외가 있지만, 대부분의 정부는 외부 파트너들과의 연계를 더 잘할 수 있는 기술을 활용하는 데 민간 산업보다 뒤처져 있다.

1) Kirsten Lundberg, "Charting a Course in a Storm: The US Postal Service and the Anthrax Crisis," Kennedy School of Government Case Program C-15-03-1692.0, 2003. 28(Harvard University, 2003).

오늘날 대부분의 정부 데이터베이스와 정보 시스템이 너무 수직적 경로로만 묶여 있어서, 공무원들은 민간부문 및 비영리 커뮤니티의 파트너들과는 말할 것도 없고 다른 기관들과도 정보를 공유할 수 없다. 정부기관 내부의 수직적·수평적 정보 장애물과 부서 간 수직적 장벽이 결합해 정보 공유를 심각하게 방해한다.

이러한 상황을 바로잡기 위해서는 먼저 파트너들에게 적시에 중요한 정보를 전달할 수 있게 하는 전자적 수단을 만드는 것이 필요하다. 예를 들어 2002년 이런 수단을 처음 도입한 이후 미국교통안전청은 기관의 최우선 "파트너들(항공 운송회사, 공항 운영자, 외부 법 집행기관, 판매회사, 여행 파트너들, 계약자)"뿐만 아니라 연방·주·지방 정부들 사이에 신속하고 안전한 의사소통을 하게 하는 협력 모형을 구축했다. 429개 공항에서 보안을 연방화하는 동안 150명의 연방 안보국장들과 민간 판매회사들에 지속적으로 최신 정보를 제공하기 위해 정보-공유 플랫폼이 활용되었다.[2)]

미국교통안전청은 인트라넷과 엑스트라넷, 자료·정책·경보의 공유, 그리고 프로젝트에 관한 협력을 통해 파트너들을 연결한다. 이러한 협력 기술은 기관이 연방안보국장, 공항 행정가, 항공교통통제사, 항공사 간부들의 광범위한 네트워크를 유지하는 데 도움을 준다.

마찬가지로 웨일스의 22개 지방정부는 광범위한 정부기관들의 서비스 전달을 조정하기 위해 비밀번호로 보호되는 엑스트라넷을 사용하고 있다. 네트워크에 참여하기 위해 각 조직은 가장 민감한 정보 외에는 정보 공유를 약속하는 정보-공유 프로토콜에 동의해야 한다. 이 집단의 주 웹사이트에

2) 상당수의 TSA의 400 내외부 구성요소는 민감한 정보를 공유할 필요가 있을 수 있기 때문에 정보 공유 시스템은 역할 기반 접근으로 구성되었다. Deloitte, "TSA: We will Never Assume We've Got the Job Done,"(New York, 2002), p.23 참조.

있는 포털을 통해 접속되는 엑스트라넷 사이트는 모범 사례에 관한 자료를 공유하고, 공동의 구상(initiatives)을 계획하기 위한 간편하고 효과적인 방법을 제공한다.

이들 시스템은 전자게시판과 이메일에 의해 비동시적으로 공유되는 정보를 실시간으로 자유롭게 흐르게 할 뿐만 아니라, 인터넷을 통한 방송과 온라인 교육을 동시에 가능하게 해준다.

2) 같은 장소에 위치시키기

정보 공유를 위해 제공되는 현대 기술의 모든 이점에도 불구하고, 구식의 대면 상호작용을 능가하는 것은 없다. 같은 장소에 위치시키기는 모든 일이 같은 조직 내에서 이루어질 때 더 많이 존재하는 비공식적인 의사소통이 되살아나게 하는 데 도움이 될 수 있다. 가장 중요한 것은 상이한 조직에 속한 개인 간의 신뢰를 구축하는 데 도움이 될 수 있다는 것이다. 나아가 이들 조직 간의 신뢰를 구축하는 데도 도움이 될 수 있을 것이다. 이러한 이점을 얻기 위해 많은 성공적인 공공 파트너십은 최소한 일부 공무원과 사업체를 같은 공간에 위치시킨다. 생산적 복지 서비스를 위해 계약자를 광범위하게 활용하는 위스콘신 주의 마리네티 카운티에서는 상급 직원에서부터 일선 공무원에 이르기까지 모든 관계자들이 팀으로 나란히 일한다. 결국 비생산적인 공·사 경계는 거의 사라졌다. 위스콘신 주 마리네티 카운티 W-2 경제지원국장인 크리스티 파킨스키(Christy Parkinsky)는 다음과 같이 말한다. “같은 장소에 위치시키는 것이 가장 중요한 일이다. 문제가 있으면 취업 관리자의 사무실로 바로 걸어가서 관리자나 직원들과 함께 쟁점을 해결한다.”

콜로라도 주 엘파소 카운티에서는 가정 폭력, 발달장애, 자녀 양육, 아동

지원, 약물남용을 전문적으로 다루는 공급자들이 카운티의 생산적 복지 네트워크에 통합되어왔다. 카운티의 복지부(Department of Human Service) 부국장인 바버라 드레이크(Barbara Drake)는 같은 장소에 위치시키는 것이 조직들로 하여금 팀으로서 함께 일하게 만드는 가장 큰 요인이라고 믿는다. "각각의 파트너들은 권한을 가진 사람과 같은 중앙사무실에서 일해야만 했다. 이 간단한 사실이 관계자들이 일상적으로 자신들의 차이를 이해할 수 있게 만들었다"라고 드레이크는 설명한다.

2. 활동의 조정

강력한 의사소통 연계 이외에 네트워크는 전형적으로 아주 높은 수준의 조정을 필요로 한다. 저소득 미혼모를 위한 서비스를 제공하기 위해 개발된 네크워크를 생각해보자. 식량배급표를 전달하고 직업훈련을 제공하는 것에서부터 탁아 서비스를 준비하는 데까지 모든 것에 관련된 기관들과 공급자들을 조정하는 것이 포함될 수 있다.

포털, 미들웨어, 협업 소프트웨어는 민간부문에서 공급망의 복잡한 생산 업무조정을 진일보시키는 데 도움이 되었다. 델컴퓨터(Dell Computer), 시스코시스템(Cisco Systems), 제너럴모터스(General Motors), 포드자동차(Ford Motor Company), 허만밀러(Herman Miller)와 같은 기업들은 자신들의 공급자, 제휴 파트너, 고객, 종업원 들에 전자적 경로를 구축하는 데 상당한 자원과 임원급의 관심을 쏟아부었다. 이들 기업은 조달을 통해 공급망을 수평적으로 통합하기보다는 공급망 파트너들과 가상으로 통합한다. 예를 들어 제너럴모터스의 웹 기반 포털인 제너럴모터스 서플라이 파워(GM Supply Power)는 공급자들이 구매, 재료 공급, 품질과 생산관리, 물류, 엔지니어링, 제조와 관련된 거래를 수행하고 정보를 공유하도록 하면서 회사와 공급자를 전자적으로 연결한다.[3] 요컨대 이런 연결이 공급과잉 재고 목록의 필요성을 없애고, 비용을 감소시키며, 잠재적으로 상품을 시장에 내놓는 시간을 줄인다. 그 결과는 무엇일까? 더 빠르고, 값싸고, 더 나은 조달과 구매 시스템이다.

자유시장경쟁으로 인해 민간부문은 시간이 돈이라고 배워왔다. 상품이나 서비스 전달을 향상시키고 더욱 빠르게 하기 위해 기술을 활용하는 것이 네트워크에 있는 조직의 각 종사자들이 돈을 절약하면서 더 적은 시간에 더 많이 일할 수 있게 해준다. 예를 들어 캘리포니아 주 패서디나에 있는 미국항공우주국의 제트추진연구소(Jet Propulsion Laboratory: JPL)는 시뮬레이션 기반의 설계 및 구매 도구를 활용해 계약자들과 협업을 함으로써, 8개월에서 12개월 정도 걸리는 우주 로켓과 셔틀 부품에 대한 전형적인 설계 주기를 2주에서 3주가량 줄였다. JPL은 각 부분의 설계마다 여러 개의 제안서를 발행하고 수개월 동안 계약자들과 왕래하는 대신에 컴퓨터로 채워진 통합 임무 실세 센터를 만들어, 미국항공우주국의 각 파트너가 자신들의 최초 설계와 요구 사항을 미국항공우주국 엔지니어들에게 제시하게 했다. 그래서 다양한 시나리오에 어떻게 그 설계가 버텨낼 수 있을지 그리고 수정된 설계가 어떻게 버텨낼 수 있을지를 실시간으로 검증할 수 있었다. 미국항공우주국의 학계 파트너, 기타 계약자, 미국항공우주국 엔지니어 들이 모두 화상 회의에까지 연결되어 있다. 이런 혁신은 설계 과정의 속도를 근본적으로 높였을 뿐만 아니라 계약자들이 내놓는 초기 제안의

3) Deloitte Research and Stanford Global Supply Chain Management Forum, *Integrating Demand and Supply Chains in the Global Automative Industry: Creating a Digital Loyalty Network at General Motors Deloitte*(New York: Deloitte Research, and Stanford University, 2003), p.16.

질도 크게 향상시켰다. 미국항공우주국의 기술부 부국장인 리엄 사르스필드(Liam Sarsfield)는 "만약 당신이 아무것도 걸치고 있지 않다면, 우리가 금방 알아차릴 것이다"라고 설명한다.

불행히도 미국항공우주국이 각 파트너와 함께 사용하는 정교한 전자적 협업 도구들이 정부에는 아주 드물다. 실제로 대부분의 기관이 여전히 느린 대응과 형편없는 신뢰도에서부터 조정되지 않은 서비스 전달에 이르기까지 파트너들과의 상호작용을 아주 비효율적으로 수동식 과정에 의존한다. 변화가 필요하다. 조직과 부문을 가로지르는 온라인 조정을 촉진하는 기술 도구가 사업을 수행하는 데 필수적인 구성요소이다. 인터넷 기반의 응용기술들은 이제는 상이한 조직의 종사자들이 동일한 작업장을 공유할 수 있는 능력을 부여해준다. 지구 반대편에 있더라도 말이다. 미들웨어는 각 조직이 상이한 컴퓨터 데이터 시스템의 정보를 연결하고, 공유하고, 통합할 수 있게 해준다. 모바일 도구들은 더욱 빠른 메시지 전송뿐만 아니라 중앙 사무실의 기록과 데이터 시스템에 접근할 수 있게 해준다. <그림 5-1>에서 보는 바와 같이 이런 기술과 여타의 기술들이 다른 파트너들과 협업하고 있는 정부 조직들이 거래 비용을 줄이고 신뢰 관계를 구축하는 데 도움을 줄 수 있다.

1) 동시 대응(synchronized response)

이들 조정 역량이 9·11 이후 세계에서 효과적인 민·관 네트워크를 구축하는 데 중요하다. 상수도 시스템에 대한 테러리스트의 위협에 직면한 도시를 예로 들어보자. 이런 위협에 대응 책임을 진 사람은 연방재난관리청, 주정부 환경 공무원, 지방 병원, 환경단체, 공공설비 책임자, 지방의 법 집행관, 건물 조사관 등의 대표를 포함할 수 있을 것이다.[4)] 이러한 네트워크

〈그림 5-1〉 협업 기술 및 조직성과

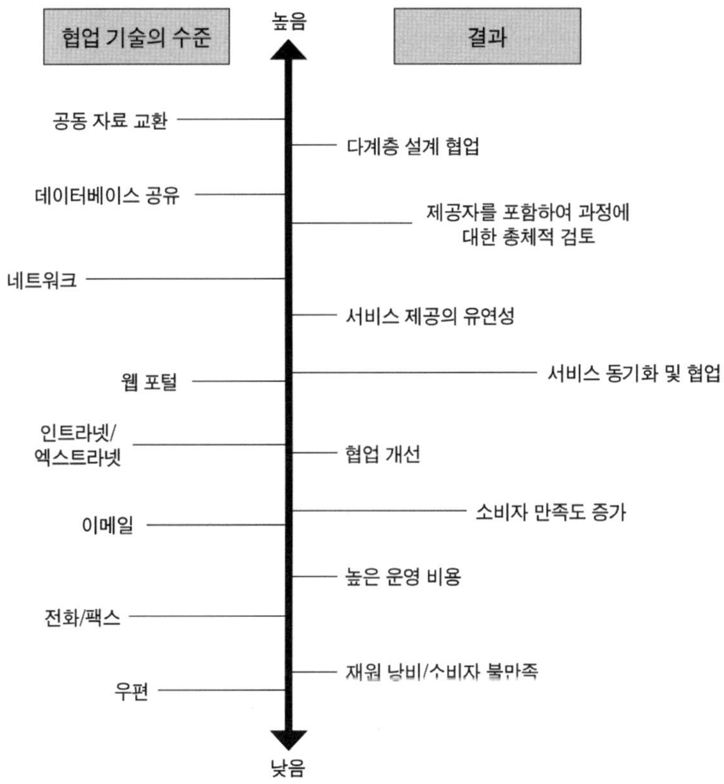

자료: Deloitte Research.

가 기능하기 위한 기본적인 필요조건은 여러 종류의 집단들이 실시간으로 정보를 공유하고 동시에 대응할 수 있게 해주는 몇 가지 전자적 조정 체계일 것이다.

4) M. Mitchell Waldrop, "Can Sense-Making Keep us safe?" *Technology Review*, March 2003, p.45.

46개 주와 3개 대도시 보건부를 포함하는 국가전자질병감시시스템(National Electronic Disease Surveillance System: NEDSS)이 유망한 모형을 제공해준다. 국가전자질병감시 시스템의 목표는 연방질병통제센터를 뒷받침해 참여자들이 빠르게 정보를 공유함으로써 질병의 확산을 밝혀내고, 추적하고, 예측하고, 억제할 수 있도록 하는 것이다. 국가전자질병감시 시스템은 공공보건 관료들이 공공보건 경보와 상황 보고를 즉각 전달할 수 있게 해준다. 또한 안전한 시스템 위에 지속적으로 환자 사례 데이터를 수집할 수 있게 해준다. 그리고 이런 자료는 이웃과 지역으로 질병이 발생하고 확산되는 추세를 시각적으로 분석하는 데 사용될 수 있다.[5)]

2002년 2월 펜실베이니아 주는 완전히 통합된 질병감시 시스템을 갖춘 첫 번째 주가 되었다. 130개 이상의 병원, 120개의 실험실, 450명의 공공보건 직원, 그리고 475명의 의사 들이 펜실베이니아의 국가전자질병감시 시스템(PA-NEDSS)에 연결되었다. 지금까지 67개국의 수십 가지 질병에 대해 10만 건이 넘는 사례를 보고하는 데 활용되어왔다.

펜실베이니아의 국가전자질병감시 시스템 이전에는 펜실베이니아의 시방 보건부서들은 의사, 병원, 커뮤니티 보건 공무원 들로부터 보고서와 팩스로 보고를 받았고, 같은 방식으로 주정부에 전달했다. 성가시고 느린 과정이었다. 발병을 확인하는 데 몇 주가 걸릴 수 있고, 그때까지 수십 명이 죽을 수 있었다. "문제는 우편물 속의 무언가를 취해서 올바른 장소에 보내어 올바른 조사자가 그것을 검토하고 처리하는 데 걸리는 시간이었다"라고 주정부의 역학국장인 조엘 허시(Joel Hersch)는 설명한다. "실험실에서 보고서를 만든 지 일주일 뒤에 우리가 보고서를 받는다. 그다음 이 보고서가 분류되어 주정부의 조사자 중 한 사람에게 보내진다. 그래서 팩스나 우편으

5) Center for Digital Government, "PA-NEDSS: A Case Study"(Folsom, Calif,:2004).

로 다시 보내지게 될 것이다. 2주일이나 지나 조사자들이 상황을 조사하기 시작할 수 있는 것이다."[6]

펜실베이니아의 국가전자질병감시 시스템은 이 모든 것을 변화시켰다. 개선된 조정 및 정보 공유 능력 덕분에 펜실베이니아 주 환자들의 사례에 대한 보고주기가 3주에서 24시간 이내로 짧아져 더욱 신속하고 효과적인 대응이 가능해졌다. 예를 들어 시스템의 빠른 탐지 능력은 요크시 보건국이 적리(赤痢: 발열·복통·설사 등의 증상을 앓음) 발병을 억제하는 데 도움이 되었다. 펜실베이니아의 국가전자질병감시 시스템이 역학국으로 하여금 A형 간염의 발병을 밝혀내고 억제하도록 했던 것이 또 다른 예다. 질병이 발발한 펜실베이니아 주 모나카 시에서는 추세를 관찰한 지 몇 시간 내에 공무원들이 질병을 추적하고, 감염된 당사자들에게 통지하며, 레스토랑을 폐쇄했다.

2) 가시성

서로 다른 조직들의 활동을 조정하는 것은 각 파트너의 과정이 잘 보이도록 공유하지 않고는 이뤄질 수 없다. 정보에 대한 접근이 잘될수록 결정이 나아지고 위험도 줄어든다. 가시성의 이점을 이해하기 위해 월마트가 자랑하는 판매추적 시스템을 살펴보자. 이 시스템은 모든 관계자들이 언제라도 상점의 재고 수준을 알 수 있고, 주문할 수 있으며, 사실상 자동으로 최신 정보를 갱신할 수 있게 해 준다. 예를 들어 파나소닉과 월마트의 관리자들은 어떤 상점에 스테레오가 다시 공급되어야 하는지를 알고 있다. 이런 조정 및 확인 시스템이 공급자인 월마트와 소매 파트너들이 자원을 할당하는

6) 같은 글, p.3.

결정을 조정할 수 있게 해준다. 만약 상점 관리자가 바라는 품목을 갖고 있지 않을 경우, 창고든 다른 상점이든 아니면 당일 배달이든 그는 가장 빠르고 효과적인 방식으로 고객에게 그 품목을 전달할 방법을 바로 찾을 수 있다. 더 중요한 것은 이런 정보가 사실상 즉각 공유됨으로써 소매업자와 공급자가 수요를 파악하고 배달 요구를 예측할 수 있다는 것이다.

공공부문에서 마찬가지 수준으로 가시성을 확보하면, 네트워크 정부에 엄청난 이득이 될 것이다. 도시의 보건기관은 보건의료서비스를 빈약하게 제공하고 있는 지역 내 모든 병원의 가용 침대 수를 즉각 파악할 수 있다. 지역의 노동기관은 지역 내 제공자들의 직업훈련사업에서 일자리의 수와 유형을 실시간으로 알 수 있을 것이다. 정부가 더 높은 수준의 효율성을 달성할 수 있을 뿐만 아니라 훨씬 더 낫고 대응적인 고객 서비스를 제공할 수 있을 것이다.

투명성이 높아짐으로써 정부기관은 또한 서비스를 자체적으로 수행할 때만큼 명확하고 즉각적으로 계약자들이 수행하는 서비스를 감독할 수 있게 될 것이다. 어떻게? 계약 감독자가 갖고 있지 않은 정보를 공급자나 하도급업자는 갖고 있을 때 존재하는 정보 비대칭을 제거하는 것이다.[7] 인디애나폴리스 시가 버려진 차량의 외주 계약을 재입찰할 때, 해결해야 할 문제가 하나 있었다. 시는 자신의 차량에 무슨 일이 생겼는지를 묻는 주민들에게 대응하기 위해 모든 견인된 차량의 위치를 즉시 파악할 수 있기를 바랐다. 해결책은 시가 계약자들의 차량 추적 시스템(vehicle tracking

7) William C. Ouchi, *The M-Forum Society: How American Teamwork Can Capture the Competitive Edge*(Reading, Mass.: Addison-Wesley, 1984); Fritz W. Scharpf, 1993, "Coordination in Hierarchies and Networks," in Fritz W. Scharpf(ed.), *Games in Hierarchies and Networks: Analytical and Empirical Approaches to the Study of Governance Institutions*(Boulder, Colo.: Westview Press, 1993).

system)으로 전자 연결망을 구축하는 것이었다. 견인된 차량, 견인된 지점, 보관 장소, 이후의 이동 등을 기록하는 공급자 정보 시스템(vendor information system)이 고객 서비스를 책임지는 경찰서 전화 상담원들에게 전자적으로 활용된다. 애리조나 주 차량관리부는 다른 곳에 이미 존재하는 기록을 따로 구축하고 유지할 필요가 없어서 돈을 절약하고, 제3의 계약자와 동일한 정보 시스템을 활용함으로써 같은 수준의 가시성을 확보하고 있다.

3) 의뢰인에 대한 단일한 관점

네트워크 파트너들은 또한 각자의 활동을 조정하기 위해 관련 고객 정보를 공유해야만 한다. 어떤 고객이 델컴퓨터사의 웹사이트에서 컴퓨터를 구매하거나 주문을 바꾸면, 이 고객의 주문에 대한 모든 정보가 델컴퓨터사의 공급망을 통해 즉시 전송된다.[8] 만약 각 생산 파트너가 고객에 대해 상이한 정보를 갖고 있다면, 델컴퓨터사의 적시생산 모형은 성공하지 못할 것이고 생산과 배송은 훨씬 더 늦어졌을 것이다.

고객에 대한 단일한 관점을 확보하는 것이 네트워크 정부에서도 중요하다. 위스콘신 주 복지 수혜자격 정보기술 시스템인 CARES를 통해 주정부 공무원과 민간 계약자들은 주정부의 W-2 생산적 복지사업에 속한 사람에 대해 자신들의 컴퓨터 화면에서 같은 정보를 본다. 계약자의 고용인들은 또한 교육 기록, 주정부 급여 기록, 사회보장 기록을 비롯해 일을 하기 위해 필요한 모든 정부 정보에 즉시 접속한다. 생산적 복지 계약자이자 인력연계 책임자(director of Workforce Connections)인 제럴드 하노스키

8) Joan Magretta, "The Power of Virtual Integration: Interview with Michael Dell," *Harvard Business Review*, vol.76(March-April 1998), pp.72~84.

(Gerald Hanoski)는 말한다. "우리가 사례마다 주정부 및 카운티와 함께 손발이 척척 맞게 일할 수 있게 해준다. 네트워크의 중추이며, CARES가 없으면 우리 일을 할 수도 없다."

딱하게도 위스콘신 주는 예외다. 대부분의 정부가 내부 또는 파트너들과 고객에 대한 통합적인 정보를 공유하지 않는다. 예를 들어 캔자스 주의 민영화된 아동복지 시스템에서는 각 계약자들이 자신의 자료만을 유지하고 있다. 다른 계약자나 주정부의 자료와 함께 연결되는 경우는 드물다. 아동들에 대한 기록을 최신 자료로 유지하려면 팩스, 우편, 그리고 가능한 곳에서는 이메일을 비롯해 모든 수단이 동원된다. 이렇게 막대하게 시간이 소요되고 비효율적인 과정은 기록이 오래되고 동조가 불가능하게 되어 실패를 면할 수 없다. 계약자의 한 사람인 마크 블루밍데일(Mark Bloomingdale) 루터교 행정 서비스 국장은 말한다. "보고서는 종이로 들어오고, 실시간 보고 메커니즘은 전혀 없다. 그 결과 기록들이 시스템에서 섞이면서 중복 작업이 많고, 많은 데이터 오류가 발생했다."

분산된 네트워크 서비스 전달의 이점은 또한 고객 관리에도 있다. 예를 들어 실업상태인 개인은 지역사회에 있는 조건을 갖춘 모든 사람들을 받아들이는 지역조직을 통해 직업훈련장에 들어갈 수도 있을 것이다. 만약 이 의뢰인이 장애인이라면, 굿윌 산업(Goodwill Industries)에도 관련되어 있을지 모른다. 만약 그가 노숙인이거나 약물 또는 알코올 중독 경력이 있다면, 다른 곳에서 치료를 받게 될 수도 있다. 이들 사례에서는 물론 다른 사례에서도 정부가 공공·민간·비영리 부문의 다양한 제공자들에 걸친 서비스 전달을 통합하고자 할 때, 의뢰인에 대한 단일한 정보가 반드시 필요하다. 정부가 의뢰인들의 진입 지점과 관계없이 의뢰인들에게 공평하고 공정한 규칙을 적용하고, 다양한 취지의 서비스를 더욱 효과적으로 만들 수 있게 해준다.

인디애나폴리스 시 아동복지 협업 시스템

인디애나폴리스 시에서는 수십 년 동안 정부관료와 비영리단체들이 문제 청소년들을 위한 통합적인 서비스 제공 방법을 찾느라 애써 왔다. 최고의 보호관찰 관료, 어린이보호사, 학교 사회복지사, 청소년 담당 경찰관이 서비스가 필요한 아동들과 현장에서 대부분의 시간을 보냈다. 의심할 여지 없이 해야 할 정당한 일이지만, 제공자들이 서로 전화 불통으로 시간을 많이 쓰고 좌절하면서 서비스 조정과 함께 기존 문제들을 악화시키기도 했다. 문제를 더 악화시킨 것은 공공조직과 비영리단체들이 서로 별도의 정보기술 시스템을 이용했다는 것이다. 일부 비영리단체들은 아직도 색인카드만을 활용해 고객들과 접촉하고 있다.

모든 조직의 고위층이 자신들의 활동을 조직화하기로 서약했지만, 실제로는 결코 그렇게 하지 못했다. 정보 공유를 많이 할수록 의사결정이 나아질 것임을 모두가 알고 있지만, 실질적이고 포괄적인 방식으로 실제로 정보를 공유할 만큼 서로를 신뢰하는 사람은 없다. 결국 좌절한 시 정부관료들이 나서서 필요한 소프트웨어를 구축하는 데 합의하고, 시정부 서버에서 운영할 때 비로소 돌파구가 생겼다. 미들웨어가 각자의 구식 시스템을 결합시킴으로써 복잡하고 시간이 많이 소요되며 값비싸게 모든 정보를 한 시스템에 다시 쓸 필요가 없게 되었다. 각 조직이 보호된 웹사이트에 서명만 하면 되었다. 어떤 사람들이 어떤 항목을 볼 수 있는지를 명시함으로써 비밀 유지에 대한 우려를 가시게 할 일련의 규칙을 마련해, 외부의 침입으로부터 시스템을 보호하면서도 의사결정을 조정할 수 있었다.

이처럼 광범위한 사용자들에게 즉각적인 접근을 제공하는 디지털 도구가 끝없는 종이서류 찾기를 대체했다. 기본적인 기술 인프라를 구축하는 책임을 떠맡음으로써 시정부는 모든 참여자들의 한계비용을 감소시켰고, 아동들과 일하는 전문가들의 정보 흐름을 크게 개선했다.

호환성 부족. 효과적인 정보 공유를 막는 두 가지 어려운 장벽이 있다. 첫 번째는 정보 시스템 호환성의 부족이다. 독점적인 정보기술 시스템은 균일하지 않은 의사소통과 높은 협력 거래비용을 초래할 수 있다. 일부 공급자들이 소규모 비영리단체일 때 훨씬 더 심각한 문제가 된다. 정밀한 정보기술 시스템이 부족할 때, 이런 소규모 조직들은 정부기관과 네트워크의 다른 구성원들을 전자적으로 통합시키는 것은 고사하고, 기본적인 서류 작업을 수행하는 데도 힘에 겨워하곤 한다. 예를 들어 텍사스 주에서는 주정부의 아동보호사업을 관리하는 대규모 비영리단체들은 기술적으로 정교하다. 그러나 일부 아동보호 제공자들의 경우 인터넷조차 안 된다. 텍사스 주 남동부 지역에서 주 아동보호 시스템을 운영하는 네이버후드센터(Neighborhood Centers, Inc.)의 CEO인 앤절라 블랜차드는 설명한다. "여기 우리한테는 IT 직원이 많지만, 많은 공급자(아동보호 제공자들)들은 스스로 다룰 수 있는 기술을 충분히 갖고 있지 않다. 그들은 기본적인 서류작업에도 안간힘을 쓰고 있다."

오클라호마 주가 이 수수께끼를 풀었다. 어머니가 이제는 지역 아동보호 센터로 아이를 데리고 가서 서비스 시점 관리 장치에 주정부가 인정한 일종의 직불카드를 읽힐 수 있다. 아동보호 제공자는 주정부가 그 서비스를 공인한 것인지를 즉시 알게 되고, 이 시스템은 청구서 작성과 지불을 도와주는 디지털 기록을 생성한다. 이 시스템을 이용하기 위해 제공자들에게 필요한 것은 전화선과 주정부가 제공하는 저렴한 판매시점관리 장치다. 이 기술은 소규모 제공자들이 최소한의 기술로 주정부의 시스템에 연결될 수 있게 해주는데, 서류작업을 크게 줄여주고, 지불이 더욱 신속히 이루어지도록 해주며, 낭비와 남용을 줄여준다.

프라이버시 문제. 두 번째이자 훨씬 더 어려운 장벽이 프라이버시다. 통합된 서비스 전달을 위해서는 공공·민간·비영리 제공자들 사이에서 시민과 고객에 대한 정보를 디지털 형태로 수집하고, 관리하고, 공유하는 것이 필요하다. 정부기관들 사이에 정보를 공유하는 것도 충분히 논쟁의 여지가 있지만, 공공부문과 민간부문을 넘나들며 정보가 공유될 때는 프라이버시 옹호자들의 엄청난 분노를 자아낸다. 예를 들어 고객 옹호단체들은 개별서류 정리원들이 제공하는 정보가 납세자의 동의 없이 통신판매업자들에게 팔릴 수도 있다는 것을 근거로, 제3자를 통해 제공되고 있는 온라인 팩스 서류정리에 우려를 제기하고 있다.

민감한 영역의 민·관 파트너십이 정부와 민간 파트너 모두에게 프라이버시 문제를 야기한다. 제트블루 항공사(JetBlue Airlines)가 미국 국토안보부(Homeland Security Department)의 부탁으로 방위 계약자와 150만 명의 고객에 대한 탑승자 자료를 공유한 뒤에는 국방부와 제트블루 항공에 대하여 시민단체들과 미디어의 분노가 폭발했다. 불만은 또한 미국교통안전청이 컴퓨터 지원 탑승객 사전 스크리닝 시스템(Computer Assisted Passenger Prescreening System Ⅱ) 배치 계획을 폐기하게 만들기도 했다. 이 계획은 테러리스트와 관련해 위협이 될 수도 있는 개인들을 찾아내기 위해 정부와 상업적 데이터베이스의 정보를 결합하려던 것이었다. 반대자들은 이 시스템에 의해 계획된 정부와 민간부문 정보의 통합이 프라이버시에 중대한 위협이 된다고 주장했다.

매일매일 공공과 민간 사이의 장벽이 흐려지고 있는 9·11 이후 세계에서의 프라이버시에 대한 소모적인 논쟁은 이 책의 범위를 넘어서는 것이지만, 몇몇 핵심 논점들은 몇 가지 지침을 제공해준다. 첫째, 정부는 수십 년 동안 시민의 자료를 포함해 민감한 업무에 계약자들을 활용해오고 있다. 민간부문이 아닌 정부의 정보를 다루고 계약상 제약을 받는 민간 파트너가 단지 정부의 대리인 역할을 하는 상황에서, 어떻게 남용을 막고 프라이버시를 보호할 것인지에 관해 상당한 지식이 축적되어 있다. 몇 년 전 전자정부 서비스를 제공하는 한 민간기업이 주정부와의 계약으로 확보한 공공자료를 팔아넘겼을 때 여론이 매우 악화되었다. 이에 따라 계약에 서명하기 전에 계약 기관들이 지켜야 할 프라이버시 규칙을 더욱 주의 깊게 고려해야 한다는 논쟁이 이어졌다.

둘째, 가장 터무니없는 정보 위험을 찾아내 그것을 네트워크에 있는 모두에게 일반화하려는 경향이 존재한다. 네트워크를 잘 설계하면, 각 조직의 각 개인에게 아주 개별적인 수준의 접근을 확보하여 많은 우려를 해소함으로써 이런 잘못된 접근을 없앨 수 있다. 앞서 설명한 인디애나폴리스 사례와 같은 아동복지 네트워크들은 일반적인 학교 행정가 집단에게 제공할 수 있는 것과는 달리 특정 아동들과 일하는 학교 사회복지사에게 적합한 수준의 정보를 제공할 수 있다. 다수의 계약자, 그리고 때로는 다수의 정부기관이 존재하기 때문에 통합적인 네트워크 모형이 프라이버시 문제를 해결하는 것을 더욱 복잡하게 만들기는 하지만, 신중하게 설계하면 계약 시 충분한 안전장치를 마련할 수 있다.

셋째, 국회와 주 의원들은 시민의 프라이버시를 보호하기 위한 법률들을 통과시켰다. 이들 법률은 프라이버시를 보호하는 데 도움이 될 것이고, 만약 이 법률들이 남용을 방지하는 데 실패한다면 의원들은 더 많은 보호 법률들을 통과시킬 것으로 기대할 수 있다.

넷째, 시장 자체가 몇 가지 지침을 제공한다. 보안과 프라이버시 사이의 상충관계에 관해 결정을 내려야 한다는 점에 대한 시민의 이해수준이 점차 높아지고 있다. 예를 들어 제트블루 논쟁은 회사를 많은 언론의 관심에 노출시켜 고객들이 문제에 대한 정보를 획득하게 되었다. 프라이버시 문제에 관해 대중의 신뢰를 남용한 것으로 인식된 민간기업은 평판이 나빠질 것이다. 이것이 강력한 억제력이 된다. 결국 네트워크를 만들고자 하는 정부관료가 프라이버시 이슈를 해결할 수 있다. 하지만 신중한 기획이 없다면, 정보 독점에 대한 우려가 심각한 프라이버시 문제의 걸림돌이 될 것이다.

3. 관계 형성

파트너들과 의사소통하고 그들의 활동을 조정하는 것이 네트워크 통합이라는 세 개의 다리를 가진 의자의 두 개의 다리라 할 수 있다. 세 번째는 그들과의 관계를 형성하는 것이다. 시간이 지나면서 네트워크를 지탱하고 그 역량을 향상시키려면 연대를 깊이 해야 한다. 장기적인 관계형성을 지탱하는 인프라와 조건을 마련하는 것은 다루기 어려운 일이다. 통합자들은 네트워크를 관리하고, 지식을 공유하고, 가치와 보상체계를 할당하고, 신뢰를 구축하며, 문화적 차이를 극복하기 위한 방법들을 고안해야 한다.

1) 거버넌스 구조

상당히 전문적인 차이를 가진 조직들을 모으고, 최고위 수준에서 이들을 묶어두려 하는 것은 실패의 지름길이다. 물론 조직의 리더들은 성공적인 나사산 파트너십을 위한 부대를 설정해야 한다. 하지만 조직을 통틀어 사람들이 네트워크의 편익을 보지 못한다면, 성공하지 못할 것이다.

첫 번째 단계는 네트워크를 위한 효과적인 거버넌스 구조를 설정하는 것이다. 참여자들 사이에 접촉점이 많을수록 신뢰가 높아지고 의사소통이 잘 이루어질 것이다. 마찰 지점들을 빨리 확인하고 해결하는 데 성공 여부가 달렸다. 전략, 관리, 조직 활동을 다루는 공동의 거버넌스 구조는 네트워크의 전체적인 비전과 전략을 설정하고, 네트워크 구성원 간 논쟁의 요인에 처음부터 초점을 맞추고, 문제 영역을 예상하며, 그 문제를 다룰 방법을 확립함으로써 성공적인 네트워크의 틀을 만들 수 있다.

영국에서는 많은 지방정부들이 민·관 파트너십에서 서비스 제공자들과 정부기관들의 직접적인 접촉을 유지하기 위해 파트너십 위원회를 만들었다. 위원회는 정부관료들과 파트너들이 서로의 목적을 구체화하고, 지역의 우선순위를 분명히 하며, 공동의 결정을 내리는 포럼이 된다. 파트너들의 모든 쟁점이 반드시 위원회 수준에서 다뤄질 필요는 없다는 것을 인식하게 되면서 몇몇 정부는 다양한 층의 파트너십 거버넌스 구조를 만들기도 했다. 영국 남동부에 있는 카운티인 베드퍼드셔는 파트너십 관계망 운용에 도움이 되도록 파트너십 위원회, 조정 집단, 파트너십 평가 포럼, 프로젝트팀 등을 활용한다.

게다가 거버넌스 구조는 성과 기준을 지속적으로 검토할 필요성을 사전에 갖추어야 한다. 우리가 다음 장에서 더 깊이 있게 논의하는 것처럼, 성과 기준은 결코 완벽하지 않아서 항상 조정이 필요하다. 예를 들어 노동과 여타의 행정 서비스 계약들은 종종 더 어려운 사례에 관한 업무에 대해 공급자들에게 더 많은 돈을 지불한다. 이것이 도리에 맞긴 하지만, 무엇이 어려운 일인지에 대한 정의가 다르고 보수가 다르면 지속적으로 조정이 필요한 몇 가지 역효과를 낳을 수 있다.

거버넌스 구조는 또한 혁신을 포착하고 변화를 관리하기 위한 절차를 구체화해야 한다. 현장에서 고객들과 직접적인 관계를 갖는 공급업체들은 종종 정부관리자들보다 먼저 개선할 수 있는 기회를 알 수 있을 것이다. 만약 계약관리자가 전형적인 계층제적 관점을 가진 조달 관료이거나 공무원이라면, 거기에서 제안이 중단되기도 한다. 왜냐하면 무리를 하면서까지 계약관리자에게 도전하며 계약을 위험에 빠뜨릴 공급업자들은 거의 없기 때문이다. 네트워크의 본질이 바로 정적이지 않은 역동적인 데 있기 때문에 혁신적인 아이디어를 억누르는 것이 아니라 거두어들일 수 있는 관계가 구조화되어야 한다. 정부는 파트너들의 혁신적인 아이디어와 제안을 포착하기 위한 간소한 방법을 처음부터 만들 필요가 있다.

2) 지식 공유

네트워크는 조직 학습을 촉진한다. 단일 조직 내에서 가능한 것보다 더 광범위한 지식 기반에 더욱 적시에 접근하게 해주고, 성공적인 사례의 확산을 진척시키는 데 도움을 준다.[9] 그 결과 지식 공유는 네트워크를 통합하는 데 아주 중요한 도구이다. 효과적인 조직 간 지식관리 시스템은 많은 편익을 제공할 수 있다. 새로운 지식을 개발하고, 일상적인 문제들에 대한 해결책을 풍부하게 만들고, 네트워크를 가로질러 학습을 개선하고, 신뢰를 구축하며, 사람들이 서로의 성공과 실수로부터 학습하는 데 도움을 줄 수 있다.[10] 이런 역량이 정부로 하여금 자신의 전략적 목적을 파트너들의 것과 더 잘 통합하고 조정하는 데 도움을 줄 수 있다.

일반적으로 조직들 사이에는 형식지(explicit knowledge)와 암묵지(tacit knowledge)라는 두 가지 유형의 지식이 공유된다. 형식지는 좀 더 정보 지향적이고 객관적이다. 설명서, 웹사이트, 데이터베이스, 연례보고서에 담겨 있는 사실, 상징, 자료 같은 종류를 포함한다. 종업원의 머릿속에 존재하는 암묵지는 성문화하기가 더 복잡하고 어렵다. 순전히 경험으로부터 나오는 암묵지는 환경에 일상적으로 노출되어 축적된 기량과 신중한 연구, 지혜, 판단에 의해 얻어진 노하우이다. 예를 들어 암묵지는 30년 동안 정부에서 일한 베테랑이 미로같이 복잡한 공공부문의 인사규칙을 다루는 것을 말한다. 이 책에서 여러분이 읽고 있는 대부분의 내용은 정부, 학계, 싱크탱크, 민간 산업에서 수십 년의 경험을 가진 사람들로부터 얻은

9) Jeffrey H. Dyer, *Collaborative Advantage: Winning through Extended Enterprise Supplier Networks*(Oxford University Press, 2000), pp.59~83.

10) C. O'Dell, and C. Jackson Grayson Jr. *If only We Knew What We Know: The Transfer of Internal Knowledge and Best Practice*(New York: Free Press, 1998).

지식 공유의 장벽

- ▲ 누가 지식을 갖고 있고 협업할 수 있는지를 알지 못함.
- ▲ 사람들이 상대방의 지식에 대해 알거나 공유할 준비가 되어 있지 않음(신뢰나 관계 문제).
- ▲ 지식을 획득하고 축적할 의지나 능력이 없음(기술, 시간, 태도가 올바르지 않음).
- ▲ 지식을 공유하거나 협업할 의지가 없음(권력 상실에 대한 두려움, 보상이나 유인체계가 없음, 직무기술서의 일부가 아님).
- ▲ 다른 사람의 지식에 대한 필요성을 못 느낌(개인의 업무에만 관심이 있고 리더십에 무관심함).

암묵지이다.

지식 공유의 장벽. 암묵지는 혁신과 경쟁 우위를 창출하기 때문에 최대한의 가치를 제공한다. 하지만 이런 편익이 하나의 네트워크를 가로질러 암묵지를 획득하고 전달하며 행동으로 전환시키는 것을 대난히 어렵게 만든나. 파트너, 특히 경쟁상대인 파트너들은 정부 시장의 다른 곳에서는 자신들에게 불리하게 경쟁자들에게 도움을 주는 암묵지의 공유를 주저할 것이다. 이것은 조직들 사이에서 지식을 공유하기 위해 극복해야 할 여러 도전들 중의 하나에 불과하다. 대부분의 공공기관, 비영리단체, 민간기업 들은 자신의 파트너들과는 말할 것도 없고, 각자의 조직 내에서 효과적으로 지식을 공유하는 방법을 여전히 터득하지 못하고 있다. 규칙 기반의 시스템에 있는 전문관료들은 또 다른 관료가 찾는 것이든 시민이 찾는 것이든 중요한 정보에 대한 접근을 통제할 공적인 책임을 강화하는 선의로 이루어진 문화에서 일한다. 이런 보호정책은 악의에서 비롯된 것도 아니고 개인적인 이득에 대한 기대에서 비롯된 것도 아니다. 오히려 계층제는 정보가 잘못 이해되거나 곡해될 수 있으며, 그렇기 때문에 구조화된 방식으로만 제공되어야 한다고 조직을 훈련시킨다.

다양한 동기에 의해 자극되는 계층제 시스템은 구거버넌스의 일부로서 데이터 통제를 강조한다. 전문성은 관료들로 하여금 자신들의 도움 없이 다른 사람들이 볼 수 있는 것을 제한할 것을 확신시키는 오만함을 만들어낸다. 예를 들어 1980년대 후반 주정부 경찰청과 FBI가 갖고 있는 범죄전과기록에 대한 접근을 요구하는 고용주와 총기 판매상들의 압력이 시작되었을 때, 이들 기관은 데이터의 질적인 문제로 훈련받지 않은 사람들에게는 접근을 허용할 수 없다고 주장하면서 저항했다.

일반적으로 이런 장벽에 부딪혀 지식 공유가 일어나지 않는다. 네트워크 내에서 지식의 이전을 촉진하는 인프라와 일상적인 과정을 구축하는 것이 필요하다. 최고 정보관리 책임자(CIO)는 정책과 기술 제안을 통해서 이런 책임을 맡을 수 있다. 그러나 일선 근무자라도 정보 감옥에서 벗어날 필요가 있다. 정기적인 회의, 이메일, 그리고 같은 장소에 위치시키기(co-location)는 조직 간 지식 공유를 위한 상당히 간단한 메커니즘이다. 그러나 오늘날의 디지털 시대에서 조직 간의 지속적인 지식 공유를 위해서는 복잡한 기술 인프라도 필요하다. 엑스트라넷, 웹 기반 세미나, e-룸, 그리고 게시판과 같은 기술을 활용하는 가상 공동체가 사람들로 하여금 지리적·조직적 경계를 넘어 정보와 지식을 공유할 수 있게 해준다.

'협업적 지식 네트워크'의 가장 큰 편익은 정부기관들이 더 많은 상호작용적 매개, 즉 자신의 파트너들과 의사소통하고, 협업하며, 지식을 공유할 수 있는 전자적 공간을 만드는 것으로부터 비롯될 것이다. 연방항공청(Federal Aviation Administration: FAA)만큼이나 많은 상호의존적인 가동부를 가지고 있는 조직은 드물다. 종업원, 고객, 계약자 들이 프로젝트, 일상적 결정, 규칙 제정에서 큰 어려움에 직면한다. 연방항공청은 다양한 전자적 도구를 활용해 100개의 작업팀과 3,000명의 사용자를 비롯해 20개의 사업단위에 걸쳐 지식을 획득하는 지식 서비스 네트워크를 만들었다. 문서 저장, 가상 회의, 일정 작성, 가지치기식 토론, 그리고 이메일을 지원하는 정보기술 플랫폼이 네트워크를 가로지르는 협업을 장려하고 순환 주기를 줄여준다. 문제 해결을 위한 회의가 온라인으로 주재되고, 핵심적인 결정이 지식 네트워크에 게시됨으로써 팩스와 다수의 이메일을 대체하고 시간과 돈을 절약해준다.[11)]

지식실행공동체. 상호작용하는 지식실행공동체들은 기술로 연계되고 공동 작업에 대한 공통된 임무와 열정에 의해 비공식적으로 함께 엮인 사람들의 집단이다. 이러한 공동체들은 지식 공유를 위한 또 다른 유망한 모형을 제공한다. 지식실행공동체는 종업원들과 종업원 집단들이 조직 내에서 상호작용하는 방법, 그리고 외부에 있는 파트너들이나 공급자들과 상호작용하는 방법을 변화시킬 수 있다. 그렇게 함으로써 조직에 실질적인 이점을 만들어낸다. 전 세계 1만 명 이상의 사용자들이 연결된 로열 더치/셸 정유(Royal Dutch/Shell Oil)사의 13개 지식실행공동체는 매년 지식 전송으로 회사에 적어도 2억 달러 가치의 이득을 만들어낸다.

지식실행공동체는 네트워크를 통해 신뢰와 이해를 구축하기 위한 강력하고 낮은 비용의 방법을 제공하고, 전체적인 서비스의 질을 향상시킨다. 예를 들어 세계은행의 100개가 넘는 활동적인 지식실행공동체는 네팔 교육부를 원조하는 임원이 유사한 프로젝트에 관여하고 있는 헝가리와 터키에

11) Andrew Campbell, "The Federal Aviation Administration's Knowledge Services Network: A SharePoint Case Study," Applied Knowledge Group, Inc., 2003(www.microsoft.com/resources/casestudies/CaseStudy.asp?casestudyid=156).

있는 동료들과 쉽게 연결할 수 있게 하기 위해 세계은행 직원들과 전 세계의 많은 고객들을 연결했다. 이전에는 이러한 수준의 지식 공유를 촉진하는 방법은 존재하지 않았다.

세계은행은 개인의 성과 평가에 지식 공유에 대한 기여를 평가하고 있다. 은행 임원들은 공유를 촉진하는 환경을 창조하고, 전문가들에게 그들이 속한 집단에게 지식을 제공하도록 요구하고, 직원들의 일상 업무에서 은행의 지식 자원에 영향을 줄 수 있도록 종업원들에게 요구할 수 있는 능력을 평가한다. 지식 변환의 결과로 세계은행과 주주들은 직원들이 가져온 더 큰 성과와 가치로부터 이익을 얻었다. 직원들은 의사결정에서 더 많은 참여를 통해 이익을 얻었고 차관 국가들(은행의 '고객들')은 그들의 요구에 대한 대응성 향상을 통해 이익을 얻었다.

지식실행공동체를 활성화하고 유지하는 데는 핵심 구성요소를 육성하는 것이 필요하다고 지식실행공동체 전문가 윌리엄 스나이더(William Snyder)가 말했다.[12] 목표를 규정하고 단기간 성공을 달성하는 것은 추진력을 만들어내고, 구성원들에게 동기를 부여하고, 초기 단계 동안 중요한 에너지를 제공한다. 다른 핵심 요소로는 공동체의 리더십과 관계의 질을 들 수 있다. 이러한 특성들은 지식 공유의 도구 및 실행과 함께 지식실행공동체를 통합하는 힘으로 작용한다.

12) William M. Snyder and Etienne Wenger, "Our World as a Learning system: A Communities-of Practice Approach," In Marcia L. Conner and James G. Clawson (ed.), *Creating a Learning Culture: Stratege, Technology, and Practice*(Cambridge University Press, 2004).

3) 잠재적 경쟁 집단들 사이의 신뢰와 협력 창조

신뢰는 협력의 기반이다. 신뢰가 없으면 사람들은 협력하거나 지식을 공유하지 않을 것이다. 하지만 사람들에게 정보와 지식을 공유하게 할 만큼 충분한 신뢰를 창조하는 것은 대단히 어렵다. 심지어 개인들이 모두 같은 고용주를 위해 일할 때조차 그러하다. 연통조직(organizational stovepipes),[13] 부서 내부의 라이벌들, 지식 공유를 위한 보상체계의 결핍 등은 모두 가공할 만한 장벽을 생기게 한다. 조직들 간에 신뢰를 창조하는 일은, 특히 네트워크 바깥에서 서로 경쟁할지도 모르는 조직들 사이에서는 훨씬 더 어렵다.[14] 그럼에도 분명히 이것은 많은 민·관 네트워크들이 직면한 도전이다. 해결책을 만들기 위해 다수의 구성요소와 성과, 그리고 조직을 필요로 하는 많은 대규모 정부 정책의 복잡성 때문에 대규모 컨설팅 회사, 정보기술기업, 방위 계약자 들은 일반적으로 한 연방기관의 프로젝트에서 서로 팀을 이루는 반면, 다른 정부기관의 또 다른 입찰에서는 서로 치열하게 경쟁한다.

상품 공급자들의 네트워크를 다룰 때는 관리 문제를 처리하기가 비교적 쉽다. 통합자가 어떤 상품보다 더 적합한 해결책으로 다른 상품을 추천하더라도 명성이나 통제력을 잃지 않는다. 하지만 시장에서 서로 경쟁적이면서 각자가 모두 통합자가 될 수 있다고 생각하는 큰 회사의 주제에 대한 전문성을 혼합하는 것이 해결책일 때 문제는 훨씬 더 복잡해진다.[15]

경쟁 우위에 대해 걱정하는 이러한 경쟁자-협력자들은 그들의 거래 비밀,

13) 직원의 책임 범위가 좁고 엄격한 조직 형태. —옮긴이

14) Jorden D. Lewis, *Trusted Partners: How Companies Build Mutual Trust and Win Together* (New York: Free Press, 1999), pp.161~172.

15) Jorden D. Lewis, *The connected Corporation: How Leading companies Win through Customer-Supplier Alliance*(New York: Free press, 1995), pp.30~38.

〈표 5-1〉 경쟁-협력 관계 네트워크의 작동 여부 결정요인들

좋은 파트너십을 구축하는 요인	파트너십을 붕괴시키는 요인
파트너들이 별개의 기능을 갖고 있음	파트너-경쟁자들이 상당 부분 동일한 기능을 수행
파트너들이 경쟁하는 사업 외부에 협력의 영역이 존재	각 파트너의 사업 핵심에 협력 영역이 존재
자료 공유나 가시성에 대한 최소한의 제약	엄격하게 합의한 계약하에서 신중하고 협소하게 자료를 공유
각 회사의 책임을 맡은 사람들은 고용주들이 직접적으로는 경쟁하지 않는 영역에서 선발	각 회사의 책임을 맡은 사람들이 직접적으로 경쟁해옴
파트너들이 공개된 컴퓨터 시스템 구성을 활용	개별 파트너가 독점적인 시스템이나 방법을 활용
비용과 가격에 대한 자료가 무료로, 그리고 지속적으로 공유	한쪽 파트너만이 가격책정을 정확히 이해하여 원활한 변화를 위한 기회가 감소
파트너들이 현재의 과업에 참여하여 얻은 지식을 활용하여 다시 서로 경쟁하지는 않음	독점적인 정보가 공유된다면 향후 유사한 조달 경쟁에서 서로에게 불이익을 줄 것임

독점적 해결책, 방법론 들을 보호하기 위해 많은 노력을 기울인다. 충분히 이해할 수 있음에도, 이러한 보호 경향은 정보를 독점함으로써 네트워크를 붕괴시키는 결과를 만들 수 있다. 경쟁자-협력자들은 명백하거나 교묘한 형태의 방해활동을 우려한다. "우리는 다른 국가들에서 서로 경쟁한다. 하지만 이 일에서는 자료를 서로 의존한다. …… 또 다른 제공자는 당신이 안 좋아 보이게 하려고 당신에게 필요한 성과 자료를 만드는 데 시간을 끌 수 있다"라고 위스콘신 주의 생산적 복지사업 제공자는 설명했다.

심지어 제3자에게 경쟁자들을 포함하는 네트워크를 조정하도록 했을 때에도 실질적인 책임은 정부 공무원이 가지고 있다. 가격과 품질 면에서 최고의 대응을 이끌어내기 위해서는 충분히 높은 수준과 경험을 가진 경쟁

력을 그가 보장해야 한다. 이것은 나머지 잠재적 입찰자들의 역량에 대한 상당히 간단한 분석이다.

더욱 복잡한 것은 어떤 영역에서 경쟁하고 있는 공급자들의 컨소시엄이 현재의 프로젝트에서 성공적으로 협력할 수 있는지 아닌지를 결정하는 일이다. 관계집단들이 문제없이 함께 일을 잘할 수 있는지를 보는 한 가지 방법은 그들을 함께 묶는 요소들이 그들을 떨어뜨리는 요소들보다 더 중요한지 아닌지를 분석하는 것이다(<표 5-1>).

정부는 다소 호의적이지 않은 집단들을 조정하는 어려운 임무에 초점을 두고 네트워크를 통합하기 위해 제3자를 고용할 수 있다. 그러면 제3의 통합자는 네트워크를 구성하는 조직들 사이에 의존성, 공정성, 호의를 구축하기 위한 방법을 반드시 찾아야 한다. 성과 측정과 통제 또한 도움을 줄 수 있지만, 궁극적으로 신뢰, 공유된 비전, 그리고 정기적인 의사소통보다 더 중요한 문제는 없다. 계약관리 전문 컨설팅회사인 로빈스지오이아(Robbins-Gioia)의 경영부사장인 진 바운스(Gene Bounds)는 "프로그램들이 한 번에 하루씩 잘못된다. 하지만 향후 12개월이 남았고 프로그램은 10개월 뒤처져 있음을 발견했다면 프로그램이 잘못되지 않는다.[16])

같은 이유로 정부 프로젝트 관리자들은 네트워크의 주인으로서 그들의 최종 역할을 포기할 수 없다. "프로젝트 관리자와 정부 사이에 일대일 대응관계가 필요하다"라고 중요한 정부 정보기술 판매회사의 간부는 설명했다. 정부가 임명한 접촉지점 관리자는 다른 관할구역에서 경쟁하는 기업들을 포함하는 네트워크와 일하는 제3자 민간 통합자의 성공 기회를 향상시킬 수 있다. 한 판매자는 이렇게 말했다. "우리가 자격요건을 제출할 때 제대로 작성했는

16) Michael Hardy, "Managing the Contractors," *Federal Computer Week*, November 10, 2003(www.fcw.com/fcw/articles/2003/1110/tec-manage-11-10-03.asp).

지를 누군가가 확인해주어야 한다. 누군가가 우리의 성과 수준이 정부의 기대를 충족시키고 있는지를 확인해주어야 한다. 정부의 관점에서 우리에게 말해줄 사람이 필요하다. 외부와 단절된 상태에서 일할 수는 없다."[17)]

교육부의 공공대출 서비스(Department of Education Common Services for Borrowers) 프로젝트는, 일렉트로닉 데이터 시스템(EDS), 어필리에이티드 컴퓨터 서비스(ACS), 피어슨 거버먼트 솔루션스(Pearson Government Solutions), 레이시언(Raytheon)과 같은, 경쟁적인 대규모 판매회사들의 협력을 필요로 했다. 판매회사팀 내의 거버넌스 문제들이 일반적으로 정부 감시의 영역은 아니지만, 정부관리자로서는 그 팀이 문제없이 기능할 수 있다는 확신이 필요하다. 이 경우에 경쟁-협력사들 사이의 문제는 개별 구성원들의 독점적 소스 코드에 대한 팀의 접근과 같은 몇몇 경쟁적 비밀, 그리고 어떻게 관리 임무를 공유할 것인가와 같은 좀 더 중요하고 핵심적인 절차적 문제에 관한 것이다.

판매회사들은 초기에 실질적으로 통합된 관리팀을 구성하기로 결정했다. 구성 회사들은 각지 지기 전문 영역에서 주도하고 모든 다른 회사들의 자원을 관리할 것이다. 업무를 분리하는 것은 책무를 감소시키고 너무 많은 중복을 야기함으로써 네트워크의 비용 이점을 파괴시킬 수 있기 때문에 이런 접근을 택한 것이다. 이 통합팀은 책임을 공유하고 더 많은 통합을 이룰 수 있었고, 그 결과 더 나은 가격으로 더 나은 시스템을 만들어냈다.[18)]

17) 같은 글.

18) 주 계약자인 어필리에이티드 컴퓨터 서비스(ACS)는 따로따로인 기존 시스템(legacy system)을 통합적인 데이터 저장소로 합칠 필요가 있었다. 솔루션의 각 구성요소에 대한 전문지식은 이전에 각 파트너(예를 들어 EDS Loan Consolidations, ACS Loan Processing)에게 작업을 맡겼던 회사들의 기존 팀에게 있었다. 이 책의 저자 중 한 사람인 스티븐 골드스미스는 ACS에 전략을 조언한다.

동일한 조정 이슈들이 각각의 관리 영역에서 발생했는데, 이는 해당 영역을 이끌기 위해 선택된 최고의 기존 인력들뿐만 아니라 다양한 기업에서 온 개인들로 구성된 팀에서도 발생했다. 경험으로부터 배운 교훈은 실용적인 것으로, 일련의 연관된 시스템을 실질적으로 통합된 하나의 조직으로 변화시키기 위해서는 '동종 최고 수준'의 소프트웨어를 사용해 해결책들을 만드는 실질적으로 통합된 설계팀이 필요하다는 것이었다. 이러한 해결책들은 시스템, 도구, 사람 들 전체로 뻗어나갔다. 한 파트너에 의해 사용된 소프트웨어가 다른 파트너에 의해 사용된 것과는 달랐다. 그러나 그 팀은 결국 유지보수가 악몽이 되지 않도록 한 세트의 도구들을 선택해야만 했다. 이러한 접근은 운영부문에도 전해졌다. 콜센터와 우편·택배서비스회사들(mail houses)은 통합시키고 관리팀들은 결합시킬 필요가 있었다. 하지만 각 기업의 전문 영역 내에 존재하는 제도적 지식을 기반으로 하는 방식으로 통합이 진행되었다. 신뢰, 거버넌스, 구조적 조정이 각 경쟁자들을 교육부가 의존할 수 있는 하나의 팀으로 결합시켰다.

4. 문화적 차이를 다루는 것

통합자들은 네트워크 파트너들이 서로 다른 문화와 가치를 가지고 있을 때 야기되는 불신을 극복하는 중대한 도전에 직면한다. 때때로 민간과 비영리 파트너들 사이에 차이가 존재하며, 정부와 파트너들 사이에도 차이가 존재하는데, 이 경우는 문화적 차이가 아주 크다. 어느 경우든 신뢰가 부족하면 네트워크의 효능을 감소시킬 수 있다.

뉴욕 주 가석방심사국은 특히 약물남용과 관련해 가족 참여형 가석방 감독 모형을 창조한 개척자로 알려진 뉴욕 시 지역사회단체인 라 보데가

드 라 파밀리아와 파트너십을 맺으려 했을 때 이러한 상황에 직면했다. 파트너십은 가석방 협정에 대한 기술적 규정을 위반하거나 다른 범죄를 저지름으로써 다시 감옥으로 되돌아가는 가석방자의 수를 감소시키기 위해 설계되었다.

처음부터 많은 문화적 차이들이 파트너십의 연결부에서 끊임없는 긴장을 야기했다. 라 보데가의 경우, 임무의 성공은 최우선적으로 가족 중심의 지원 네트워크를 잘 구축하여 가석방자를 감옥에 가지 않도록 하는 데 달렸다. 반대로 가석방심사국은 교정되지 않은 범죄자로부터 대중을 지키기 위해서 존재한다. 수십 년 동안 이 부서는 각 개인을 교화시키기 위한 근본적인 도구로 가석방자를 재수감할 수 있는 권위에 주로 의존했다.

강제력을 사용하는 데 익숙했던 가석방심사국의 많은 구성원들은 라 보데가의 '부드러운' 접근을 폄하했다. 라 보데가의 직원들은 그들 나름대로 사소한 위반에도 가석방자를 수갑 채우는 것과 같은 가석방심사국의 관례를 비판했다.

이러한 적내감을 곪게 놔두지 않고 파트너들은 기술적인 위반으로 체포될 수 있는 사안을 포함하여 일련의 이슈를 다루기 위해 매달 회의를 열었다. 회의에서 이루어진 정보 교환과 정책 토론은 두 집단이 서로의 관행과 관점을 더 잘 이해하고 존중할 수 있도록 도와주었다.

공유된 의사결정 또한 조직들 사이의 차이점을 상쇄하는 데 도움을 주었다. 파트너십의 원칙을 세우고, 상호 기대를 제시하고, 행동과 책임에 대한 의정서에 합의했다. 라 보데가의 대표인 캐롤 샤피로(Carole Shapiro)의 말에 의하면, 문제는 한 쪽이 비협력적 방식으로 자신의 권위를 행사할 때만 발생한다고 한다.

상당히 인본주의적인 경향이 있는 비영리조직들과 결과지향적이고 이익에 기반을 둔 문화를 가지고 있는 영리조직들 사이의 문화적 차이에서 또 다른 통합의 난관을 발견할 수 있다. 문화적 차이는 불신을 조장할 뿐만 아니라, 가치의 우선순위를 정하고 목표에 동의하고 지식을 공유하는 것을 어렵게 만든다.

앞서 우리가 지적했던 것처럼 1996년 「복지개혁법」은 주와 카운티에게 복지 수혜자를 일터로 나가게 하는 노력에 영리와 비영리 파트너들을 끌어들일 수 있는 권한을 주었다. 상담, 탁아, 직업 훈련, 직업 소개를 포함하는 광범위한 생산적 복지를 제공하기 위해 제공자 컨소시엄과 계약을 맺으려고 많은 카운티와 주가 이 새로운 유연성을 활용했다. 이런 컨소시엄에서는 비영리조직들이 하도급업자 기능을 수행하는 반면, 국영 영리기업은 네트워크 통합자 역할을 하곤 한다. 1996년 이전에는 민간기업뿐만 아니라 비영리조직들도 생산적 복지사업이라는 무대에서 함께 일한 경험이 많지 않았다. 그들이 매우 다른 문화를 가지고 있다는 것을 알아차리는 데에는 많은 시간이 걸리지 않았다. 영리기업들은 고객들이 신속하게 일자리를 얻는 데 문화적 초점을 확실하게 맞추고 긴급성을 강조한다. 결국 기업의 이익은 상당부분 이러한 척도와 관련된 목표 달성에 좌우된다. 미시간 주의 전 사회복지국장이며 현재 실질적인 민간 생산적 복지사업의 '아버지'인 제럴드 밀러(Gerald Miller)에 따르면, "우리는 모든 직원들에게 모든 고객은 적합한 기회와 만나게 되면 일할 수 있다는 믿음을 스며들게 했다". 성과 지표는 매주 혹은 심지어 매일 검토되었다.

이와 반대로 많은 비영리조직들은 복지 수혜자를 일터로 이동시키는 문제를, 애초에 고객들을 현재의 위치에 있게 만든 병리 현상을 치료하기 위한 노력에 관심의 초점을 두는, 사회서비스의 관점에서 보았다. 그들은 상담, 약물과 알코올 중독의 극복, 교육 사업에 집중했다. 이들 조직의 상당수는 수혜자들이 일정한 시간 내에 직업을 찾을 필요가 없고 도움이 필요한 사람들을 위해 사회서비스 조직들이 무기한으로 일할 수 있도록 해준 예전 복지 시스템을 선호했다.

이러한 사고방식의 차이는 비영리조직과 영리조직 간 관계에 마찰을 야기할 수 있다. 민간 제공자는 비영리조직이 결과에 대한 초점이 충분하지 않고 사업 기술이 부족하다고 생각한다. 영리조직인 한 제공기관 임원의 다음과 같은 의견은 일부 민간 제공기관들이 비영리조직의 관리 능력을 어떻게 바라보는지를 보여준다. "그들은 결과지향적이지 않다. …… 옳은 일을 하고자 하는 지나친 동정심을 가진 사회사업가와 사업가적인 측면 사이에 균형이 있어야 한다. 우리는 그러한 균형을 가지고 있다. 우리는 우리가 도움을 주는 사람들에 대해 상당히 많은 배려를 하며, 그것이 우리의 우선순위이다. 하지만 우리는 훌륭한 사업가적인 감각으로 이 일을 한다. 대부분의 비영리조직들은 전혀 그러한 방식으로 생각하지 않는다."

두 영역 사이의 실질적인 또는 인지된 문화적 차이는 종종 복지 서비스 협력구조에 중요한 영향을 준다. 이러한 의견들이 제시하는 것과는 달리 영리 통합자들은 비영리조직들이 영리조직의 문화와 전략적 목표들을 반영하도록 설득하기 위해 자신들의 영향력을 활용하지 않았다. 매우 다른 문화를 융합시키려고 시도하는 대신에, 영리 통합자들은 일반적으로 영리조직의 결과에 대한 관심을 희석시키지 않고 비영리조직들이 가치를 더할 수 있는 영역에 대해 비영리조직에게 소유권을 부여했다. 그 결과 영리조직들이 직업 훈련과 채용에 대한 핵심적인 책임을 유지하는 한편, 비영리조직들은 봉사활동을 하고, 직업박람회를 준비하고, 가정방문을 수행하고, 탁아를 조정하고, 특정 이주민들을 위한 특별 서비스를 제공하는 것과 같은 업무를 맡게 되었다. 영리 제공기관 임원의 설명이다.

> 당신이 비영리조직이라고 해보자. 나는 한 사람의 정직원에게 임금을 주려 한다. 당신은 책상과 컴퓨터를 갖게 될 것이다. 그리고 나는 내 시설에

당신의 거처를 마련하려 하며, 이제 당신은 우리의 직원이 되었다. 문을 열고 들어온 사람이 만약 당신이 사회복지관(Neighborhood House)이나 도시연맹(Urban League)에서 일하는 것을 모른다면, 당신이 해야 할 일이 있다. 첫째, 당신은 나의 일반 사례 관리자들이 당신의 고객을 확실하게 인식하고 고객에게 감사하도록 만들 책임이 있다. 나는 나의 관리자들이 가정 폭력을 다룰 수 있도록 훈련할 수 없을 것이며, 그들은 이러한 구체적 전문성이 필요하지도 않다. …… 따라서 당신은 우리들에게 문제를 어떻게 인식하는지, 그리고 언제 사람들을 당신에게 맡겨야 하는지를 보여주고 가르쳐주어야 한다.

영리조직 또한 복지사무소 내부에서 일할 수 있는 직원들의 유형을 제한함으로써 문화적 차이를 해결한다. 특히 많은 영리조직들은 고객들의 일할 능력에 대한 확신을 공유하는 비영리조직의 직원들만을 원한다. "우리는 '조력자(enablers)'를 상대하지 않는다. 해결책에 기반을 둔 사람들을 상대한다. 만약 당신이 비영리조직이고 '조력자'를 우리 사무실로 보낸다면, 우리는 우리에게 해결에 기반을 둔 사람을 보내줄 수 있는가라고 물을 것이다. 나는 〔우리가 가진 것과〕 같은 긴박감을 원하지 않는 조직을 아직 알지 못한다. 하지만 그들이 원할 수 있게 만들 구조에 아직 노출된 적이 없을지도 모른다"라고 한 영리기업 관리자가 설명했다.

놀랄 것도 없이, 많은 비영리 제공자들은 다른 관점을 갖고 있으며, 때때로 영리조직들이 개별 고객의 독특한 요구와 특성에 충분한 관심을 갖지 않는다고 믿는다. 예를 들어 한 비영리 제공기관의 대표는 영리 통합기관의 사례 관리자들이 최초의 고객 평가를 무시했고, 그 결과 자격조건에 맞지 않는 분야에서 구직을 하게 만들었다고 주장했다. 그는 그 회사의 접근방법을 수정하도록 했고 결국 그렇게 되었다: "(영리조직) 직원이 이러한 정보

이용의 편익을 이해할 수 있도록 하기 위해 상당한 시간과 많은 훈련이 필요했다. …… 하지만 결국 현재 그들은 '이 사람은 약간의 신체적 한계를 가지고 있다. 그녀를 위해 앉아서 일할 수 있는 직업을 찾을 필요가 있다' 혹은 '이 사람은 컴퓨터 직종에 기술을 가지고 있다. 이것이 그녀에게 걸맞은 직업이 될 것이다'라고 말하기 시작했다."

대체로 우리가 조사한 생산적 복지 컨소시엄에서는 보통 영리기업 혹은 일부 경우에 굿윌 산업(Goodwill Industries)과 같은 대규모 공공 비영리조직인 통합자는 새로운 법과 지방정부기관과의 계약으로 설정된 더 큰 임무 내부에 작은 비영리조직을 위치시킨다. 이러한 구조에 의해 정부는 일련의 성과 결과에 책임을 질 하나의 기관을 설정할 수 있으며, 네트워크에서의 원심력이 성과 목표의 명료성을 희미하게 만드는 상황을 피할 수 있다.

정보기술은 정부와 민간 영역 파트너들에게 조직적 경계를 넘어 효과적으로 업무를 수행할 수 있는 도구를 제공하여, 조직들 사이의 벽을 허물 수 있도록 도와준다. 청구서 작성, 금융, 구매주문, 그리고 다른 재무적 거래들이 자동화되어 시간과 돈을 절약할 수 있다. 우수사례와 학습된 경험은 효과를 향상시키기 위해 조직 전반에 교환될 수 있다. 서로 다른 곳에 있는 조직들이 실시간으로 서류를 작성하고 프로젝트에 협력할 수 있다. 모든 네트워크 파트너들은 고객들에게 더 효과적으로 봉사하기 위해 고객들에 대한 단일한 관점을 공유할 수 있다. 하지만 결국 기술은 단지 도움을 주는 것일 뿐이다. 기술은 조직들 사이의 신뢰 구축 문제를 해결하지 못한다. 기술은 상당히 다른 가치와 문화를 가진 조직들이 협력하고 지식을 공유하도록 하지 못한다. 네트워크를 통합하는 것에 대한 이러저러한 많은 도전들은 공·사부문 다양한 조직을 전체적으로 기능하는 단일체로 결합시키는 비전과 노하우를 가진 창의적이고 기량 있는 사람들을 요구한다.

제5장의 핵심 내용

주안점

▲ 통합을 위해서는 의사소통 채널의 확립, 네트워크 파트너들 간 행위의 조정, 지식의 공유, 가치와 보상체계의 조정, 신뢰 구축 및 문화 차이를 극복하는 방식을 고안해야 한다.
▲ 신뢰는 협력의 근간이 되며, 사람들은 신뢰 없이 지식을 공유하거나 협력하지 않는다.
▲ 기술은 조직들이 서로 협력해 거래비용을 줄이고 신뢰관계를 확립하는 데 도움이 된다.

위험요인

▲ 불균형한 의사소통과 협력과정에서 높은 거래비용이 발생하는 것은 호환성이 낮고 독점적인 정보기술 시스템에 기인한다.
▲ 문화적 차이는 가치 조정, 목표 동의, 지식의 공유를 어렵게 한다.

조언

▲ 네트워크 파트너들 사이의 접촉점을 늘려 신뢰 및 의사소통을 증진하라.
▲ 공동 거버넌스 구조를 구성해 협력 초기과정에서 네트워크 참여자들의 견해들을 조정하라.
▲ 공유적 의사결정 시스템을 통해 각기 다른 조직들의 차이를 연계하라.

사례

▲ 미국항공우주국의 제트추진연구소: 미국항공우주국은 시뮬레이션에 기반을 둔 설계 및 계약자들과의 협력을 통해서 대개 8~12주 걸렸던 우주선 설계 주기를 2~3주로 대폭 줄일 수 있었다.
▲ 펜실베이니아의 국가전자질병감시 시스템: 사용자들이 정보를 빨리 공유할 수 있었고, 질병의 확산을 인식·추적·예측·방지할 수 있었다. 그 결과는? 질병 보고주기가 3주에서 24시간으로 줄었고, 빠르고 효과적인 대응이 가능해졌다.
▲ CARES, 위스콘신의 복지 수혜자격 정보기술 시스템: 주정부 공무원들과 민간 계약자들이 각자의 컴퓨터를 이용해서 위스콘신에서 W-2 생산적 복지 사업에 참여하는 개개인들의 정보를 동시에 접속해 살펴볼 수 있었다.

제6장

네트워크와 책임성의 딜레마

2003년 2월 1일 우주왕복선 컬럼비아호가 사람들을 태우고 귀환 비행 중 폭발하는 사고가 발생한 뒤 얼마 되지 않아 다방면으로 책임소재를 찾고자 움직이기 시작했다. 휴스턴에 기반을 둔 보잉과 록히드마틴은 1996년 우주왕복선 사업을 맡은 주 계약자로서 USA(United Space Alliance)사를 결성했고, 훈련과 안전책임을 포함한 우주왕복선의 수많은 기능을 담당했다. 미국항공우주국을 포함해 세계에서 가장 큰 항공산업체와 방위산업체인 두 회사는 모두 이번 우주왕복선 사업에서 중요한 역할을 수행했기에 재앙에 대한 책임에서 자유로울 수 없었다.

미국항공우주국이 엔지니어의 사전경고에 귀 기울이지 않은 고위 간부들 때문에 책임을 져야 하는가? 혹은 우주왕복선의 대부분을 건설한 록히드마틴에 책임을 물어야 하는가? 또는 이륙 시 외부 연료탱크에서 유출되어 동체의 왼쪽 날개를 때린 커다란 발포 고무 덩어리가 심각한 문제를 일으키지 않을 것이라고 미국항공우주국에 조언한, USA사의 록히드 파트너인 보잉에 책임을 물어야 하는가? 아니면 이 세 곳 모두에 책임을 물어야 하는가?

책임성 문제는 네트워크 정부에서 가장 어려운 도전이다. 권한과 책임이 네트워크에 참여한 파트너들에 배분된 상황에서 문제가 발생했을 때 누가 책임을 질 것인가? 어떻게 정부가 통제권의 일부를 포기면서 충분한 결과를 보장할 수 있을 것인가? 네트워크 관리자들은 유연성의 편익과 책임성의 균형을 어떻게 유지할 것인가?

민간기업들이 이러한 질문에 답하기 위해 오랫동안 고군분투하고 있지만, 정부는 민간부문의 질문을 크게 넘어서는 독특한 도전에 직면해 있다. 정부의 성과는 모호하거나 정의하기 어렵고, 측정이 어렵기 마련이다. 그리고 실현하는 데 오랜 시간이 걸리기도 한다. 게다가 공공부문 네트워크에서 어떤 문제가 발생했을 때, 조직관리 문제가 즉시 정치적 문제로 탈바꿈함으로써 신문의 1면을 장식하는 경향이 있다.

좋은 소식은 기존의 정부관료제의 전달체계를 유지하는 것보다 네트워크를 생성하는 행위 자체가 책임성에 대한 관심을 훨씬 더 많이 이끌어낼 수 있다는 것이다. 물론 정부관료제 내부에도 성과 측정 노력이 존재한다. 이러한 노력으로 연방정부의 성과책무시스템(Performance Accountability Rating System: PARS)과 「정부성과평가법(Government Performance Results Act: GPRA)」[1)]이 있다. 그러나 이러한 노력들은 정부기관이 사업을 유지해야 하는지 여부나 공무원들의 보수 결정과 거의 관련이 없을 때도 있다. 그에 반해서 공공부문과 민간부문의 네트워크에서 책임성은 보통 네트워크

1) 1980년도 이래 선진국을 위시한 세계 각국에서 추구하는 행정개혁의 주된 요점은 성과(performance)의 추구이다. 미국은 공공부문, 특히 연방정부에 대한 국민의 신뢰가 갈수록 낮아지는 것을 만회하기 위한 노력으로 이 법을 1993년에 제정했다. 이 법의 기본적인 목적은 프로그램의 성과목표를 정하고 그 결과를 측정하는 체제를 구축함으로써 프로그램의 능률성과 효과성을 제고하자는 것이다. — 옮긴이

〈표 6-1〉 책임성 모형

책임성 모형	재정	형평성/우수성	성과	신뢰도	보상체계
전통적	표준, 규정, 문서 기록	프로그램 규칙 준수	투입과 문서 기록 준수	낮음	원가 가산
혼합형/과도기형	계약된 서비스에 대한 비용 증명	공정성과 형평성 강조 규정	업무활동	중간	고정 가격
유연한 네트워크	성과 증명	서비스 수준 합의	결과물	높음	결과에 따른 보상과 벌칙

를 지속해야 하는지 여부에 대한 궁극적인 물음과 연관되어 있다. 나쁜 소식은 성과의 정의, 측정 및 보상이 매우 어렵고 결과를 알기 전에 실수하거나 당황할 기회가 많다는 것이다.

책임성의 수수께끼를 풀기 위한 열쇠는 책임의 계층구조를 이해하는 것이다. 누가 책임져야 하는가, 그리고 누가 책임을 묻는가? 만일 정부가 총괄 도급업자이고, 어떤 하도급업자가 다른 사람들의 성과를 방해한다면, 누가 책임져야 하는가? 또는 민간 통합자의 경우, 정부조달 관리자는 민간 통합자가 하도급업자들을 어떻게 다루는가, 어떻게 책임을 지는가, 그리고 무엇을 책임지도록 해야 하는지를 신경 써야 하는가? 연방정부기관들이 시나 주정부에 연방기금으로 보조금을 제공할 수 있는 권한을 위임할 때, 수령자(시나 주정부)는 누구에게 책임지는가?

정부는 전통적으로 거버넌스와 책임성에 관련된 쟁점들을 협소한 차원의 회계감사와 규제 장치를 통해 해결하려고 노력해왔다(<표 6-1>). 비록 이러한 도구들이 도움이 될지라도, 그것으로는 책임성 제도의 더 중요한 부분을 구축할 수 없다. 세세한 간섭과 규칙 준수—정부 계약 감시자들이 파트너십을 작동하게 만드는 대신에 범법행위를 찾는 데에 초점을 맞추는—에 지나치게 의존하면 파트너와의 적대적 관계를 초래한다. 성과와 가격에 대한 귀찮고 잦은 회계감사에 시달린 네트워크 파트너들은 융통성 없고 위험회피적이 되는 경향이 있다. 협력관계의 근본적인 가치가 줄어들면서 혁신은 붕괴되고 신뢰는 위협받는다. 게다가 절차 표준화에 의존하는 전통적인 책임성 메커니즘은 공공문제에 분권적이고, 유연성 있게, 개개의 요구에 맞춰서 창의적인 대안을 제공하려는 네트워크의 목적과 충돌한다.

비스타(VISTA)[2]와 아메리코(AmeriCorps)[3]를 포함한 국가 서비스 프로그램의 준정부 책임기관인 미국의 국가·지역사회봉사단(Corporation for National Community Service: CNCS)의 경험은 이러한 문제의 사례를 잘 보여준다. CNCS는 작은 마을이나 종교를 바탕으로 구성된 단체부터 해비타트(Habitate for Humanity)와 티치 포 아메리카(Teach for America)와 같은 국가적인 조직에 걸쳐 봉사활동에 참여하는 개인들에게 대학장학금과 월급을 지원한다. 조직 기금의 절반 정도가 주정부를 통해 지원조직, 즉 아메리코 회원들에게 흘러간다. 나머지 절반은 연방정부로부터 직접 제공된다.

반복적으로 발생하는 문제들 때문에 의회는 아메리코와 다른 CNCS 사업에 더 많은 책임성을 요구한다. 2001년 CNCS 감찰실은 이와 같은 책임성에 대한 요구를 서비스 전달과 아메리코 회원의 고용을 위해 주정부의 보조금을 받는 지역사회 단체에 대한 세부적인 감사로 해석했다. 소규모 비영리단체들은 봉사 시간이나 절차를 적절히 기록하지 않았고, 이로 인해 규정준수를 입증하기 어려웠기 때문에 감사에 대한 어려움이 생겼다. 게다가 비록 몇 안 되는 단체들만이 사실상 조사가 필요한 재정적인 문제가 있었음에도 불구하고, 대부분의 조직들이 자신의 성과를 입증할 만한 필수적인

2) 미국 빈민지구 파견 자원봉사 활동. — 옮긴이
3) 미국 내 지역사회 봉사단체. 회원은 집짓기, 집수리, 공원 청소 등을 하고 학비 지원을 받기도 한다. — 옮긴이

〈그림 6-1〉 네트워크를 위한 책임성 구조

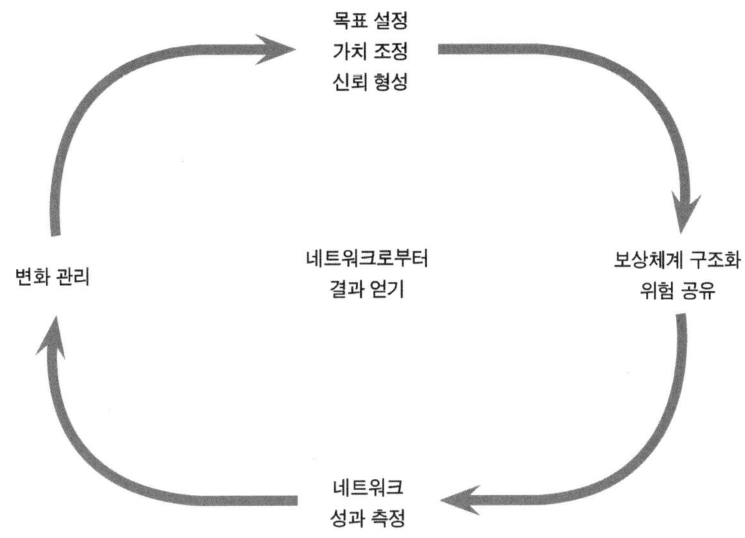

문서를 가지고 있지 않았다. 비교적 규모가 작은 감찰실 직원들은 곧 엄청난 세부사항에 압도되었고, 기술적 문제를 실제 부정이나 구조적인 문제와 구분할 수 없었다.

대부분의 급속히 팽창하는 사업과 마찬가지로 일부 수령자들은 제도를 남용했다. 그러나 이 경우 책임성 담당자들이 기록 관리와 같은 문제들을 점점 강조하게 되면서 전체 네트워크의 유연성은 떨어졌다. 네트워크 담당자, 기금 제공자, 감시자 등 CNCS 측의 절차나 회계 오류가 풀뿌리 네트워크 구성원들에게 막대한 피해를 입히고 정신적 외상을 초래할 때 이 난관은 눈덩이처럼 커졌다.

CNCS가 감찰실, 백악관 예산관리국(OMB), 감사원(GAO)으로부터의 역사적으로 취약한 내부 절차를 개선하라는 압력에 대응한 후에도 어려움은 끊임없이 계속되었다. 전 국장 레스 렌코프스키(Les Lenkowsky)는, 재정 문제를 줄이기 위한 통제에도 불구하고 단일 성과 기준이 없어서, 납세자가 실질적으로 세금으로부터 효과를 보고 있는지를 알 수가 없다고 지적했다. 책임성 제도는 명백한 재정적 오류는 바로잡지만, 세금이 실제로 무언가를 달성했는지에 관한 자료는 거의 만들어내지 못했다.

네트워크로부터 결과를 얻기 위해서는 다음에 소개되는 책임성에 중요한 일곱 가지 영역(목표 설정, 가치 조정, 신뢰 형성, 보상체계 구조화, 성과 측정, 위험 공유, 변화 관리)을 다룰 수 있는 전략을 담은 종합적인 틀이 필요하다(<그림 6-1>). 재정 성과와 같은 이런저런 영역에서 효과적인 네트워크 책임성 구조는 전통적인 접근법보다 더 넓고 유연한 접근법을 따르는 것 또한 중요하다(<표 6-1>).

1. 목표 설정

정부가 네트워크 참여자들과 함께 목표를 성취하고자 할 때, 참여자들의 개인적인 포부를 서로 조심스럽게 조정하고 더 큰 목표에 맞게 조정해야 한다. 조정은 네트워크 전반의 전략을 지지하는, 분명하고 야심적이고 결과 중심의 성과 목표를 필요로 한다. 이러한 목표는 참여자들에게 무엇을 달성해야 하는지 명확하게 할 뿐만 아니라 경쟁관계의 이익집단과 다양한 배경을 가진 참여자들의 상충적인 이해관계와 우선순위를 대체한다.

유용한 목표 설정의 첫 단계는 정부가 주도하는 네트워크가 달성하고자 하는 것을 결정하는 것이다. 이를 위해 네트워크 설계자들은 그들이 생산하고자 하는 공공재, 그들이 제공하고자 하는 서비스와 산출, 그리고 네트워크가 달성해야 하는 목표를 명확하게 해야 한다. 그러므로 네트워크에 대한 기대는 참여자들이 서비스를 효과적으로 제공할 수 있도록 충분히 구체화되어야 하면서도 결과를 달성하기 위한 세부 절차를 참여자들에게 지나치게 부과하지 않도록 유연해야 한다. 이러한 명확성의 강조는 설계자와 참여자의 관계를 대립적 관계에서 목표를 공유하는 협력적 관계로 바꾼다.

네트워크 설계자들이 목표를 조정하고 성취 가능한 성과 목표를 명확히 설정할 수 있도록 하기 위해서는 다음과 같은 두 가지 과정이 필요하다. 먼저 목표와 목표 대상 설정에 관해 네트워크 참여자들의 투입을 탐색하고, 그다음에 공유된 목표와 목표 대상을 네트워크에 참여하는 모든 단위에 확산시키는 것이다.

1) 투입의 탐색

네트워크에 참여할 가능성이 있는 사람들 혹은 현재 참여하고 있는 네트워크 구성원들과 이해당사자들로부터의 피드백을 구하는 것은 정부가 비현실적인 성과 목표를 설정하는 것을 막는 데 도움이 된다. 비현실적인 성과 목표는 네트워크 참여자들의 목표와 성과 기준의 수용성을 전반적으로 떨어뜨릴 수 있다. 투입 탐색의 중요성은 영국의 「지방정부법」을 준수하던 리버풀 시에서 확인할 수 있다. 「지방정부법」은 지방정부가 지역사회의 경제적, 사회적, 환경적 복지를 개선하기 위한 전략을 세우도록 했다. 시 정부는 「지방정부법」에 대응하기 위해 리버풀 파트너십 그룹(Liverpool Partnership Group)을 결성했다. 시의회와 정부기관뿐만 아니라 지역사회, 기업과 사회서비스 단체 등 전 부문에서 23개의 회원 조직과 100여 곳이 넘는 참여 조직으로 구성된 리버풀 파트너십 그룹은 영국에서 지역사회 네트워크 모형이 되고 있다. 각 기관에서 제안된 목표, 우선사항, 성과 목표에 대한 피드백은 상의하달 방식 대신에 지역 포럼, 포커스 그룹, 마을 실행 계획을 통해 하의상달 방식으로 이루어졌다. 리버풀 퍼스트(Liverpool First)라고 불리는 전체 지역사회 전략은 방향 설정과 환류의 순환을 통해 목표와 성과 대상에 대한 계속적인 지지를 확보했다.

광범위한 참여라는 편익 외에도 리버풀 퍼스트는 투입 중심의 유연성이 얼마나 중요한지 보여준다. 예를 들어 리버풀 파트너십 그룹의 분과위원회가 애매한 성과 목표만 남발하는 탁상공론(talking shops)에 치우친다는 비판을 받자, 리버풀 시는 파트너 그룹들이 좀 더 행동과 성과를 지향하도록 조치를 취했다. 초기에 비판을 받은 지 1년 남짓 되었을 때, 정부 당국은 리버풀 퍼스트 전략에서 설정한 171건의 발의안 중 61%를 예정대로 달성했다. 34%는 다소 지체되고 있고, 불과 5%만 폐기처리 되었다.[4] 주요 성공 중 하나는 리버풀 시의 낡은 정보기술 장치를 현대화할 수 있도록 BT(British Telecom)[5]와 합작투자를 한 것이다.

2) 네트워크에 목표를 확산시키기

목표를 설정하고 조정하는 것보다 더욱 힘든 과제는 목표를 네트워크에 확산시킬 방법을 알아내는 것이다. 특히 실제 서비스 전달로부터 연방관리자가 4~5단계 떨어져 있지만 사업성과에 대한 책임은 여전히 남아 있는 사업에서 특히 이 문제가 심각하다. 연방관리자는 중간계층에 주는 부담을 최소화하면서 서비스 전달 단계의 성과 목표와 보상체계에 대한 관심을 확보할 수 있는 방법을 어떻게든 강구해야 한다.

사업이 재원에서 멀어지면 멀어질수록 목표 명료성을 달성하는 것은 더욱더 어려워진다. 이러한 경우 정부는 목표를 네트워크에 확산하려는 시도

4) Liverpool Partnership Group, *LSP Accreditation — LPG's Self Assessment*(January 2002).

5) 영국 정부의 우편, 전기통신사업 분리정책에 의해 1982년 10월에 설립된 공사 성격의 전기통신사업체. — 옮긴이

를 하는 경우가 드물고, 목표 확산에 성공하는 경우는 더 드물다. 예를 들어 2002년 부시 행정부가 예산과 성과 통합 사업의 하나로서 연방 사업성과를 측정했을 때, 예산관리국(OMB)은 프로그램의 단 50%만을 평가할 수 있었다. 프로그램 성과에 대한 자료 부족 때문에 어느 누구도 프로그램이 가시적인 성과를 이루었다고 확실히 말할 수 없었다. 많은 프로그램들이 제3자(일부는 주정부, 지방정부, 그리고 일부는 계약업자)에 의해 전달되었다.

제2장에서 논의되었던 위스콘신 주의 W-2 사례는 네트워크 전 계층이 공공부문의 목표를 충분히 이해했다는 것을 보여주는 좋은 예이다. 좋은 성과에 대해서는 필요한 보상을, 낮은 성과에 대해서는 벌칙을 부과해, 복지에서 노동력으로 사람을 이동시키려는 의회의 목표는 연방정부 차원에서 주정부 차원, 지역의 공급자에게까지 확산되었다. 이 사례에서 여러 가지 이유들—분명하고 제대로 공표된 연방정부 목표의 존재, 목표의 가치에 관한 모든 수준에서의 지지, 목표 성취를 위한 강력한 금전적 보상체계—때문에 목표가 확산되었다.

이러한 세 가지 요소가 준비되어 있다는 것을 입증한 것 외에도, 처음에 목표에 대한 지원이나 동의를 구하는 것이 나중에 목표 주변으로 사람들을 결집하는 데 도움이 될 수 있다. 워싱턴 주의 시장 앤서니 윌리엄스(Anthony Williams)는 수천 명의 시민들에게 시를 위한 목표를 창출하기 위해 마련된 시민회의에 참석해줄 것을 요청했다. 이러한 목표는 시당국을 돕는 데 지역사회를 참여시키는 동기요인으로 작용했고, 시 전체는 목표를 달성했다. 윌리엄스는 과정을 다음과 같이 묘사했다.

> 나는 두 가지 시민회의를 진행하고 있다. 각각의 회의에 약 4,000명이 참석하고 있다. 그들은 시를 위해 주요 목표를 설정하고, 그것을 우리는 시와 각 지역사회를 위한 실행 계획으로 전환한다. 우리는 이것을 근린

수준 기관의 서비스를 조직화하는 데 활용한다. 이는 모두 성과 측정을 기반으로 한다. 하나의 사례는 방과 후 프로그램이 될 것이다. 어린이, 청소년과 가족 들을 위한 부시장의 목표가 있다. 이러한 종류의 프로그램을 위해 공원 및 오락시설 관리부 책임자의 목표가 있다. 동시에 종교단체가 목표 달성에 기여하는 데 도움을 준다.

2. 가치 조정과 신뢰 형성

네트워크 내의 책임성은 계약 조항으로만 확보될 수 없다. 성공한 네트워크는 적어도 부분적으로 신뢰에 의존한다. 신뢰가 없다면 네트워크 참여자들은 기꺼이 지식을 공유하려 하지 않고, 그들 사이의 조정은 저해된다. 반대로 고도의 신뢰로 작동하는 네트워크는 조직 간 교환과 관련한 비용을 감소시킨다(<표 6-2>). 이러한 '관리비용'은 정부조달, 조사, 제3자 감독과 관련된 모든 비용을 포함한다. 신뢰가 없을 때 감독은 엄격해지고, 낮은 신뢰 상황에서 경제적 활동비용은 35~40%에 이른다.[6] 협상, 관리감독, 융통성 있는 계약 조항을 실행하는 데에 과도한 시간을 소비해야 하는 정부 관계자들은 경상비를 상승시킨다.[7]

높은 신뢰수준은 더 개방적인 정보 교환을 촉진함으로써 관리감독 비용을 감소시킨다. 그리고 네트워크 참여자들 간의 관계 문제들을 해결하기

6) Jeffrey H. Dyer, *Collaborative Advantage: Winning through Extended Enterprise Supplier Networks*(Oxford University Press, 2000).

7) 같은 책, p.38. Dyer는 미국과 일본의 자동차회사에 관한 연구에서 공급자의 높은 신뢰와 낮은 거래비용 간의 상관관계를 경험적으로 보여준다. 거래비용은 협상과 책임소재 확인 같은 활동에 소요되는 직원들의 시간과 관련된 비용으로 정의된다.

〈표 6-2〉 높은 신뢰 관계의 가치

	높은 신뢰	낮은 신뢰
계약관리감독	▪ 유연성 ▪ 성과를 기반으로 한 관리감독 ▪ 가치를 유지하기 위한 끊임없는 변경	▪ 엄격함 ▪ 투입 회계감사 ▪ 성가시고 빈번한 성과 검사 ▪ 변경에 대한 경직
가치방정식	▪ 저비용, 고신뢰	▪ 고비용, 저신뢰

위해 필요한 고비용의 사법적 수단에 대한 의존에서 벗어날 수 있게 한다. 그렇다면 네트워크 설계자들은 파트너 사이의 신뢰를 바탕으로 한 관계를 어떻게 조성할 수 있을까? 한 예를 든다면, 관계의 처음부터 네트워크의 가치와 목표에 대해 분명하게 의사소통을 해야 한다. 이것은 계약 협상의 초기 단계부터 위험, 보상, 혜택, 기회에 대한 적절한 거버넌스 구조를 형성하는 것을 의미한다. 초기부터 구조에 유념하면 나중에 관계에서의 주요한 오해의 가능성을 감소시킨다.

예를 들어 미 해군이 NMCI를 구축하기 위해 일렉트로닉 데이터 시스템사와 80억 달러의 파트너십을 맺었을 때, 양측 모두 계약서 작성 전에 목표(가상 테스트)에 대한 이해를 공유하고자 무던히 노력했다. 전 NMCI 국장 찰스 먼스(Charles Munns)는 "양측이 달성될 목표를 개념 수준에서 이해해야 한다"고 말했다. "일단 공통의 이해가 성립되면 계약상의 취약점과 애매함을 알 수 있고, 하나씩 검토하며 논의할 수 있다." 그러나 나중에 설명되는 바와 같이, EDS는 문제가 있는 것으로 밝혀진 사항에 대해서는 책임을 받아들였다.

정부가 오로지 최저비용 입찰을 중심으로 네트워크 파트너를 모집하고, 정부와 파트너가 서로 공통의 가치와 목표의 이해를 공감하는 데 주의를 기울이지 않았을 때 심각한 문제가 생길 수 있다. 코네티컷 주의 하트퍼드

시립학교와 교육 관리 회사인 에듀케이션 얼터너티브(Education Alternatives Incorporated: EAI) 사이의 교육 관리 결과가 불행하게 끝난 사례에서 이러한 문제를 확인할 수 있다. EAI와 하트퍼드 교육구는 16개월 만에 계약을 종료했다. 양측이 바람직한 결과에 대해 아주 다른 개념을 갖고 있었기 때문에 파트너십은 크게 실패했다. 특히 계약서는 하트퍼드가 EAI에 교육구를 위해 비용절감에 기여해준 만큼 지불하겠다고 규정했다. 그러나 교육구와 EAI가 실제로 비용절감이 무엇인지 합의할 수 없었기에 계약은 난관에 봉착했다. "이 실험에서는 역할, 책임, 비용지불과 성과에 관한 구체성이 결여되어 있었다"라고 교육 민영화의 전문가 존 매클로플린(John McLaughlin)이 설명했다.[8)]

공통의 가치를 지닌 참여자들을 선택하려는 끈질긴 자세가 진정한 파트너십 생성을 위해서 필요한 응집력과 틀을 만들어낸다. 그러나 아무리 신중하게 정부기관이 파트너를 선택한다 하더라도, 가치를 조정하고 신뢰를 형성하기 위한 시간을 계약 과정 초반에 확보해야 한다.[9)] 네트워크 설계자들은 중심 목표를 분명히 하고 내재하는 원심력이 구조를 압도하지 않도록 함으로써 초기단계 신뢰 형성과 목표 조정을 촉진할 수 있다.

1996년 「복지개혁법」은 복지를 단순 지원금에서 근로 수당으로 개선했다. 그 이전에는 사회복지단체에서 무료로 서비스를 제공하거나 지방정부, 유나이티드 웨이(United Way)[10)] 또는 재단들이 똑같은 조건으로 무료 서비스를 제공했다. 그러나 플로리다, 텍사스, 위스콘신, 그리고 다른 여러 주에

8) Donna Harrington-Lueker, "The High Flyer Falls," *American School Board Journal*, April 1996, p.32.

9) Jordan D. Lewis, *Trusted Partners: How Companies Build Mutual Trust and Win Together* (New York: Free press, 1999).

10) 미국 자선단체. —옮긴이

서 설립된 새로운 생산적 복지 네트워크(new welfare-to-work networks)는 상담 시간이 아닌 일자리 수로 성과를 측정하는 새로운 업무 문화를 공급자들이 받아들이도록 하고 있다.

비록 어떤 경우에는 약물치료가 여전히 필요하지만, 네트워크 파트너는 약물치료를 직업을 통한 자활로 가는 단계로서 제공해야 한다. 국가는 민간 통합자들이 참여자들의 병리현상 개선을 위한 보조금 지원이 아니라 참여자들의 근무 능력을 지원하는 데 초점을 둔 성과 기반 시스템을 만들도록 하고 있다. 하도급업자와 팀 구성원들이 거의 모든 개인이 일할 수 있다는, 그리고 그에 수반하는 자존감을 갖고 있다는 조직 철학에 동의할 필요가 있었다.

통합자는 파트너들의 기존 세계관에 관계없이 근로와 자활의 중요성에 가치를 부여하는 법을 배우도록 할 필요가 있었다. 달리 말해서, 많은 공공기관들이 문화적 가치가 새로운 입법 목표와 이미 일치하는 파트너를 선택함으로써 실패 위험을 줄일 것을 구체적으로 명시한 법안이 제정되었다. 새로운 전달체계는 도움을 받으면 고객들이 모두 상대적으로 짧은 기간 안에 고용될 수 있음을 모든 직원이 믿는 파트너들로만 구성되었다.

3. 보상체계 구조화

보상체계의 구조는 네트워크의 성패를 좌우할 수 있기 때문에 중요하다.[11] 미국의 노인의료보험 프로그램을 고려해보라. 이는 편향된 보상체계

11) 거래비용 경제학과 주인-대리인 이론에 관한 광범위한 문헌들을 참고하라. Williamson(1975); Alchian and Demsetz(1972: 777~795). 또한 다음을 참고하라.

의 영향에 관한 제대로 된 사례연구이다. 하버드대학교의 맬컴 스패로(Malcolm Sparrow) 교수에 의하면, 부정과 남용으로 납세자들이 연간 500억~750억 달러를 더 내고 있다.[12] 이는 제3자 행정가들이 서비스 공급업자를 적절히 감시하도록 하는 보상체계가 부족했기 때문으로 드러났다. 1965년 노인의료보험제도가 제정되었을 때, 의회는 의료서비스 기득권층과 타협했다. 의사와 병원은 보험금 청구를 처리하고 프로그램을 감시할 보험회사를 자신들이 선택할 수 있어야만 이 프로그램에 참여하려 했다. 처리된 보험금 청구에 대해 고정가격으로 보상받는 노인의료보험 계약자들은 보험금 청구를 가능한 한 저렴하게 처리하려는 강력한 유인을 갖는다. 감사원에 따르면 일반 보험업자들은 전형적으로 지불할 보험금의 총 8% 이상을 보험금 청구 검토 과정에 할당한다. 하지만 노인의료보험을 처리하는 보험업자들은 부정과 남용을 찾아내는 데 전체 노인의료보험 보험금 청구 처리 비용의 0.007%만을 지출한다. 한 캘리포니아 보험사의 임원은 다음과 같이 말했다. "우리가 일 처리를 잘하려고 하지만, 일 처리를 잘한다고 해서 더 큰 수익을 얻는 것은 아니다."[13]

물론 유능하고 정직한 보험업자들을 관리하는 선의의 관료들이 있다. 그러나 무엇을 측정하고 보상할 것인지는 정해져 있다. 계약 관리자가 어떤 활동에 대해 보상한다면 계약자들은 더 많은 활동을 할 것이다. 그리고 노인의료보험제도의 경우 지출 대비 더 나은 의료서비스를 생산하는 것이 아니라 계약에 따라 지불된 청구 건수에 대해 보상이 이루어진다. 이런 사례에서의 논점은 노인의료보험 프로그램이 성과 측정을 어떻게 하는지를

Savas(1987); Behn and Kant(1999: 470~489).

12) Reynolds Holding, "Medicare Bilked for Billions in Bogus Claims," *San Francisco Chronicle*, January 12, 2003, p.A1.

13) 같은 글.

의미 있는 보상체계 구축을 위한 지침

정부의 네트워크 설계자는 네트워크 파트너들의 보상체계를 설정하기 위해 네 가지 지침을 숙지해야 한다.

- 보상체계를 활동이 아니라 결과에 연계하라.
- 크리밍(creaming) — 가장 쉬운 사례를 걷어내고 어려운 사례는 다른 파트너가 다루도록 남겨두는 것 — 에 유의하라.
- 네트워크를 더욱 효율적으로 운영함으로써 획득한 비용 절감분을 공유하라.
- 파트너가 자신의 활동에 책임을 다할 수 있게 하는 합리적인 이행보증 방법을 강구하라.

비판하는 것이 아니라, 잘 구조화된 보상체계가 네트워크 거버넌스의 핵심에 있어야 함을 강조하는 것이다. 하지만 그렇게 되기는 어렵다. 특히 네트워크에 다수의 파트너가 있을 때 더욱 그렇다.

이 사례가 보여주는 것처럼, 잘못 구조화된 보상체계는 네트워크 성과에 의도하지 않은 영향을 줄 수 있다. 금전적인 보상체계는 형평성, 비용 절감, 창의성, 혁신, 지속적인 개선을 촉진할 수 있도록 구조화되어야 한다. 파트너들은 중요한 단계를 충족시켰을 때 보상받을 수 있고, 그렇게 하는 데 실패할 경우 불이익을 받으며, 일이 끝날 때 비용이 절감된 만큼 보상받을 수 있다. 보상체계에 기반한 방식은 비용을 절감하기 위해서뿐만 아니라 품질을 개선하기 위해서 구조화되어야 한다. 말이 쉽지 어려운 일이다. 정부가 비용을 충분하고 정확하게 포착하거나 프로그램의 성과를 엄격히 측정하는 데 실패하는 것이 성과 보상체계 구조화와 관련된 두 가지 도전이다.[14] 앞에 요약된 네 가지 지침이 보상체계를 목표 달성에 연결시키는

14) Stephen Goldsmith, *The Twenty-First Century City: Resurrecting Urban America*

도전을 극복하는 데 도움을 줄 수 있다.

1) 보상체계를 결과에 연계하라

구체적인 결과를 달성한 파트너에게 비용을 지불하는 것은 파트너와 정부 간에 목표를 조정하는 데 도움이 된다. 금전적 보상과 처벌은 기관의 우선순위에 따라 광범위한 성과 목표에 연계될 수 있다. 네덜란드의 많은 지방정부들이 덴 보슈 근처 위험한 2급 도로(N50)의 교통 혼잡을 줄이고 안전성을 향상하기 위해 모였다. 이러한 목표를 달성하기 위해 각 정부들은 민간 컨소시엄과 계약하여 설계, 건설, 운영에 관한 합의를 통해 도로를 고속도로로 바꾸었다. 18년에 걸친 계약 기간에 지불된 대금은 도로면의 평탄성이나 고속도로의 용이성과 같은 일정한 질적 수준과 연계되었다. "이 프로젝트는 정부와 민간 파트너 사이의 새로운 협력 방법을 의미한다." 프로젝트 감독자 피트 바우테르스(Piet Wouters)가 말했다. "이 새로운 협력 방법은 모든 부분에서 사고의 전환을 요한다. 매우 다른 방식으로 책임과 위험이 공유되는데, 다른 작업방식이 필요하다."

제3장에서 우리는 민간부문에 서비스를 맡기기 전에 서비스 비용과 품질에 관한 정확한 기준을 설정하는 것이 얼마나 중요한지 살펴보았다. 이것은 특히 성과 중심 파트너십의 경우 더욱 그렇다. 향후 지출에 대한 예상뿐만 아니라 현재의 서비스에 대한 타당한 기준 자료의 부재는 발생 가능한 문제 두 가지 중 하나를 유발할 수 있다. 민간부문은 프로젝트에서 정치적으로 용납될 수 없는 의외의 이윤을 실현하거나, 또는 엄청난 액수의 금전 손실을 감수해야 한다. 예를 들어 일렉트로닉 데이터 시스템(EDS)은 미국

(Washington: Regnery, 1997), pp.58~63.

해군·해병 간 인트라넷 구성(NMCI) 계약에서 10억 달러 이상의 손실을 보았고, 이는 EDS의 주가 폭락으로 이어졌다. 해군과 EDS 모두 업그레이드가 필요한 기존 컴퓨터 시스템의 규모를 너무 과소평가했고, 막대한 금전 손실을 초래했다.[15)]

정확한 기준이 초기 목표 대상 설정을 올바로 하는 데 중요하지만 성공을 보장하기에 충분하지는 않다. 우리는 가장 잘 설계되고 성과에 기반한 계약이 심각한 문제에 직면하는 경우를 무수히 보아왔다. 경제적 조건의 변화, 고객층의 증가, 법령의 변화, 혹은 여타의 많은 요인들이 초기 성과 목표를 부적절하거나 달성할 수 없는 것으로 만들어버렸다. 위스콘신 주가 밀`워키에서 복지 전달과 행정을 민영화하면서 이것이 어려운 일임을 알게 되었다. 지속적인 개선을 장려하기 위해서 주정부는 파트너들이 매년 좀 더 높은 목표를 충족시키도록 하는 성과 목표를 구조화했다. 초기의 기준이 너무 낮게 설정된 것을 제외하고는 좋은 아이디어였다. 당연히 위스콘신 공무원들은 개선된 복지 체계가 복지 대상을 큰 폭으로 빠르게 줄이게 될 줄 예상하지 못했다. 그 결과 계약자들이 초기 몇 년간 재정적으로는 성공했지만 언론의 혹독한 비판과 입법부의 심각한 우려를 초래했다. "우리가 제대로 예상하지 못했다"라고 한 위스콘신 공무원이 말했다.

주정부가 이런 논쟁에서 막 벗어났을 때, 좀 더 힘든 성과 목표에 효과가 나타났다. 그러나 불행히도 경제 침체 한가운데에 들어섰다. 노동시장이 매우 위축되어 힘든 목표들은 더 어렵게 되었다. 그러나 더욱 중요한 것은 일자리에 배치되기 위해 대기 중인 복지수령자들에게 일자리를 찾아주는 일이 가장 어려운 일이 되었다는 사실이다. 목표는 달성할 수 없는 것으로

15) Anith Reddy, "Sharing Savings, and Risk," Washington Post, February 16, 2004, p.E1.

판명되었다. "나는 금전적인 측면에서 2년의 계약 기간 동안 그 일을 해낼 수 있는 사업체가 위스콘신 주 안에 단 하나라도 있을지 모르겠다." 6개 카운티에서 W-2의 감독 기관을 운영하는 제리 하노스키(Jerry Hanoski)는 말했다. "이것은 주 전체의 문제다. 그리고 예견된 열차사고이다."[16] 이런 곤경에 빠지지 않도록 어떻게 주의할 것인지에 대해서는 변화 관리를 논의하는 이 장의 후반부에서 이야기한다.

2) 크리밍에 유의하라

다음에 서술된 오클라호마 주의 지역사회 재생 서비스단(Community Rehabilitation Services Unit: CRSU) 사례가 보여주듯이, 보수가 성과와 연관되어 있을 때 정부관료들은 크리밍(creaming)[17]을 경계할 필요가 있다. 크리밍이란 서비스 제공업체들이 가장 쉬운 사례를 위해서 서로 경쟁하는 경향을 의미한다.[18] 위스콘신 주의 패밀리 파트너십 구상(Family Partnership Initiative)은 14개 카운티 컨소시엄이 위스콘신 시골 지역의 아동복지서비스를 계약할 목적으로 만들어진 것으로, 하나의 존경받는 단체를 선정해 다른 제공자들을 감독하도록 함으로써 크리밍 문제를 해결했다. 네트워크 관리자인 루터교 사회서비스(Lutheran Social Services)는 어려운 사례들을 잘

16) "Wisconsin Welfare to Work Agencies Lacking Funds," *Associated Press*, April 27, 2004.

17) 크리밍이란 '기름 친다'는 뜻으로서 어떤 개입 프로그램의 도움을 받아 성공할 가능성이 가장 높은 사람들이 그 서비스나 프로그램을 이용함에 따라 필요한 사람은 배제된다는 것이다. 여기서는 가장 쉬운 사례를 취하고 어려운 사례를 다른 파트너가 다루도록 남겨놓는다는 의미를 갖고 있다. — 옮긴이

18) John D. Donahue, *The Privatization Decision: Public Ends, Private Means*(New York: Basic Books, 1989), pp.198~201.

오클라호마의 역사적 사건

1985년부터 1991년까지 댄 오브라이언(Dan O'Brien)은 오클라호마 레드록 정신보건센터(Red Rock Mental Health Center), 즉 중증장애인의 지속적인 고용을 도와주는 '지원고용(supported employment)'* 서비스를 담당했다.

레드록 병원과 다른 서비스 제공업체들도 지역사회 재생 서비스단(CRSU)과의 계약하에 이러한 서비스를 제공했다. 1991년 오브라이언이 오클라호마 주정부에서 근무를 시작하자마자 그는 주정부의 '왜곡된 보상체계'가 서비스 제공업체들의 성과를 왜곡한다는 사실을 주장하기 시작했다.

오브라이언이 말한 왜곡된 보상체계 문제는 많은 정부기관에서 나타났다. 주정부가 네트워크의 결과보다는 네트워크 활동에 대해 비용을 지불한 것이다. 이 프로그램으로 20개의 서비스 제공업체가 500여 명의 고객층에 개인별 직업교육 서비스를 제공했다. 강사들은 수강생들과 직업 탐방을 다니는데, 수강생들이 새로운 직무를 찾고 적응하는 동안, 강사들은 종종 기간을 연장하여 동행했다. CRSU는 이러한 교육 서비스에 시간당 임금을 지불했다. 그래서 고객서비스가 아닌, 비용청구 가능한 시간이 서비스 업체의 목표가 되었다.

1991년 오브라이언이 제도를 폐지할 때까지 취업알선 성공과 직업재활서비스 종결의 평균 진행 일수는 483일까지 부풀어 있었다. CRSU는 고객들에게 서비스를 제공하고 있다는 활동 내역을 서류로 입증하는 한, 저조한 취업알선 업체와의 계약을 그대로 두었다. 건실한 취업알선업체들은 그들이 고객들의 취업을 빠르게 해결해준다고 해도 재원 손실 때문에 고통스러웠다.

이러한 제도 문제를 시정하기 위해 오브라이언은 CRSU 보상체계를 철저히 재구성할 것을 제안했다. 그것은 서비스 제공업체들이 분명한 목표를 설정하고, 서비스 이용 고객당 1회 이상 제공한 서비스에 대한 비용을 청구하는 것을 금지하고, 장애인의 영구취업은 가장 큰 보수를 지불한다는 내용의 제안이었다. 이러한 방식의 서비스 제공업체 보상체계는 주정부의 장애인 장기 고용 목표에 매우 근접하게 조정되었다.

오브라이언이 보상체계 재설정을 처음으로 제안했을 때, 그는 큰 반대에 봉착했다. 예를 들어 일부 서비스 제공업체들은 다른 사람들이 배치하기 더 어려울 것으로 예상되는 중증 장애인 고객들을 무시한 채 최적의 고용자격을 갖춘 고객들을 뽑아가려고 애쓸 것이라고 말했다. 이에 대응하여 오브라이언은 가장 취업이 어려운 고객을 취직시키는 업체에게 더 많은 보수를 주는 방향으로 그의 제안서를 재설정했다. 여전히 우려와 반대는 계속되었다. 많은 서비스 제공업체들이 예산을 그에 맞게 편성해본 적이 없었고, 취업 코치들은 일부 고객들이 그들의 도움이 없으면 취업에 실패할 것이라고 우려했다. 어떤 정부관료들은 취업알선이 주요 실적 기준이 되면 중요한 정신건강이나 사회서비스의 이용 가능성이 낮아질 것을 의심했으며, 이러한 의심은 충분히 타당한 것이었다.

이러한 우려에도 불구하고, 보상체계 재설계는 효과적이었다. 실행 후 많은 프로그램 관리자들과 취업 코치들은 이러한 행위지표가 자신들에게 굉장한 융통성을 제공했다고 말했다. 재설계 이전에는 주정부가 취업 코치의 허용 가능 인원수를 명시했지만, 새로운 제도하에서 관리자들은 스스로 그러한 결정을 할 수 있게 되었다. 15분 활동 간격을 서류로 입증하는 대신에 서비스 제공업체들은 성과에 집중하기 시작했다. 많은 취업 코치들은 수개월이 아닌 몇 주 안에 고객들을 취업시켰고, 해마다 직업재활서비스 종결은 2배, 3배 증가했다. 안전장치로서, CRSU는 서비스 제공업자들에게 비인격적이고 부적절한 취업알선의 가능성을 줄여가면서 고객들이 직무에 만족하는지 여부에 보수를 연관시켰다. 새로운 보상체계 제도가 실행된 지 6개월 후, CRSU 네트워크 파트너인 서비스 제공업체에서 근무하는 현장 직원 81%의 서비스 품질이 개선되었다.

성과기준은 완벽할 수 없기 때문에 사각지대에 있는 개인들은 의심할 여지없이 취업 알선 제도에서 소외되어 있다. 자연적인 한계에도 불구하고, 새로운 보상체계 구조는 CRSU의 결과를 엄청나게 개선했다. 그리고 궁극적으로 오클라호마의 장애인들을 위한 서비스 개선의 계기가 되었다.

----

* 중증 장애인을 사업장에 배치하고 나서 작업장에 교사나 직무지도원이 지원을 함으로써 통합고용을 가능하게 하는 고용 형태.

관리할 수 있도록 카운티의 지불금으로 공제조합을 마련했다. 이것은 서비스하기 가장 어려운 사례에 많은 노력을 기울인 제공자들을 장려하고 보상하기 위한 보상체계이다.

3) 비용 절감분을 공유하라

보상체계 설정의 어려움을 완화하기 위해 네트워크 설계자들이 계약자들과 보장 가능한 비용 절감 보장액 수준을 협상한 후, 추가적인 절감분을 공유할 수도 있다. 이러한 방법은 파트너들이 지속적으로 비용을 줄일 수 있게 할 강력한 보상체계가 된다. 예를 들어, 1995년 영국공항공단 USA(BAA USA)는 인디애나폴리스 국제공항 관리권을 따냈고, 인디애나폴리스 국제공항은 미국에서 가장 큰 민영공항이 되었다. BAA는 이윤을 실현하기 전에 연간 250만 달러의 비용을 절감하기로 시에 약속했다. 한 해도 빠짐없이 BAA는 약속한 금액을 초과 달성했다. 시는 첫해에 비용 절감 보장액을 초과하는 절감액의 60%를 받았고, 이후에는 그 이상을 받았다. 그러나 BAA와 인디애나폴리스 사이의 간단한 보장액조차 엄청난 압박에 직면할 수 있다. 2001년 미국의 9·11 테러사건은 안전을 강화하고 공항 주차장을 변경하는 등 공항의 주변 환경을 모두 바꿔놓았다. 그리고 그 모든 것들이 계약을 이행하기 어렵게 만들었다.

비용 절감분을 공유하는 방법은 재정난에 처한 정부에 매력적일 수 있으나 제대로 이행하기는 쉽지 않다. 만약 형편없이 설정될 경우, 서비스 품질을 저하시키며 비용을 절감하고 행동을 왜곡하며 잠재적인 판매자 수를 제한하거나 심지어 파트너를 파산시킨다.[19] 다음의 몇 가지 기본적인 규칙은 성공 가능성을 향상시킬 수 있다. 기준 자료를 제대로 확보하는 것 외에도, 모든 당사자들은 목표를 분명히 이해해야 하고, 성과측정에 동의해야 하며, 필요할 때마다 중도변경을 허용하는 거버넌스 구조를 만들어야 한다.[20]

---

19) Robert D. Behn and Peter A. Kant, "Strategies for Avoiding the Pitfalls of Performance Contracting," *Public Productivity and Management Review* 22(June 1999).

20) General Accounting Office, "Contract Management: Commercial Use of Share-in-Savings Contracting," GAO-03-327(January 31, 2003).

4) 이행보증을 추구하라

가능하다면 성과를 구매하는 것이 투입에 지불하는 것보다 분명히 선호할 만하다. 하지만 활동만 관리될 수 있을 뿐 성과가 관리되지 않을 수도 있다. 역사적으로 도로건설 계획에서 정부는 몇 세제곱 야드의 콘크리트나 다량의 반사판 자재를 구매한다. 주정부가 한 회사에 의뢰하여 도로를 건설할 때 많은 시간과 자재를 구매하고 있는 것처럼 보인다. 그러나 뉴멕시코 주 교통부의 전 책임자인 피터 란(Peter Rahn)에게는 그렇지 않았다. 뉴멕시코의 코리도 44(Corridor 44)에 125마일의 도로를 확장하는 프로젝트를 위해, 란은 한 계약자를 선택하여 도로를 건설하도록 하고 시간이 지나면 도로를 보수하기 위해 다른 계약자들과 계약하는 전통적인 방법을 거부했다. 란은 물었다. "도로를 건설하는 계약자가 일정 기간 그 도로를 보수할 책임을 질 수 없는가?" 결국 란은 냉장고를 구입하면 시어스(Sears)로부터 5년간의 서비스 보증을 받을 수 있는데 도로를 구매할 때 왜 동일한 보증을 받을 수 없겠는가 하고 생각했다.

가능하다는 것이 판명되었다. 이런 생각을 싫어하는 몇몇 도로 계약자들로부터의 불평에도 불구하고, 란은 코크퍼포먼스로드(Koch Performance Roads)[21]와 합의하여 '포장 보증서(pavement warranty)'라는 것을 제공하도록 했다. 이 사례에서는 20년 동안 도로가 적절하게 제 기능을 할 것임을 보증하는 계약이 체결되었다. 만약 그렇지 않을 경우, 회사는 교통부에 일체의 비용을 청구하지 않고 도로 포장을 새로 해주거나 보수해주어야 한다.

21) 내구성이 강한 도로 건설을 설계하고 감시하는 엔지니어링과 포장 설계 회사. — 옮긴이

보증서는 계약자가 처음부터 최고의 품질로 오랫동안 지속될 도로를 건설할 강력한 유인을 제공한다. 이 사례에서 뉴멕시코는 도로 포장 서비스의 내구성 비율이나 도로 품질이 항상 0에서 5까지의 척도 중 4.5가 되기를 기대한다.[22] 교통부에 따르면 이 보증서 계약이 주정부의 고속도로 보수비용 8,900만 달러를 절감할 것이다. 더욱이 계약을 모니터링하는 것이 각 구성요소를 측정하고 조사하는 것보다 좀 더 간단하고 비용이 덜 든다.

4. 위험 공유

네트워크 방식은 재정, 성과, 심지어 정치적 위험요소조차도 민간부문과 비영리부문으로 이전될 수 있게 한다. 예를 들어 보상체계 중심의 계약들은 생산성 향상에 대해 보상을 하고, 저조한 성과나 지출비용 증가에 대해 위약금을 부과함으로써 계약자들에 대한 많은 위험을 제거할 수 있다. 다음은 1994년 캘리포니아 주에서 발생한 샌타모니카 지진의 사례이다. 캘리포니아 교통국은 고속 고가도로를 재건하기 위하여 고속도로 건설회사와 계약을 체결했다. 그 계약은 예정일보다 먼저 공사가 완료되면 1일 20만 달러의 보너스를 제공하고, 예정일보다 늦게 공사가 진행되면 매일 20만 달러의 벌금을 내야 하는 등의 상당한 성과 보상과 위약금을 규정했다.

간소화된 계약 과정으로 인해 보수작업은 1월 17일 지진 다음 날 시작되었다. 재정적 보상체계로 인해 2개월을 약간 넘겨 마감일인 6월 24일보다 74일 빨리 고가도로가 교체되었다. 프로젝트를 이렇게 일찍 완성하기 위해

22) Bill Reinhardt, "Koch Sings 20-Year State Highway Warranty," Public Works Financing(July/August, 1998), p.1.

비영리조직의 책임을 묻는 일의 특수한 도전

"네트워크 정부는 실적이 저조한 단체들에 조치를 취하기가 아주 어렵다"라고 국가·지역사회봉사단(CNCS)의 전 CEO, 레슬리 렌코프스키(Leslie Lenkow-sky)가 주장했다. "실적이 저조하다는 이유로 재정을 줄이는 것은 더 어려운 일이다." 확실히 정부 주도 네트워크에서 일하는 비영리조직들은 지역사회에 이름이 나 있다. 실적이 저조하다 하여 정부가 계약 종료와 같은 엄한 조치를 취하기에는 그들의 지명도로 인해 정치적인 어려움이 있다. 비영리조직들은 이윤창출 동기가 부족한데, 이는 영리조직에 비해서 좋은 성과를 내기 위한 유인체계가 적다는 것을 의미한다.

민간부문에 외주를 주는 것이 실패했을 때, 실패 요인은 거의 예외 없이 서비스 제공업자와 계약관리자 모두에게 있으며 또한 정부가 관리하는 네트워크 내에서도 마찬가지이다. 따라서 정부가 네트워크 관계에서 책임을 지지 않으려 하는 저명한 풀뿌리단체를 징계하려 할 때, 정부의 추론은 분명하고 정치와 사익으로부터 자유로워야 한다. 그렇지 않으면 민간단체는 국회의 지지를 통해 징계 조치에 대항하는 경향이 있다.

CNCS는 중앙본부 관리의 오랜 약점이 가시화되고 중요한 쟁점이 됨과 동시에 사업수행 모형을 변화시키고 비영리조직들에 책임성을 부과하고자 했다. CNCS가 우호적으로 인식될 때는 개혁을 위해 통과되었을 만한 것이 그런 약화된 환경에서는 의회로 가져가기 위한 개혁 반대자들의 구호가 되었다. 관리 문제와 더불어 풀뿌리단체들의 영향력은 효과가 있었다. 의회는 제안된 많은 변화를 가로막거나 늦추는 강력한 역할을 담당했다. 최소한 의회의 눈에는 오랜 관리 문제 때문에 CNCS가 수령자들로 하여금 책임을 지도록 하지 못했다는 것이다.

마찬가지로 존경받는 제공자 네트워크가 일을 잘하고 있지만 정부가 그 계약의 방향이나 성과 측정을 변화시키기로 결정한다면 문제가 될 수 있다. 예컨대 인디애나폴리스 시가 고정액이었던 커뮤니티센터의 재원 조달 메커니즘을 변화시킬 것을 제안했을 때, 일부 저명한 비영리조직들과 주민들이 시의회와 언론에 대해 자신들의 반대 목소리를 높였다. 이들 지역사회단체들은 커뮤니티센터 대부분이 실질적인 위험에 직면하지 않을 수준에서 좀 더 근본적인 성과급으로의 변화를 수정하는 데 성공했다. 그러자 시는 다른 지역사회단체들에게 메시지를 전달한다는 희망을 가지고 최악의 성과를 보인 단체들을 처리하면서 좀 더 점진적으로 일을 진행했다.

정부는 항상 정책을 설정할 권리를 유지해야 하고, 이렇게 책임성을 다할 수 있도록 해야 한다. 하지만 네트워크 설계자들은 네트워크 관리자가 저명한 참여자에 대해 정책을 변화시키거나 징계처분을 내릴 필요가 있을 때 잘 알려진 비영리조직이 정부가 운영하는 네트워크에 주는 편익이 장애가 될 수 있다는 것도 염두에 두어야 한다.

계약자는 하루 400명의 인부를 동원하여 밤낮으로 작업했다. 일정이 단축된 덕분에 7,400만 달러를 절약한 것으로 지역경제에 기여하였고, 계약행정 효율성 측면에서 1,200만 달러를 절약함으로써 계약자가 성과급으로 받은 1,380만 달러를 상쇄할 수 있었다.[23)]

1) 의도하지 않은 결과

간혹 실수로 정부는 가능한 한 많은 위험을 전가시킨다. 때로는 위험의 범위를 충분히 이해하지 못한 단체들에 떠넘기기도 한다. 캔자스의 많은 비영리조직들은 주정부가 아동복지시스템을 민영화했을 때 이처럼 균형이 맞지 않는 위험부담을 부지불식간에 경험했다. 캔자스는 비용에 관계없이 필요한 모든 서비스를 제공자가 전달하도록 요구하는 관리의료 모형(managed care model)[24)]을 통해 거의 모든 재정적 위험과 성과 위험을 비영리 제공자들에 전가시켰다. 계약서상 위험 전가는 완벽하게 이치에 맞는다. 계약자들은 만일 그들이 아이들을 신속하게 입양시키는 성과를 내면 약간

23) David B. Rosenbaum, "Fast Quake Recovery Redeemed State Transportation Department," Engineering News Record(January 16, 1995), p.33.

24) 관리의료: 다양하게 세분화된 미국의 건강관리제도를 총체적으로 관리하며 제공하는 의료를 말하는 것으로. 의료보험자, 의료기관, 의사 간에 진료내용이나 각자의 비용에 관한 지침을 설정하여 치료하는 시스템이다. 회원제로 보험료를 지불하고 계약된 의료기관에서 진료를 받기에 의료비 억제 효과는 있지만, 원가관리가 지나쳐 질적 저하가 문제시된다. — 옮긴이

의 이익을 볼 수 있지만, 실패하면 약간의 금전적 손실을 감수해야 한다. 캔자스 주정부의 프로그램 목표에 따라 관료들은 비영리 계약자들의 경제적 보상체계를 조정하고자 했다.

실제로 위험 전가는 잘 이루어지지 않았다. 우선 아동들의 정신건강비용이 예상보다 훨씬 증가했다. 파트너들은 필요한 모든 서비스를 제공하는데 동의했기 때문에 고객이 필요로 하는 정신건강관리가 어떤 수준이든지 서비스를 제공했다. 그러나 정부나 파트너 모두 새로운 가정으로 옮겨가는 아이들의 적절한 정신건강관리의 엄청난 추가 비용은 예상하지 못했다. 둘째, 비영리조직의 누구도 계약체결 여부에 따라 조직 규모를 확대하거나 축소하는 운영의 고통을 이전에 경험한 적이 없다. 그 결과 1997년 초기 민영화 시기에 수백만 달러의 계약을 체결한 두 개의 비영리조직은 수년 뒤 재입찰에 실패하고 나서 직원을 감원하는 어려움을 겪었다. 궁극적으로 위험 분담으로 부과된 모든 재정적 부담을 감내할 수 없었고 결국 파산 선고를 하게 되었다. "비영리조직들은 치료비용이 많이 드는 사람들을 감당하겠다고 동의할 때의 위험을 거의 알지 못한다." 캔사스대학교 바버라 롬젝(Barbara Romzek) 교수가 설명했다. "추가적인 정신건강 지원이 필요한 아동들에게 안 된다고 할 수 없는 조직문화가 있다."

캔자스 사례에서 어떤 교훈을 얻을 수 있는가? 정부는 최대가 아닌 최적의 위험 전가에 대해 생각해야 한다. 공공부문이 재난을 외면할 수는 없다. 왜냐하면 이론적으로 아무리 많은 위험이 민간부문으로 전가되더라도 어떤 서비스 문제에 대해 적어도 부분적으로는 정부기관이 책임을 져야 한다고 대중은 주장할 것이기 때문이다. 이러한 결정에 분명한 기준이 있는 것은 아니지만 몇 가지 원칙이 결정에 도움이 될 수 있다.

2) 위험 분담 지침

네트워크 정부의 성공을 촉진하기 위해서는 공공부문과 민간부문이 위험을 좀 더 잘 분담할 수 있는 방법을 배워야 한다. 위험을 전가시키는 것은 정부가 마음대로 할 수 있는 것은 아니며, 올바른 접근방법을 결정하기 위해서는 모든 네트워크 파트너들의 역할과 역량을 깊이 있게 이해하는 것이 필요하다.

- ▲ 어떤 네트워크 파트너가 어떤 위험을 이해하고 관리하는 데 가장 적합한가? 위험에 대해 가장 잘 이해하고, 위험을 다룰 수 있는 조직에 위험을 할당하는 것이 공익을 극대화한다. 예를 들어 많은 비영리조직의 서비스 제공자들이 재정적 위험과 성과 위험을 다룰 줄 모른다. 이러한 경우 위험은 총괄 계약자나 모든 것을 받아들일 수 있는 총괄 통합자에게 맡겨야 한다. 또는 비영리조직이나 소규모 계약업체에 한 번에 모두 전가하기보다는 점차적으로 전가해야 한다.
- ▲ 누가 혁신을 위해 노력하고 있는가? 만일 비정부 서비스 제공자들이 그들의 혁신을 기반으로 서비스를 수행하려 한다면 많은 위험을 떠맡아야 한다.
- ▲ 공공부문은 네트워크와 그에 관련된 특정한 위험에 대해 어느 정도의 통제력이 있는가? 공공부문의 과정에 대한 통제와 권한을 줄일수록 책임져야 하는 위험도 줄어야 한다. 반대로 위험이 늘수록 통제와 권한도 증가한다.
- ▲ 위험을 전가할 때 발생하는 계약 비용은 지불할 가치 있는 것인가? 만일 정부의 궁극적인 이익보다 더 많은 위험을 서비스 제공자에게 부담시킨다면 위험은 전가되어서는 안 된다.

▲ 본질적으로 위험이 실제 규제력을 갖고 있는가? 만일 향후 규제의 변화가 프로젝트 위험을 야기한다면, 정부는 위험 그 자체를 수용함으로써 실질적인 비용편익을 도출할 수 있다.

네트워크 대응에서 한때 부적절했지만 현재는 바로잡힌 위험 전가의 좋은 예가 재개발, 즉 환경문제가 있는 부동산에 대한 도시지역의 경제개발이다. 환경에 대한 우려가 늘 재개발 지역을 정화하기 위한 초기 합의를 무위로 만든다. 그러나 문제가 되는 것은 해당 입지의 정화비용이 아니라 토지가 사유화된 이후 정부가 미래에 기준을 강화하거나 과학 발전으로 새로운 문제를 발견하게 될 것이라는 위험이다. 연방 및 주 정부 공무원들은 민간 개발자와 비영리 지역사회 개발자가 이러한 알려지지 않은 미래 위험을 떠안도록 하려고 했다. 그러나 알려지지 않은 비용이 잠재적인 편익을 초과하여 전 소유자들이 떠나고 새로운 소유자들이 나타나지 않았다. 결국 시정부와 주정부는 개발업자들과 같이 일하면서 환경 기준을 분명히 할 수 있다는 것을 깨닫게 되었다. 그리고 어떤 경우에는 새로운 소유권 이전에 존재했던 조건들로부터 야기되는 후속적인 법적 책임에 대해 (정화작업 이후) 개발업자들에게 보상할 수 있음을 알게 되었다. 일단 위험을 알게 되면 민간 및 지역사회 개발업자들이 정부가 비용을 이해하고 줄이는 데 도움이 될 수 있다.

3) 잘 설계된 위험 분담의 이점

위의 사례가 보여준 것처럼, 정부가 위험 분담을 잘 설계한다면 민간부문과 몇 가지 위험을 분담하면서 이익을 극대화할 수 있다. 예를 들어 영국 지방정부들은 정교하게 설계된 위험 분담 방법을 발전시켰고, 파트너와의

핵심 위험과 완화 전략

위험	완화 전략
불이행	분쟁해결 메커니즘, 서비스 수준 합의와 위약금, 그리고 합리적인 근거로 계약을 종료할 수 있는 계약의 '출구'를 확립하라.
연속성의 종료	파트너가 이런저런 이유로 프로젝트를 수행하지 못하고 파산하게 되거나 종료해야 할 경우 운영의 연속성을 유지하기 위한 옵션을 확보하라.
중요한 기술과 지식을 네트워크로 이전	네트워크에 의해 어떤 기술이 수행될지 이해하고, 그 서비스를 감시하는 데 필요한 기술과 지식을 가진 내부 또는 제3의 컨설턴트를 유지하라.
운영 중단	운영 전환의 문제점을 이해하고 준비하라. 파트너들에게 성공적인 전환의 책임을 부여하라.
규모조정 불능	예상되는 서비스 요구 증가에 대해 합의하고, 역량과 가격책정을 계획하라.
평판 손실	관계가 시작될 때부터 고객 만족 보상체계를 확립함으로써 네트워크 활동이 고객 만족과 정부의 평판 모두를 향상시키도록 하라.
비용 초과, 시간 지연	비용 초과분을 파트너가 부담하고 지체에 대한 위약금이 산정될 수 있도록 보상체계를 구조화하라.

기술과 지식 이전 시스템을 개발했다. 주목할 만한 복잡한 민·관 파트너십으로는 영국 동남쪽에 있는 밀턴 케인스 마을이 HBS사와 체결한 12년 기한의 파트너십을 들 수 있다. 영국 비즈니스 서비스 제공업체인 HBS가 새로운 고객 접근 채널을 개발하고 금융, 인적자원, 행정을 포함한 관리부서 업무 모두를 운영했다. 파트너십의 목표는 크게 두 가지였다. 첫째는 막대한 선행 투자 없이도 모든 관리부서 운영을 현대화하고 재설계하는 것이었다. 둘째는 12년에 걸쳐 마을의회 운영비용을 안정시키는 것이었다. 수익을 내면서도 선행 투자비용으로 1,000만 달러를 지불하기 위해 HBS는 관리부서

활동에 관련되어 있는 직원 수를 해고 없이 40% 줄일 방법을 찾아야 했다.

복잡한 파트너십 구조는 파트너 모두에게 큰 위험을 수반한다. 컨설턴트와 함께 일하는 지방 관료들은 다음과 같은 난제를 해결하려고 애썼다. 만일 계약을 조기에 종료해야 한다면 물리적, 지적 자산은 어떻게 되는가? 만일 파트너십이 재정적 이익을 달성하기도 전에 종결되면 누가 위험을 감당하는가? 만일 자기자본보다 차입금이 많은 파트너가 파산신고를 하면 어떤 일이 생기는가? 직원은 다시 시 정부로 옮겨가는가?

단순한 원리가 지방의회 관료들이 이러한 복잡한 문제를 분류할 수 있도록 도움을 주었다. 위험을 가장 잘 통제할 수 있는 당사자가 위험을 감당해야 한다는 것이었다. 예를 들어 HBS는 기업으로 파견되는 공무원들을 위해 공무원 연금을 지불하는 데 합의했다. 그러나 지방의회가 기금투자성과 위험을 떠맡았는데, 이는 어떤 추가 비용도 의회가 책임지겠다는 것을 의미하는 것이다. 유사한 맥락에서 만일 계약이 종결되어야 하거나 HBS가 지방의회에 서비스 제공을 계속할 수 없을 때, 다른 제공자가 진입하는 데 소요되는 비용은 HBS 지급금에서 공제되고 운영에 사용되는 조기 비용은 의회 자산으로 감당하게 될 것이다.

복잡한 산출 기반의 성과체계는 구체적인 서비스 목표에 HBS의 지급금을 연계함으로써 위험을 훨씬 더 잘 분담시켰다. 예를 들어 현재의 서비스 수준이 새로운 시스템으로 이전되는 3년 동안 겪게 될 위험을 완화하기 위해 HBS 지급금은 청구서 지급 기간, 고객 문의 처리 평균시간, 정보 시스템 가용성과 같은 지표와 연동시켜 놓았다. 이 지표들은 성과의 대강을 보여준다. 그래서 만일 HBS가 시간을 들여 시스템의 현대화에 집중한다 하더라도 현재의 서비스(비록 덜 '중요한' 서비스라 할지라도)를 등한시한다면 HBS 지급금은 줄어들 것이다. 재설계의 완료에 따라 서비스 수준 목표와 HBS에 대한 지급금을 올리는 것이 예정대로 현대화를 완성할 수 있는 강력한 유인으로 작용했다.

민감한 영역에서 재량권을 발휘할 때 공직자가 직면하는 것과 같은 비재정적 위험을 분담하는 것도 가능하다. 예를 들어 이전에 가족 구성원에게서 학대받던 아동을 다시 그 가족으로 돌려보내야 할 때, 아동복지사는 자신과 아동, 기관에 불리한 환경을 만들 위험을 가중시키게 된다. 하지만 아동복지사는 지역사회에서 존경받는 파트너의 참여를 요청함으로써 재결합의 위험을 분담할 수 있다. 파트너십의 개입은 정부가 이러한 난제를 해결하는데 도움이 될 뿐만 아니라, 기관이 특별히 성실하게 임하고 있다는 증거를 지역사회에 보여준다. 그리고 만약 아동복지사의 결정이 예기치 않은 부정적인 결과로 이어진다면 이런 개입은 기관에 대한 피해를 경감시킬 수 있을 것이다.

아동복지를 전문으로 하는 임상치료사 하이디 브리닉(Heidi Brinig)이 로드아일랜드 주의 아동·청소년·가족부(Department of Children, Youth, and Families: DCYF)를 설득하여 프로비던스 어린이 박물관[25]과 계약하도록 할 때 신임이 높은 비영리조직과의 파트너십이 공무원들에게 위험을 증가시키는지 감소시키는지에 관한 논의가 생생하게 이루어졌다. 이 합의에 의해 박물관과 박물관의 '가족과 함께(Families Together)'라는 치료사들은 법원에 의해 격리된 부모가 감독 상황에서 어린이들을 방문하는 동안 팀 구성원들이 그들을 관찰하고 조언을 하는 상호작용적이고 교육적인 환경을 제공한다. 관찰 후에는 '가족과 함께'의 치료사들과 DCYF 아동복지사들이 공동으로 그 가족의 다음 단계에 대해 세심하게 조언해준다.

25) 프로비던스 어린이 박물관(Providence Children's Museum): 로드아일랜드 주 프로비던스에 있는 비영리 어린이 박물관이다. 1876년 '로드아일랜드 어린이 박물관'으로 설립되었고, 로드아일랜드 주에서 최초이자 현재도 유일한 어린이 박물관이다(위키피디아). — 옮긴이

많은 주에서 사회복지사들은 처음에는 파트너십에 대해 부정적인 반응을 보였다. 그들은 비영리조직과 함께 아동의 안전에 대한 책임을 분담하는 것에 우려를 표시했다. DCYF가 '가족과 함께'의 조언에 따르고는 있지만 '가족과 함께' 직원들의 보살핌을 받는 아동이 해를 입는다면, 결국 법적인 책임은 DCYF의 몫이기 때문이다. 초기 '가족과 함께'에 대한 신뢰가 부족했던 것은 실수를 피하고자 하는 공공기관의 예견할 수 있는 반응이었다. 그러나 시간이 가면서 파트너십이 이 문제를 극복했다. DCYF 사회복지사들은 '가족과 함께' 치료사들이 제시한 전문적인 조언의 가치를 인정하게 되었을 뿐만 아니라 '가족과 함께' 직원들이 방문지역으로 부모와 아동들을 이동시키는 것과 같은 실제적인 책임을 기꺼이 떠맡는 데 대해 감사를 표했다. DCYF는 또한 '가족과 함께'와의 파트너십이 실제로 위험을 감소시킬 수 있었고, 재결합에 대한 찬반 주장에 충분히 입증된 논거를 제공함으로써 법원과 다른 외부 당사자들의 신뢰를 높일 수 있었다. 결국 이렇게 영향력이 향상됨으로써 DCYF는 신망 높은 비영리조직이 의사결정과 그에 따른 위험을 분담한다는 것을 인지하면서 선분석인 의사결정을 내릴 수 있는 여지를 얻을 수 있었다.

5. 성과 측정과 감시

복잡한 네트워크 안에서 성과를 측정하고 추적하는 것이 공공부문 혁신가들에게는 중요한 도전이 된다. 네트워크는 결과물을 달성하는 데까지 오랜 시간이 필요하다. 또한 특정 기관이나 단체의 결과에 대한 기여는 상대적으로 작을 수도 있어서 인과관계를 결정하려는 노력을 복잡하게 만든다. 더욱이 정부가 계약자들을 적절히 감시하는 경우에도 투입에만 초점을 두기도 하여 서비스 전달의 실질적인 품질에 대한 정보를 거의 주지 못한다. "우리는 계약자들을 감시하는 일을 잘 수행하고 있다. 우리는 그들이 보유하고 있다고 말한 직원 수라든지 연필이 잘 깎여 있는지 문서가 정확히 작성되어 있는지를 확인한다"라고 한 카운티의 사회서비스국장이 말했다. "우리가 제대로 하지 못하는 일은 계약자의 성과를 평가하는 것이다."[26]

1) 성과 측정을 위한 과학기술 도입

다행스럽게도 기술의 진보는 성과 자료 수집 과정을 단순화하고 간소화해왔으며, 이는 전체 네트워크와 그 개별 파트너들이 얼마나 잘 일을 수행하고 있는지에 대한 분명한 묘사를 정부에 제공해준다. 예를 들어 위스콘신 주의 인력개발부는 계약자들에 대한 성과 정보를 수집하기 위해 데이터 창고(data warehouse)를 활용한다. 데이터베이스는 주정부에 생산적 복지 정책의 모든 과정에 대한 광범위한 정보를 제공한다. 주정부는 계약자가 그들의 성과 목표를 초과했는지 아니면 뒤떨어졌는지를 분석하는 데 이 정보를 활용한다.

애리조나 주의 차량관리부 역시 자료 수집과 분석을 개선하기 위해 기술적 진보를 활용해왔다. 품질보증 그룹과 감사팀을 만들어 성과 계약 조항을 가지고 제3자 제공자들의 준수 여부를 점검한다. 보증 그룹의 전자적 책임성 시스템은 제3자 회사들의 모든 자료를 집중화시켜 정해진 기간 동안 제3자 제공자의 거래 건수에서부터 고객 불만 정보, 고객 처리과정에 걸리

26) William D. Eggers, "Performance-Based Contracting," How-To Guide 17(Los Angeles: Reason Pubic Policy Institute, 1997), p.22.

는 평균 시간에 이르는 모든 것을 추적한다. 이 시스템은 제공자가 주정부를 기만하는 것을 극히 어렵게 만들었다. 비정상적으로 높은 처리건수를 기록하는 제공자들을 자동으로 표시하고, 작업이 적정하게 이루어지는 것을 보장하기 위한 활동보고서를 만들어낸다.

최근까지도 정부 관리자들은 복잡하고 분산적인 조직들의 실시간 성과를 감시할 수 없었다. 그러나 광범위한 정보기술, 네트워킹, 디지털 기록관리 덕분에 서비스와 제품 제공자들이 이제는 서로의 정보를 즉시 볼 수 있다. 계약 점검은 개별 사례별로 이루어질 수 있고, 온라인 보고를 위해 자료를 종합할 수 있다.

예를 들어 개선된 성과 측정과 감시 도구로 인해 아동복지 서비스의 품질과 직원 책임성의 수준을 향상시킬 수 있다. 주정부와 각 기관들이 종종 가정위탁보호서비스(foster care system)를 받고 있는 아이들을 추적하지 못해 여러 곳에서 상당한 추문이 발생해왔다. 현재는 광범위한 디지털 기록관리 도구를 활용하여 기관들이 개별 아동에 대한 관련 정보를 매일 수집할 수 있다. 전자카드, 쌍방향 음성 인식 장치, 인터넷 보고 등을 통해 양부모, 학교 행정가, 보호관찰자, 사회복지사, 의료부조 의사, 상담사 들이 아동과의 접촉을 자료 센터에 알릴 수 있다. 지역사회 기반의 조직에 의해 고용되든 정부에 의해 고용되든 사회복지사는 자신이 돌보는 모든 아동에 대한 전자공지를, 필요하다면 스마트폰으로도 매일 받을 수 있다. 디지털 사진과 위성항법장치(GPS)를 통해 관리자들은 사회복지사가 실제로 정해진 날짜에 정해진 아동을 돌보았는지 추적할 수 있고, 이들 도구는 또한 관리자들이 사회복지사의 결과에 대한 실시간 보고서를 만들어내는 데 도움을 준다. 이런 개선이 직원의 성과에 대한 단서를 찾기 위해 종이 더미를 분류해야 하는 건초더미에서 바늘 찾기 식의 일을 크게 향상시킨 것이다.

2) 고객 만족 자료

오하이오 주 차량관리부는 주정부의 자동차 서비스를 전달하는 200개 이상의 민간 계약자들의 성과를 측정하고 등급을 매기기 위해 고객 만족 자료라는 또 다른 중요한 도구를 활용한다. 차량관리부의 정보시스템을 통해 관리자들은 제공자의 월말 고객 만족 등급을 볼 수 있다. 이 정보는 다른 성과 자료와 함께 차량관리부가 제공자들의 성과를 면밀하게 감시할 수 있게 해준다. 이런 환류를 바탕으로 차량관리부는 매년 성과가 낮은 대략 여섯 제공자들의 계약을 종료한다.

3) 주의사항

네트워크 관리자들은 네트워크가 종종 다른 기관의 정부 파트너를 포함할 수도 있고, 네트워크가 자원흐름을 관리하기 위해서는 시장 메커니즘에 의존하기 때문에 네트워크 규칙이 내외부의 파트너들에게 똑같이 적용되어야 함을 염두에 두어야 한다(Milward and Provan, 2000). 구체적으로 내부의 정부 서비스 원가계산은 투명해야 하고, 품질과 성과 기준이 적용되어야 한다.

더욱이 네트워크 참여는 관료주의 관점이 아니라 파트너십의 관점으로 해석되어야 한다. 예를 들어 1990년대에 인디애나폴리스 시에서는 격리되고 느리고 관료적인 기획부서가 납득할 만한 대응을 적시에 하지 못해 지역사회 개발 파트너 네트워크를 지연시키고 때로는 해를 끼치기도 했다. 파트너들은 시정부의 감독을 필요로 하지 않았다. 그 대신에 이들은 불균형적인 힘을 갖기는 했지만 팀 구성원으로서의 정부 기획자를 필요로 했다. 혼란스럽고 저항적인 정부기관들의 대응에 파트너들의 성공이 의존하는 상황에서 인디애나폴리스 시는 지역 파트너들이 시간계획에 맞추어 성과를 내도록 할 수 없었다.

6. 변화 관리

네트워크의 역동적인 성향은 관리자와 파트너에게 어려운 질문을 던진다. 네트워크가 진행되는 동안 파트너들은 새로운 발견을 하거나 해결책에 도달하고, 기존 관행이 낡았음을 알게 되며, 근본적인 전제가 부정확함을 밝혀내기도 한다(Behn and Kant, 1999). 융통성 없고 시대에 뒤처진 계약 조건의 위험, 그리고 공정하고 경쟁적인 구조와 본래 목표를 유지해야 할 공적 책임 사이에서 정부 관리자들과 파트너들은 어떻게 길을 찾을 수 있을까? 네트워크 정부는 공공부문의 노력을 지속적으로 방해하는 표준적인 운영 관행이 따라붙곤 한다. 정부와 계약자들이 법규의 변화나 경제 상황의 전환에 따라 부적절해질 수 있는 목표를 변경할 수 없게 만드는 제한적이고 장기적인 계약이 그것이다.

네트워크 정부의 복잡성 자체가 네트워크 관계가 성숙함에 따라 파트너들이 좀 더 나은 방법과 추가적인 사실들을 배울 수 있게 해준다. 이처럼 복잡한 구조에서는 성과를 규정하려는 성실한 노력조차도 역동적인 변화를 수용하지 않을 경우 실패하고 만다. 담당 건수, 서비스 수준, 그리고 여타의 측정기준과 관련한 많은 초기의 기준점은 공공부문 회계와 예산체계가 이런 정보를 거의 포착하지 못하기 때문에 종종 '어림짐작'이다.

많은 주에서 가정 내 아동학대 증가의 비극이 널리 알려진 후 아동복지 업무량이 크게 증가했다. 이런 사건의 반복을 막기 위해 사회복지사들은 좀 더 적극적으로 아동들을 가정에서 격리시켜 그룹홈이나 위탁가정으로 보냈다. 결과는? 많은 민간 그룹홈 제공자들이 수요 증가에 압도되었고, 가정위탁보호 서비스가 확대되면서 여유가 없는 양부모들까지도 더 많이 필요하게 되었다. 아동들을 감시하는 사회복지사들은 아동들을 추가로 맡을 수 없는 상황에 이르기도 했다. 각 주에서는 그룹홈과 가정위탁 네트워크를 서둘러 늘리면서 하루 단위로 위탁비용을 치르기도 했다. 그러나 이런 지불 체계는 아동들의 일시적 위탁을 장기화하면서 영속성을 확보하지 못했다. 중요한 의회 개혁안이 주정부로 하여금 1년을 초과하지 않는 가장 적절하고 빠른 시간 내에 영구 거처를 마련할 수 있도록 강제한 후에야 가족 재결합을 장려하는 것으로 계약이 바뀌었다. 교훈은? 상황 변화에도 본래의 계약 조건을 맹목적으로 집행하는 네트워크는 네트워크의 잠재력을 제한한다는 것이다.

한 가지 주의할 점: 정부 네트워크는 유연성의 편익과 파트너를 정직하게 만들 필요성을 비교 검토해야 한다. 매우 빈번하게 민간 파트너들은 유인용저가 계약을 수익성 있는 계약으로 전환하는 계약 변경 명령서를 정당화하기 위해, 계약 후 '발견된 사항' 조항을 활용하면서 고의로 낮게 응찰한다.[27)]

1) 유연성과 책임성의 균형 잡기

네트워크 관리자들은 성과 목표와 기준을 변경해 달라는 지속적이고 부당한 요청을 묵인하지 않고 가능한 한 많은 유연성을 유지해야 한다. 제공자들은 예산을 계획하고 직원을 고용하고 돌봄의 지속성을 확보하기

27) 예를 들어, Karen Robb and David Phinney, "Contracting Shortcuts, Violations Rampant at GSA," Federal Times, April 26, 2004, 그리고 David Phinney, "The Dark Side of Acquistion Reform: Diminished Oversight Leads to Overpricing," Federal Times, April 5, 2004, p.1.을 보라.

위해 몇 가지 확실성을 필요로 한다. 한편 정부가 매년 성과 척도를 바꾼다면 지속적으로 성과를 측정할 수 없게 된다. 이들 겉보기에 모순되는 두 가지 요구의 균형을 잡는 것은 매우 까다롭다. 어떤 관리자들은 정부와 민간부문의 고위 관리자들로 구성된 집행위원회를 설립하여 계약이나 네트워크에 관한 주요 쟁점을 성공적으로 해결한다. 그들의 일은 전략적 목적을 평가하고, 조건의 변화에 따라 미래의 서비스를 조정하는 것이다. 이런 집행위원회는 또한 파트너들 간의 강력한 관계를 구축하는 데 도움을 줄 수 있다. 한쪽 파트너가 발견한 사항이 반드시 정부의 정의나 성과 척도의 변경을 거치지 않더라도 다른 쪽 파트너의 과정 개선을 쉽게 촉발시킬 수 있다. 본래의 계약이 광범위한 목표에 대한 근본적인 가치와 명료함에 충분히 주목한다면 역동적이지만 공정한 과정이 좀 더 빈번하게 이뤄진다. 이렇게 미리 확립된 구조가 있다면 문제와 불일치는 개선을 위한 기회가 된다. 예를 들어 제5장에서 논의된 영국 파트너십이사회는 계약자, 정부관료, 이해당사자가 함께 문제를 해결하고, 갈등을 해소하며, 계약 범위의 확장을 논의하는 포럼을 제공한다.

네트워크의 역동적인 성향을 유지하는 것은 네트워크 구성원들 간의 관계에서뿐만 아니라 때때로 네트워크 자체의 목적에서도 변화가 거듭됨을 의미한다. 시민들은 상이한 방식으로, 그리고 상이한 지점에서 네트워크와 상호작용한다. 네트워크 구성원들이 상이한 정보를 가지고 있고 또한 아마도 다른 네트워크 구성원과 상당히 다른 방식으로 대응한 결과로 불공평하고 비대칭적인 정보가 생산되는 상황이다. 예를 들어 고객들과는 차단된 계약 감시자가 약물치료가 완료되어야 한다고 주장함에도 불구하고 어떤 계약자는 그 약물치료가 아주 일반적이지 않다고 볼 수도 있다. 네트워크가 시민들의 경험을 지속적인 개선으로 연결시킬 조직화된 구조를 갖지 못한다면, 비대칭적인 정보 흐름이 혁신 대신에 긴장과 왜곡을 초래할 것이다.

마지막 장에서 다루고 있는 네트워크의 거버넌스 구조 역시 정책결정자와 기술 전문가들에 의해 주기적으로 검토되어야 한다. 전체 정책을 평가하고 필요한 변화를 만들어내기 위한 정기적인 모임, 월간 재정적 측정기준, 그리고 최종 고객들로부터의 지속적인 환류를 받는 잘 훈련된 계약관리자가 모두 파트너십이 지속적인 개선을 이뤄낼 수 있도록 도움을 준다.

의미 있는 보상체계 또한 네트워크가 효과적으로 변화를 관리하는 데 도움을 준다. 미국 해군·해병 간 인트라넷(NMCI)을 구축할 때, 관리자들은 유연성에 대한 판매사의 요구와 핵심적인 비용 및 성과 목표의 책임을 질 판매사의 의무 사이에서 균형을 맞춰야 했다. NMCI의 책임자인 찰스 먼스(Charles Munns)와 그의 팀은 유연성-책임성 긴장의 균형을 맞추기 위해 새로운 접근방법을 내놓았다. NMCI의 주 계약자인 EDS와의 계약 조항에 높은 고객 만족 수준에 후한 성과급을 제공하기로 명시해놓은 것이다. 해군에는 고객 성과의 개선을 위한 수단을 제공하고 EDS에는 문제를 해결할 재정적 보상체계를 부여하기 위해 설계된 이 과정은 EDS의 노력으로 계약 수익을 훨씬 초과함에 따라 양 당사자를 시험대에 올렸다. 이 사례는 까다로운 계약 변경 없이도 서비스 수준 쟁점을 해결할 수 있는 메커니즘의 필요성을 보여준다. 그런 메커니즘이 네트워크의 역동적인 성격을 유지하는 데 중요하다.

2) 적응관리

적응관리는 유연성과 책임성 간의 긴장을 관리하기 위한 또 다른 유용한 수단이 된다. 환경부문에서 처음 채택된 적응관리는 목표와 목표를 달성하기 위해 파트너들이 선택하는 방법에서의 유연성을 파트너들에게 제공한다. 이러한 모형에서는 프로그램을 종결할 때 성과 목표 목록을 점검하는 것이 아니라, 프로그램이 진행되는 동안 지속적인 환류와 평가로 진척 정도가 측정된다. 하와이 주의 노령화전담부(Executive Office on Aging)는 말기 질병을 앓는 저소득층 노인들을 위한 시한부 환자 간호를 개선하기 위해 공공, 민간, 비영리 제공자들의 네트워크를 형성하면서 책임성 확보 수단으로 적응관리를 활용했다. 코쿠아 마우(Kokua Mau)[28]라는 이 구상은 노인돌봄과 시한부 환자 간호 제공자들이 고객과 그 가족의 편익을 위해 자원을 공유할 수 있게 했다. 노령화전담부의 관리 모형은 네트워크 구성원들이 "잘못된 질문을 받았을 때 목적을 변화시킬 수 있도록 허용해주었다"라고 코쿠아 마우의 프로그램 관리자인 조앤 크로커(Joanne Crocker)가 설명한다. 성과척도를 일상적으로 재평가함으로써 파트너들은 프로그램 관리자들이 좀 더 현실적인 목표를 충족시킬 수 있도록 성과물을 조정해줄 것을 요청할 수 있다. 그리고 개별 제공자들은 비효과적인 프로그램 영역에서 자금을 조달하려고 노력하기보다는 가장 필요한 곳에 돈을 쓸 수 있도록 요청할 수 있다.

노령화전담부는 일관된 비전과 임무에 초점을 맞춘다. 그러나 측정기준을 지속적으로 조정하면서 제공자들을 진정한 파트너로 관리한다. 성과지표와 활동에 대한 정기적인 측정과 평가로부터 수집한 정보는 프로그램 관리의 변화를 야기하거나 기존의 긍정적인 결과를 강화할 수 있다. 예를 들어 프로그램 관리자들은 호스피스 대변인실 구성원들에 의한 수개월에 걸친 발표 이후 코쿠아 마우가 호스피스 프로그램의 인식을 재고했고 고객의 의뢰율을 40%까지 증가시켰다고 언급했다. 코쿠아 마우의 적응관리 모형 덕분에 제공자들은 자신들의 재량권을 활용해 대변인실로 좀 더 많은

28) 말기 환자 보호치료를 위한 하와이의 기구로서 개인과 조직, 병원, 고객, 소비자, 보험 및 호스피스 지지자 들로 구성되어 있다(출처: www.kokuamau.org). — 옮긴이

자원을 보냈다. 원래 자금지원을 받은 고객 주선을 증가시키는 활동보다 더 나은 결과를 얻었기 때문이다.

7. 포트폴리오 방식의 관계 관리

대부분의 정부기관들은 계약을 관계로서가 아니라 당해 기관으로부터 약간의 지원을 받아 조달부서가 수행하는 단 한 번의 개별 업무로 본다. 정부는 관계의 집합을 포트폴리오로 조정하고 관리하는 것은 거의 고려하지 않는다. 좋은 관계 포트폴리오 관리 프로그램의 주된 구성요소에는 통제 체제의 집행, 의존 위험의 최소화, 파트너 성과의 측정, 포트폴리오의 합리화, 비용 감소 기회의 확인 등이 포함된다. 이런 관리 접근방법을 활용하지 않는 기관은 기관의 활동을 유도하는 전략적 틀을 고려하지 않는, 종종 중복되고 때로는 상충하는 계약, 파트너십, 그리고 네트워크를 초래하게 된다.

이것이 테리 쇼(Terri Shaw)가 미국 교육부의 연방학생융자보조국(Federal Student Aid: FSA)의 최고 책임자를 맡았을 때 직면한 상황이었다. FSA는 다양한 판매사들과의 기술계약에 연간 4억 5,000만 달러 넘게 지출했고, 부서 예산의 82% 이상을 외주로 돌렸다. 조정은 거의 이루어지지 않았다. "우리는 여기저기에 판매사들을 두고 있었다. 모두 다른 계약 일정, 다른 계약 조건, 다른 기술 플랫폼, 다른 사업이었다." 쇼는 설명했다. "그들이 갖고 있는 모든 것이 달랐지만 모두 자료를 교환할 필요가 있었다. 나로서는 이해할 수 없었다."

쇼는 이런 혼란스러운 상황을 합리화하기로 결정했다. 그녀는 재정 기획가가 투자 배분을 볼 때 할 수 있는 방식과 상당히 유사하게 FSA와의 서비스 계약 전체를 처음으로 평가함으로써 이런 도전을 해결하려 했다. 쇼는 또한 각 계약이 FSA의 전략적 목표에 맞춰 높은 수준으로 조정되어 있는 정도를 살펴보았다. 이런 작업이 조직들로 하여금 파트너 관계가 타당한지 그렇지 않은지를 평가하는 데 도움을 준다.

"우리는 모든 계약서를 켜켜이 쌓아두었다." 쇼는 말한다. "모양새는 아주 좋지 않았다." FSA는 공급 계약이 서로 얼마나 관련이 있는지 없는지에 대한 좀 더 넓은 시야를 갖고 있지 않았다. 전체 계약을 관리하는 공통 목적을 갖고 있지 않았고 수백만 달러를 낭비한 실패였다. 예를 들어 쇼는 FSA가 어떤 제공자에게는 연체금을 회수하면 보상을 지급하면서 어떤 제공자에게는 학생융자 상환금을 회수하고 처리하면 보상을 지급한다는 점을 발견했다. 이런 파편화가 융자의 전체 주기를 관리할 어떤 보상체계도 불가능하게 만들었다. 그 결과 너무 많은 융자가 연체되었고, 그 뒤 채무불이행이 되었다.

쇼는 교육부가 새로운 시스템을 구축할 인력 인프라도 자금도 없다는 것을 알았다. 그녀는 하나 이상의 판매사가 다수의 계약과 판매사들을 하나의 단일한 계약으로 통합할 것을 제시할 수 있는 곳에 제안요청서를 발부하는 것이 좀 더 나은 접근방법임을 확신하게 되었다. 다수의 판매자들이 운영하는 5가지 별개의 기술시스템이 결국 하나의 시스템으로 교체되었고, FSA의 직접적인 융자서비스 기능, 융자 정리 과정, 1,000억 달러에 달하는 연방 학생 융자 채무에 대한 회수 활동 등을 다루게 되었다.[29] 별개의 계약에 활용된 협소한 기준이 아니라 기간 준수 상환과 연체 회피라는

29) EDS(Electronic Data System)가 신규 융자를 했고, ACS(Affiliated Computer Systems)가 지급 처리를 했고, Raytheon이 회수 요건을 관리했으며, DCS Pearson이 몇 개의 콜센터를 운영했다.

관계 포트폴리오 관리의 이점

▲ 계약 포트폴리오의 최적화
비용 절감을 위한 중요한 잠재력
(지급 메커니즘과 같은) 핵심적인 계약 조항들의 조화
규모의 경제
갱신된 재융자 이득

▲ 조직 설계
운영 개선
수요를 충족시키기 위해 조정된 지원 서비스
일선 서비스 전달에 초점을 맞춰 자유롭게 사용되는 자원

▲ 조달 개선
정부의 충분한 구매 잠재력 활용
유연성을 높이고 조달 비용을 줄이기 위한 틀의 더 나은 활용

▲ 통제 시스템
좀 더 강력한 감사와 통제
우선순위 변화에 대한 정부의 높은 대응성
계약을 효과적으로 재조정하는 데 필요한 증거의 제공

좀 더 큰 쟁점이 계약의 성과 기준이 되었다. 교육부는 이제는 채무불이행 이전에 신용 상담을 필요로 할지도 모를 학생들을 찾아낼 새로운 도구와 정보를 활용하여 신용 위험을 좀 더 잘 관리할 수 있다. 무엇보다도 쇼는 이런 사업방식을 채택함으로써 FSA가 연간 약 1억 달러를 절약할 수 있다고 추정한다.

불행하게도 FSA에서 쇼가 취한 전략적 접근방법을 다른 곳에서는 찾아보기 어렵다. 공공부문이든 민간부문이든 외부 파트너들과의 관계를 관리하기 위해 포트폴리오 접근방법을 활용하는 조직은 거의 없다. 500개 이상

의 영국 런던주식시장의 FTSE 100 주가지수 기업에 대한 조사에서 응답사의 75%는 가장 중요한 외부 관계의 성공을 측정할 체계를 갖고 있지 않은 것으로 나타났다.[30] 민간부문에서 포트폴리오 관리의 이익이 좀 더 잘 이해되면서 이런 관행은 변화되기 시작했다.

1) 의존 위험의 최소화

투자 포트폴리오와 마찬가지로 네트워크와 파트너십의 포트폴리오를 관리할 때의 주된 목표는 위험을 최소화하면서도 전체적으로 최적의 수익을 얻는 것이다. 이는 기관의 전략적 목표와 일관된 포트폴리오 개발을 의미한다(임무와 전략에 관한 상세한 논의를 위해서는 제4장을 보라). 하지만 기관은 포트폴리오에 대한 기관의 의존 위험과 기관에 대한 포트폴리오의 가치 사이에서 균형을 맞춰야 한다. 의존 위험은 조직이 포트폴리오로부터 직면하는 전략적, 운영적, 재정적 위험이다.[31] 예를 들어 만약 어떤 기관의 주된 전략적 목표가 정책에 초점을 맞추는 것이라면, 비핵심적인 기능 모두를 외주로 넘기고자 할 수도 있다. 하지만 그렇게 함으로써 의존 위험이 높아진다. 주요 계약자 중의 하나에게 어떤 일이 발생한다면 기관은 중요한 운영상의 차질 또는 재정적 손실에 직면할 수도 있다. 이런 위험을 대비하거나 완화하기 위한 한 가지 방법은 공급자 관계를 다양화하여 기관이 어떤 하나의 관계에 지나치게 의존하지 않는 것이다. 이런 접근방법은 기관으로 하여금 전략적 목표를 절충하지 않고도 관계를 대체하거나 포트폴리오

30) Deloitte and Touche, 2002 Economic Intelligence Unit Survey of FTSE(London Stock Exchange) 500 Companies, London, 2002.

31) Deloitte and Touche, "Extending the Enterprise: Managing Alliances Successfully," New York, July 2003.

내에 있는 기존 관계를 확대할 수 있게 해준다.

이것이 바로 미국 에너지부가 로스앨러모스(Los Alamos)와 로렌스리버모어(Lawrence Livermore) 핵무기연구소와 로렌스버클리(Lawrence Berkeley) 국립연구소 관리와 관련하여 내린 결정이다. 캘리포니아대학교 시스템은 맨해튼 프로젝트에 참여한 1940년대 초 이래로 정부가 소유하고 계약자가 운영하는 연구소를 운영해오고 있었다. 그러나 최근 지속적인 보안 실패를 비롯한 몇 가지 널리 알려진 곤란한 상황에 대응하기 위해 세 곳 연구소를 관리하기 위한 계약이 모두 처음으로 경쟁 입찰에 부쳐졌고, 별개의 계약으로 입찰될 것이다. 방위산업체, 정부 계약자, 비영리 연구소, 그리고 여타의 대학교들이 이 계약을 위한 경쟁에 줄을 이루었다.

2) 포트폴리오의 합리화

성공적인 파트너십을 위해서는 시간과 자원 투자가 필요하다. 그리고 그 투자에 대한 수익이 파트너십에 참여하려는 결정요인이 되어야 한다. 투자 관점에서 보면 장애율 또는 투자를 하는 데 필요한 기대수익이 공공부문의 경우 때로는 너무 낮다. 마찬가지로 출구전략이 충분하게 행사되지 않는다. 너무도 자주 파트너를 교체하는 것이 과도한 혼란을 초래한다고 믿으면서 정부는 썩 좋지 않은 성과를 받아들인다. 만약 파트너의 성과가 기준에 부합하지 않거나 더 이상 파트너십을 유지할 전략적 의미를 갖지 못한다면, 기관은 파트너십을 종결하는 출구전략이라는 선택권을 행사해야 한다. 전략적 틀과의 일관성을 유지하기 위해 포트폴리오 관리자는 정기적인 검토를 한 뒤 보증된 대로 새로운 파트너십을 추가하고 낡은 파트너십을 종결하면서 포트폴리오를 주기적으로 재구조화해야 한다.

영국의 환경부(Department of Environment, Food and Rural Affairs)는

이런 검토를 하면서 너무 많은 파트너와 너무 많은 수준의 정부가 서비스 전달에 관여하고 있음을 발견했다. 그중 상당수는 중복되어 있고 거의 모두가 통제되지 않고 있었다. "그 관계를 도식화해보면 몇 가지 중요한 문제를 알 수 있다." 환경부의 선임 관리자인 조지 트레벨리언(George Trevelyan)은 설명한다. "우리에게 정말 이 관계에서 이런 수준의 복잡성이 필요한가? 우리가 복잡성을 줄이고 관계의 네트워크를 단순화할 수 있을까?"

이러한 검토가 환경부의 농촌 서비스 체계를 완전히 재설계하도록 자극했다. 활동이 중복적인 것으로 여겨지거나 환경부의 전략 목표에 비춰 그다지 중요하지 않은 상당수의 조직에 자금이 중단되었다.

우리는 이 장에서 실천적인 지침을 제공하려고 노력했지만, 사실 네트워크 정부에서 책임성을 확보하는 것은 과학이라기보다는 예술이다. 네트워크를 활용해 성공하기 위해서는 단순하게 계약서를 집행하는 차원을 넘어서야 한다. 언제 유연해야 하고 언제 단호해야 하는지, 언제 위험을 전가해야 할지, 언제 분담해야 할지, 언제 네트워크에 파트너를 추가해야 할지, 그리고 파트너와 결별해야 할지를 알아야 한다.

성공은 또한 초기부터 네트워크 관리의 올바른 구성요소를 선택하는 데 크게 의존하고 있다. 예를 들어 좋은 기준자료가 없다면, 성과목표는 지나치게 야심 차거나 충분히 대담하지 않을 수 있다. 파트너를 잘못 선택한 정부는 어떤 위험도 네트워크에 전가할 수 없을 것이다. 또한 만약 공무원이 잘못된 통합 모형을 활용한다면 결코 보상체계를 올바로 작동시킬 수 없을 것이다.

이것들은 정부조달 매뉴얼을 참조하면서 다뤄야 할 간단한 흑백논리 문제가 아니다. 성공을 위해서는 급변하는 환경에서 충분한 재량권을 가지고 잘 해낼 수 있는 고도로 숙련되고 박식한 많은 사람이 필요하다. 이런 상황을 이해하는 사람들은 오늘날 정부가 이런 사람들을 충분히 보유하고 있지 못하다는 사실을 널리 인식하고 있다. 하나의 결과는 많은 네트워크 접근방법이 실패했다는 것이다. '사람문제'를 해결하는 것이 다음 장의 주제이다.

제6장의 핵심 내용

주안점

- ▲ 네트워크를 통해 나눠진 권한과 책임과 함께 책임성의 문제가 네트워크 정부의 도전 중의 하나이다.
- ▲ 네트워크 설계자는 그들이 생산하고자 하는 공공재, 그들이 제공하고자 하는 서비스와 산출물, 그리고 네트워크가 달성해야 하는 목표를 규정해야 한다. 설계자는 무엇에 대해 누가 책임을 져야 할지를 결정해야 한다. 정부의 예상은 네트워크가 서비스를 효과적으로 전달하기에 충분하도록 구체적이어야 한다. 그러나 참여자들에게 역효과를 낳는 불필요하게 세부적인 절차를 부과하지는 말아야 한다.
- ▲ 유연한 과정과 결부된 결과의 중요한 가치와 명료성에 대한 강조는 착수자-참여자 관계를 적대적인 관점에서 협력적이고 목표를 공유하는 관점으로 이동시킨다.

위험요인

- ▲ 쉬운 사례를 선별하는 것과 같이 역효과를 내는 행동을 장려하는 보수지급.
- ▲ 성과가 좋지 않지만 평판이 높은 비영리조직에 대한 정치적 지원.
- ▲ 편익보다는 비용이 더 많이 발생하는 위험 전가.
- ▲ 재정적으로 지속 가능하지 않은 모형을 초래하는 나쁜 벤치마킹.

조언

- ▲ 더 공개적인 정보 교환을 장려하고 더 높은 신뢰 수준을 구축함으로써 비용이 많이 드는 사법적 접근방법에 대한 의존을 줄여라.
- ▲ 완전한 책임성에 잘못 매달리면서 유연성을 가로막지 말라. 계약을 비롯한 모든 것은 정적인 것이 아니라 부단한 학습과 적응의 기회가 있는 역동적인 것이어야 한다.
- ▲ 책임성을 확보하지만 혁신도 허용하도록 자격조건을 변경시킬 방법을 제공한다.
- ▲ 바람직한 결과로 이어질 방식으로 기본 보수와 보상체계를 구조화하는 데 유의하라.

사례

- ▲ 오클라호마 주의 역사적 사건: 댄 오브라이언이 오클라호마 주의 지역사회 재생서비스단(CRSU)을 맡으면서 즉시 "왜곡된 보상체계"에 주목했다. 그는 네트워크의 재정적 보상체계를 활동에 지급하는 방식에서 결과를 구매하는 방식으로 전환시켰다. 그 결과 네트워크는 장애인 노동자들에게 더 많은 도움을 주었고, 오클라호마의 원조 문화를 변화시켰다.
- ▲ 뉴멕시코 주 교통부: 주정부 교통장관인 피터 란은 주 도로를 건설하는 회사 집단들로부터 더 많은 가치를 얻고자 했다. 그래서 그는 단지 도로가 아니라 서비스, 즉 20년 보증으로 도로를 생산, 설계, 건설, 유지하는 패키지를 구매했다.

제7장

네트워크 거버넌스 역량 구축

인적자본의 위기는 또한 인적자본의 기회이다. 이는 우리에게 기업가적인 생각을 하는 새로운 기량을 가진 사람들을 정부로 끌어오고, 정부에 고용된다는 것이 무엇을 의미하는지에 대해 완전히 새로운 방식으로 생각하게 하는 기회를 가져다준다.

데이드레 리(Deidre Lee, 미 국방부 획득국장)

정부 관리자라는 직업은 프로그램이나 서비스를 관리하면 되는 비교적 간단한 일이었다. 비록 정치적인 수완을 부리고, 노조와 협상하고, 성난 시민들을 다루는 일이 다소 힘이 들었을 수도 있지만, 일과 직원 수는 상당히 안정적이었고, 예산과 직원이 늘수록 더 많은 권력을 가지게 되었다. 정책 이슈에 대해 조언하거나 공무원들을 잘 관리하면 출세할 수도 있었다. 전문성이라는 것은 규칙적이고, 표준화되고, 고도로 구조화된 방법으로 규칙을 적용하는 것을 의미했다.

그에 비해 네트워크 정부 환경에서 관리한다는 것은 완전히 다른 권한과

네트워크 관리의 주요 요소들

- ▲ 큰 그림을 그리는 사고
- ▲ 코칭
- ▲ 중재
- ▲ 협상
- ▲ 위험 분석
- ▲ 계약관리
- ▲ 전형적이지 않은 문제를 다루는 능력
- ▲ 전략적 사고
- ▲ 대인 간 의사소통
- ▲ 프로젝트와 사업 관리
- ▲ 팀 구축

능력을 요구한다. 기획, 예산, 인사, 그리고 다른 전통적인 정부의 직무뿐만 아니라 네트워크를 활성화, 조정, 안정화, 통합, 관리하는 것과 같은 다른 직무에 대한 숙련도가 필요하다.[1] 이렇게 하기 위해 네트워크 관리자들은 협상, 중재, 위험 분석, 신뢰 구축, 협동, 그리고 프로젝트 관리에서 반드시 적어도 어느 정도 이상 소질을 가져야 한다. 그들은 네트워크 정부에 대한 모든 성가신 도전들을 극복하기 위한 풍부한 지략과 영역의 경계를 넘는 성향과 능력을 반드시 가져야 한다.

따라서 논평자들은 오늘날의 공무원들이 훈련담당 교관보다는 관현악단의 지휘자와 같은 역할을 할 필요가 있다고 얘기하곤 한다. 하지만 이러한 비교는 조금 지나치게 단순하다. 실질적으로는 지휘자에 더하여 계약 조건

1) Robert Agranoff and Michael McGuire, "After the Network Is Formed: Precess, Power, and Performance," in Myrna Mandell(ed.), *Getting Results through Collaboration* (Westport, Conn.: Quorum Books, 2001), p.13.

을 명확히 하고 음악가와 협의하는 관리자와 청중을 공연에 끌어들이는 마케팅 담당자의 역할도 필요하다. 더 깊이 유추하면 바이올린과 같은 분야는 외주를 줄 수 있지만, 관현악단의 절반은 직원일 것이며, 고도로 숙련된 음악가들은 자신의 연주만이 아니라 동료의 연주도 개선할 수 있는 아이디어를 낼 것이다.

아직 공공부문에는 스스로 감독하는 여러 방면에서 다양한 기술을 가진 관리자들이 부족하다. 많은 정부기관들이 네트워크 관리에 필요한 더 세밀한 조건들은 차치하고, 효과적인 계약관리 역량조차 가지고 있지 못하다.[2)] 그러한 역량을 구축하기 위해서는 폭넓은 훈련과 고용전략뿐만 아니라, 완전한 문화적 전환이 필요하다. 이는 '공무원'에 대한 정의 자체의 변화를 요구하는 것이다.

정부가 제공하는 프로그램과 서비스의 수행방식은 지난 40여 년 동안 크게 변화되었으나 공공부분의 고용, 교육 프로그램, 보상 시스템은 그에 따라 적절하게 변화하지 못했다. 네트워크 기술—현재 정부가 크게 필요하거나 중요하다고 평가하지 않는 협업기술—을 가진 사람들이 고용되고, 보상받고, 승진할 필요가 있다. 이러한 기술을 반영하는 새로운 일자리가 창조되고, 낡은 일자리는 폐지되어야 한다. 마찬가지로 새로운 직무분석표는 공무원들이 더 적은 관리감독 계층하에서 더 많은 재량권을 갖고 문제를 해결할 것을 기대하고 또 그렇게 권한을 부여할 것이다(<표 7-1>).

2) 미국의 연방정부 차원에서는 구매 담당 인력은 지난 수십 년간 22%로 하락했다. 미국 감사원 참고. U.S. General Accounting Office, "Acquisition Workforce: Status of Agency Efforts to Address Future Needs," Report to Senate Committee on Governmental Affairs, GAO-03-55(December 2002), p.1.

〈표 7-1〉 네트워크 관리를 위해 필요한 역량과 권한

지위	계층제적 책임	네트워크 정부 책임
최고의사 결정자, 선출직 공무원, 내각 공무원	자원 할당 외부 이해관계자들에 대한 설명 내·외부적으로 비전에 대한 의사소통	공공가치 극대화 핵심적인 정부의 가치와 재능 확인 내·외부적으로 비전에 대한 의사소통
최고운영자, 지휘자	상관(boss) 보호 하위부분의 재량과 실수 제한	관계와 전략 개발 및 관리 고객의 필요를 이해(최고관계형성자)
관리자	규칙 집행 감시	팀 관리 프로젝트와 성과 관리(네트워크 관리자)
일선 공무원	규칙 준수	고객의 문제 해결
조달관	규칙 규정 비사인적이고 엄격한 운영과정 시행	협상 최고의 아이디어 요청 및 통합 외부의 조언 청부
최고 정보관	기술 유지, 전략, 구매 지시	지식과 정보의 보급과 수집 관리

1. 정부 CEO의 역할 변화

공무원 조직을 네트워크화된 정부에 맞게 변화시키는 것은 반드시 위에서부터 시작되어야 한다. 내각의 장관 혹은 기관장 또는 기관의 최고 운영자의 리더십 책무는 네트워크 모형 안에서 확장된다. 그들은 최고 운영자라는 관점에서 공공가치를 평가해야 하며, 가능하다면 '그들만의 세계 밖으로' 눈을 돌려 공공가치를 높이는 데 활용할 수 있는 다른 조직 혹은 메커니즘을 파악해야 한다. 기관의 성과-중심의 목표 최우선('과정'보다는 '산출')을 유지하기 위해 그들은 반드시 가능한 한 최선의 수단으로 기관의 임무를 완수해야 한다. 유능한 리더들은 자가 생산할 것인지 외주를 줄 것인지 하는 결정뿐만 아니라, 어떻게 필요한 역량과 자원을 가진 다른 사람들을 공급망으로 데려올 것인지에 대해 결정하는 방법을 알아야 한다.

예를 들어 주정부 보건복지부 장관의 어려움을 생각해보자. 장관의 인지 여부와 상관없이 장관의 일에서 부서를 운영하는 일은 줄고 더 나은 건강과 사회적 결과를 위해 외주를 주는 일은 늘어나는데, 그 구분은 중요하지만 자주 잘못 이해되고 있다. 공무원에 대한 관리는 더 나은 결과를 얻고자 하는 훨씬 더 큰 목표를 달성하기 위한 수단에 불과하다. 오늘날 공공부문의 지도자는 노 젓기에서 방향 잡기로, 실행가(doer)에서 조력자(enabler)로의 변화된 임무를 기꺼이 받아들일 필요가 있을 뿐만 아니라, 공무원과 일반 대중에게 이를 분명히 설명할 수 있어야 한다.[3)]

이러한 변화를 실행하는 것이 말처럼 쉽지는 않다. 예를 들어 1995년 미군기지 폐쇄의 마지막 단계에서 대부분의 지방 및 연방 공무원들은 주어진 형식주의적 관료제 모형을 벗어나지 못했다. 이를테면 어떻게 미군기지와 같은 부동산을 포기할지, 그리고 명령체제 내에 있는 수많은 사람들을 어떻게 보호할 것인지와 같은 문제에 관심이 있었다. 한 사람의 지도자 존 록하드(John A. Lockhard) 장군이 그 상황을 바꿨다. 그는 더 넓고 핵심적인 질문을 하기 위해 합병에 대한 단편적인 시각을 거부했다. "사용 가능한 예산하에서 무엇이 국방력을 극대화할 수 있는 최선의 방법인가"라는 질문을 통해 록하드 장군은 그를 위해 일하는 사람들로 하여금 그들의 시각을 바꾸게 했다. 그들은 단지 정부의 업무를 이곳에서 저곳으로 이관할지 말지를 결정하려고 노력하는 대신에, 어떻게 하면 민·관 파트너들의 네트워크가 시설을 맡아 적은 비용으로 해군의 업무를 수행할 수 있을지 여부를 고민했다. 이러한 폭넓은 시각은 인디애나폴리스 시와 미국해군으로 하여금 더 적은 비용으로 더 효율적으로 필요한 공학적 요소들을 계속 산출할 수

3) David Osborne and Ted Gaebler, *Reinventing Government*(Reading, Mass.: Addison-Wesley, 1992), introductory chapter.

있도록 하기 위해서 도시에 자리한 미국해군항공센터(the Naval Air Warfare Center)를 어떻게 사용할 수 있을 것인지에 대한 아이디어를 민간부문에 공식적으로 요청하는 결과를 초래했다. 그 결과 민·관의 자원과 계약이 굳게 결합해 구성된 미국에서 가장 넓은 민영화된 기지인 미국해군항공센터는 수백만 달러를 절약했고 그 성과를 향상시켰다.

조지 W. 부시 대통령은 2002년 연두교서에서 국가자원봉사단체인 미국자유봉사단(USA Freedom Corps) 설치를 발표했을 때 유사한 도전에 직면했다. 지난 세기의 전환기마다 미국 대통령들은 시민들이 국가를 위해 봉사할 것을 역설해왔고, 그 과제 수행을 위해 정부 차원의 수단을 제공해주었다. 1930년대에 프랭클린 루스벨트(Franklin D. Roosevelt) 대통령의 국가자원보존단(National Conservation Corps) 창단을 시작으로, 케네디 대통령은 1960년대에 평화봉사단(Peace Corps)을 창단해 이러한 경향을 유지했고, 존슨 대통령은 미국 비스타(Volunteers in Service to America: VISTA)라는 국내용 평화봉사단을 출범시켜 그 기조를 확장시켰다. 그리고 1990년 클린턴 대통령은 아메리코(AmeriCorps)[4]를 창단하고 국가·지역사회봉사단(CNCS) 법인하에 비스타를 둠으로써 국내에서 정부가 지원하는 자원봉사 서비스를 크게 확장했다.

대통령의 행정명령으로 설립된 미국자유봉사단은 한 가지 중요한 측면에서 이러한 이전의 노력들과는 근본적으로 다르다. 그것은 프로그램도, 기관도 아닌 조정협의회였다. 대통령은 자원봉사 서비스에 미국 청년들을 참여시키기보다는 각 개인이 전국적으로 지역사회봉사를 확산시킨다는 목표를 달성할 수 있는 폭넓은 기회의 네트워크를 만드는 임무를 미국자유봉사단

4) 미국 내 지역사회 봉사단체. 회원들은 집짓기, 집수리, 공원청소 등을 하고 학비를 지원받기도 한다. — 옮긴이

에 부여했다. 이 새로운 조직으로 인해 목표 달성을 위해 대규모 정부관료제를 만드는 것은 피할 수 있었다.

그 대신 부시 대통령은 국민과 민간 및 비영리부문과 국가의 주요 활동가들이 자신의 비전을 주목할 수 있게 했다. 부시 대통령은 그가 신뢰하는 수석 보좌관 존 브리지랜드(John Bridgeland)가 이끄는 소규모 백악관 참모진에게 이러한 도전에 대처하도록 했다. 참모진은 일련의 네트워크—이미 이용 가능한 서비스를 다시 만들어내기보다는 그 서비스에 대한 접근을 촉진하는—를 형성하고 활성화함으로써 이를 수행했다. 예를 들어 자원봉사를 장려하기 위해 웹사이트를 만들고 관리하는 데 수백만 달러를 쓰는 대신에, 미국자유봉사단은 미국 사람들이 자신의 지역사회에서 자원봉사 기회에 대한 정보를 찾을 수 있도록 파트너들의 홈페이지에 대한 디지털 프런트도어(frontdoor)를 제공했다.

대부분의 대중 지도자들은 관리자들과는 대조적으로, 이미 대부분의 시간을 조직의 외부를 살펴보는 데 쓰고 있다. 그들은 유사한 영역에서 일하고 있는 다른 사람들의 활동, 그리고 정부와 파트너 관계인 다른 집단들의 관심에 대한 지식을 확장하기 위해서 이러한 외부 업무를 지렛대로 사용할 수 있다. 미국자유봉사단의 단장으로서 브리지랜드는 재단, 대학, 모범기업 시민, 학교, 전국적인 조직 들을 모두 포함한 광범위한 네트워크를 만들기 위해 자기 임기의 2/3를 유력한 자선단체의 활동가들과 재계를 연결하는 데 사용했다. 부단장 론 크리스티(Ron Christie)는 미국자유봉사단의 직접 통솔권이 미치지 않는 다양한 정부기관과 조직을 통합시켜 공동의 노력을 이끌어냈다.

이와 유사하게 런던광역시의회의 전 의장인 웬디 톰슨(Wendy Thompson)은 임기의 60%를 네트워크와 파트너십 접근방법을 활용해 지역 기업들과 비영리조직들과 함께 일하는 데 사용했다. 그렇게 하는 것은 범죄를 줄이는 것으로부터 경제발전을 향상시키는 것에 이르기까지 최고의 전략적 목표의 대부분을 달성하는 데 결정적인 것이었다고 그녀는 말했다.

하지만 이들은 예외이다. 정부에서 관리자들은 여전히 전형적으로 기존 정부 구조에 정치적 또는 이해관계자 지원을 제공하고 관련된 일을 처리하는 데 주로 관심이 있다. 파트너십 장치를 관리하고 촉진하는 데는 거의 시간을 쓰지 않는다. 미국 감사원에서 공급과 조달 문제를 총괄하는 잭 브록(Jack Brock)은 "정부 내에서 계약자를 관리하는 일을 수행하는 사람들은 실제로 그 일에 관심이 있는 사람들이 아니다"라고 말한다. 계약관리는 조직에서 경시되어왔고 응당한 관심을 받지 못한다. 대부분의 업무를 외주하는 에너지부와 미국항공우주국과 같은 기관에서조차 기관의 고위 지도자와 계약 행정가들 사이의 단절이 존재한다고 브록은 말한다. 변화가 필요하다.

변화를 가져오기 위해 최고경영자들은 이러한 새로운 환경 속에서 일을 잘 해낼 수 있는 공공 관리자들—인디애나폴리스 시의 전 기업지원부 국장이자 부시장인 스킵 스티트(Skip Stitt)와 같이 폭넓은 기반이 있고, 종종 상업적이며, 많은 부분들이 역동적으로 움직이는 프로젝트들을 관리한 경험을 갖고 있어 더 큰 공공가치를 볼 수 있는 사람들—을 고용해야 한다.

2. 최고 관계 책임자(chief relation officer: CRO)

1990년대 중반 스킵 스티트가 인디애나폴리스 시의 기업지원부를 맡았을 때, 그는 수십 개의 민·관 경쟁, 외주계약, 내부적 조직 재설계 노력, 그리고 파트너십을 통해 시가 발전시킨 관계의 전체적인 포트폴리오를 감독했다. 그는 아마도 항상 직접적으로나 간접적으로 소수의 복잡한 민·관 네트워크뿐만 아니라 수십 개 혹은 더 많은 계약을 감독했을 것이다. 그와 그의 소규모 참모들은 평가, 선택, 전환, 계약관리에 이르는 정부조달 구성요소의 순환주기에 대한 거의 모든 정책과 의사결정을 관리했다.

이러한 유리한 위치에서 스티트는 어떤 개별 계약관리자들보다 시가 가진 제3자 관계의 배열에 관한 넓은 시야를 가졌고, 계약을 관리하는 시의 기관들을 실질적으로 점검할 수 있었다. 그는 어떤 계약이 잘 이루어졌고 어떤 계약이 그렇지 못했는지 그리고 왜 그런지에 대한 충분하고 객관적인 평가를 제공할 수 있었다. 지난 수년 동안 허둥지둥 이루어진 일부 계약과 관계는 스티트의 기업가적 관점에서는 이해할 수 없었다. "일을 제대로 하려면 당신은 현재의 정부를 구성하는 역사적 모형에서 벗어나야 한다"고 스티트는 설명했다. "만약 당신이 전통적인 방법으로 기관과 서비스 부서에만 초점을 맞추고 있다면 당신은 돈을 절약하고 서비스 전달을 향상시키기 위한 엄청난 기회들을 잃어버리게 될 것이다."

예를 들어 스티트는 행정 서비스를 지적했다. 역사적으로 시의 모든 부서에는 자체적인 내부 공급자들이 있거나 택배회사, 우체국, 마이크로필름 공급자, 인쇄, 복사, 그리고 팩스 등 외부업체와 관계를 가지고 있다. 계약뿐만 아니라 조직 내의 역량 모두를 전체적으로 보았을 때, 많은 시의 기관들을 '통합하고' 모든 다양한 서비스들을 조정하는 전문적인 기술을 가진 단일한 납품업자를 찾는다면 시는 더 큰 규모의 경제를 달성하고 관리의 골칫거리를 줄일 수 있다는 것을 스티트는 알아냈다. "이것은 홈런이었다"고 스티트는 말했다. "우리는 우리가 인쇄, 복사, 팩스, 우편서비스를 하나의 공급자로 통합할 수 있고 엄청난 액수를 절약할 수 있다는 것을 발견했다."

또한 최고 관계 책임자는 반드시 조직이 가진 다수의 계약, 파트너십, 그리고 네트워크의 성과를 향상시킬 수 있는 기회를 지속적으로 찾아야 한다. 이러한 난관을 극복하기 위해 스티트와 그의 팀은 시의 외주계약과 경쟁 프로젝트들에 대한 성과와 위험평가(initiative management reviews: IMR)이라고 불리는 성과와 위험 평가를 정기적으로 수행했다. 이것의 목적은 주어진 서비스에 대해 현재 체결된 자원, 인사, 절차, 그리고 감독 시스템이 적절한지를 규명하는 것이었다. 또한 검토팀은 성과지표를 분석했고, 실제 성과와 성과지표를 비교했다. 그들은 필요한 경우 기존 지표의 변경을 권고했다. 석 달 정도 시행한 주차집행계약에 대한 성과와 위험 평가 결과, 기대했던 것보다 계약자의 생산성이 낮은 것으로 나타났다. 잘못은 시 — 설비 실패와 비축물의 수리 — 와 계약자 — 고용과 훈련의 문제 — 모두에 있을 수 있었다. 성과와 위험 평가팀이 이 문제를 강조한 직후, 계약자는 급격한 생산성 향상을 보여주었다.

어떤 프로젝트를 우선 재검토할 것인지를 정하기 위해서, 스티트와 그의 성과 및 위험 평가팀은 계약의 규모, 잠재적인 문제점, 계약의 복잡성 수준, 프로젝트에 관련된 위험 등을 살펴보았다. 프로젝트 불이행의 위험이 높을수록 먼저 재검토가 이루어졌다.

스티트가 인디애나폴리스로 오기 전에 겪었던 이전의 경험들은 그를 유능한 최고 관계 책임자로 만들었다. 그의 상업적 경험이 복잡한 거래의 본질을 이해하는 데 도움을 주는 한편, 그가 가진 법률적 배경은 그를 곤란한 계약상 문제의 핵심에 더 빨리 도달할 수 있도록 도왔다. 게다가 그는 이 직업에 적합한 개인적 특성 — 달성되어야 할 필요가 있는 것에 대한 분명한 비전, 일선에서 이루어져야 하는 것에 대한 심도 있는 지식, 언제 유연해져야 하고 언제 엄격해져야 하는지에 대한 올바른 판단, 그리고 강력한 설득과 협력 기술 — 을 가지고 있었다.

3. 네트워크 관리자

기관들은 너무 자주 계약이나 네트워크 관리를 조달 업체에 선가시킨다. 네트워크화된 환경에서 계약과 관계 관리는—다른 부서로 떠넘길 수 있는 분리된 것이 아니라—프로그램 관리와 유사하다. 공무원들은 계약자 혹은 정부 고용인들이 실제로 하는 일에 기초해서가 아니라 기관의 임무를 위한 업무의 중심에 기초해 계약관리를 어디에서 해야 할지를 결정해야 한다. 물론 네트워크는 다른 정부기관들에 의해 지원되겠지만, 한 업체와 일괄 감독 계약을 체결하기보다는 해당 임무에 가장 많이 관련된 개인에게 감독을 맡겨야 한다. 이러한 네트워크 배치는 단순한 계약 감시자가 아니라 '관리자'를 필요로 한다.

네트워크 관리자는 일상적인 네트워크 활동을 감독한다. 이 지위에 있는 사람은 누구나 최고 관계 책임자가 사용하는 시간보다 훨씬 많은 시간을 현장에서 보내게 될 것이다. 하지만 성공을 위해 네트워크 관리자는 반드시 협조한 필수 진행조건들 이상을 볼 줄 알아야 한다. 그는 반드시 정부의 큰 그림을 분명하게 이해해야 한다.

네트워크 모형을 관리하는 것은 또한 전형적인 공공 관리자의 경험에 의해서는 일반적으로 개발되지 않는 태도와 행태를 요구한다. 계층제적 조정에 익숙한 많은 공공 관리자들은 각 부서의 네트워크에서 이루어지는 간접적이고 협상된 조정이 아마도 불편할 것이다. 네트워크의 특성인 지속적인 변화를 어떻게 파악하고 적응해야 하는지 익숙하지 않은 사람도 있을 것이다. 이러한 환경 내에서 관리를 하기 위해서는 유연성과 적응성, 언제 요구를 듣고 언제 이끌어갈지에 대한 구별 및 이해, 그리고 보편적인 기준에 반해 여전히 높은 수준의 성과를 관리하면서도 변화와 유연성이 필요함을 이해하는 것이 요구된다. 이들 중 쉬운 것은 하나도 없다. 전략적 지식과 강력한 중간역할(bridge-building)과 영역확장(boundary-spanning) 기술의 조합을 필요로 한다. 네트워크 관리자는 반드시 파트너십 관계, 결과를 얻기 위한 환류 체계의 공식화, 그리고 민·관 부문 모두를 가로지르는 성과 검토 등을 동시에 관리해야 한다. 여기에는 관련된 수많은 잠재적 위험요소들이 있으며, 이는 아무리 훌륭한 사람을 고용했다 하더라도 몇 년 동안은 이 일에서 탁월한 역량을 발휘하지 못한다는 것을 의미한다.

새로운 관리자들은 외주 협상에서 불가피하게 나타나는 계약에 대한 변경을 승인하거나 거절하는 어려운 임무를 반드시 다루어야 한다. 몇몇 입찰자들은 터무니없이 싼 가격으로 입찰하고 그 이후에 절차를 변경하는 방법을 통해 정부를 이용하려고 할 것이다. 좋은 관리자들은 이런 일을 용납하지 않는다. 그들은 민간 파트너들에게 맞설 방법과 시기를 안다. "만약 파트너가 직무를 제대로 이행하지 않고 있다면, 당신은 업체 경영진을 상대해야 한다. 당신은 이러한 일을 잘할 수 있는 경험 있고 박식한 사람이어야 한다"고 국방부 공무원은 분명하게 말한다.

이러한 도전을 고려할 때 어떤 사람이 좋은 네트워크 관리자인가? 우리의 경험에 의하면, 몇 가지 자질이 필요하다. 그들은 매우 체계화되어 있다. 그들은 강력한 구두 의사소통 기술을 가지고 있다. 그들은 '우리가 항상 해오던 방식의 것'이라는 틀을 따르기보다는 창의적으로 생각한다. 그들은 문제를 해결하는 것에 고도로 숙련되어 있다. 그리고 그들은 어떻게 윈-윈(win-win) 상황을 만들지를 안다.

정부는 서비스나 프로그램이 이전에 내부에서 수행될 때 운영해본 사람에게 네트워크 관리자 일을 맡기곤 한다. 이러한 접근이 때로는 효과적일 때도 있다. 결국에는 이러한 개인들은 공급자들이 성공하도록 돕기 위해 서비스에 대한 자신의 풍부한 지식을 활용해야 한다. 하지만 불행히도, 이것은 예외적인 경우이다. "새로운 공급자를 감독하기 위해 활용한 현직자들의 평균적인 개별 성과는 낮았다"며 "일반적으로 다른 영역으로부터 영입한 관리자들이 더 나은 결과를 가져왔다"고 스티트는 설명했다. 그 이유는 단순했다. 일부 현직자들은 파트너가 성공하는 것을 원하지 않았던 것 같았다. 왜냐하면 그들은 파트너십의 실패가 그들에게 예전 업무를 되돌려줄 수 있는 최선의 방법이라고 잘못 믿고 있었기 때문이다. 또한 혹자는 네트워크 자체의 필요성에 대한 논의를 봉쇄하기 위해 자신들만의 모범경영의 의미를 강요했을 것이다.

어떤 경우에도 네트워크 관리자는 공명정대하게 행동하고, 민간 파트너들에게 존중받는 경험이 많은 사람이어야 한다. 관계 관리자와 그 상대방 간의 의사소통이 긴밀해질수록 양자의 이익과 기관의 임무 수행을 향한 문제의 해결은 더욱 빨라진다. 가장 좋은 것은 프로젝트에 기반을 둔 팀에서 정부 집행관은 파트너의 집행관과 동조하는 것이다. 심지어 영국의 일부 지방정부들은 의회의 법인 관리팀에 그들의 전략적 파트너들을 포함시키기도 한다.[5)]

좋은 평가를 받는 공무원들은 자신의 사무소만을 돌아보는 것이 아니라 파트너의 사무소까지도 함께 돌면서 관리한다. 그들은 네트워크의 모든 측면을 살피며, 약한 연결고리와 강한 연결고리 모두에 대한 경계를 늦추지 않는다. 해군성이 인디애나폴리스 시에 있는 미국해군항공센터의 운용을 휴스사(Hughes Corporation)에 넘기면서, 프로그램 관리자로서 민간 계약자들을 감독해왔던 장기 근무 정부 공무원들은 이제 민간 고용인으로 바뀌게 되었다. 그들의 가장 큰 불만은 무엇이었을까? 이러한 헌신적인 일꾼들은 민간 소유권자에 대해서 불평하지 않았다. 오히려 그들은 비생산적인 계약

5) Strategic Partnering Task Force, "Rethinking Service Delivery: Volume Five"(London: Office of the Deputy Prime Minister, December 21, 2003), p.18.

조항들을 강요할 시간은 있고 설비를 방문할 시간은 없는 그들의 새로운 정부 계약관리자들에 대해 불만을 가졌다.

4. 조달관

전통적으로 성공한 조달관이 되기 위해 가장 중요한 자격조건은 모든 규칙들을 알고 그 규칙들을 편향됨 없이 따르는 것이었다. 하지만 이제 더 이상은 그렇지 않다. 구매 담당 공무원들은 단순한 구매자 혹은 절차관리자 이상의 역할을 해야만 한다. 규칙과 절차에 대한 확고한 지식만으로는 더 이상 충분하지 않다. 조달 공무원들은 현재의 상황을 향상시키기 위한 지속적인 노력으로 매일 개인적인 의견과 판단을 내리고, 정부 내·외부의 핵심 주체들로부터 아이디어를 획득하고, 구성요소들의 적절한 혼합을 탐색하는 것으로 자신의 업무를 이해해야 한다. "전형적인 정부 구매 담당자의 옛 시절은 끝났다"고 국방부획득대학(the Defense Acquisition University: DAU) 훈련소의 행정과 서비스부장인 조지프 존슨(Joseph Johnson)이 말했다. "미래의 일꾼은 규칙에만 얽매어 있을 수 없다. 구매는 더 이상 공급을 관리하는 것만이 아니다. 구매는 공급자들을 관리하는 것에 관한 것이다."

미군의 구매 담당자 13만 2,000명을 이러한 새로운 환경에 대비시키기 위해 DAU는 훈련 커리큘럼을 완전히 개편했다. 한 가지 중요한 변화는 조달 공무원이 자신의 계약자들과 두었던 전통적인 적대관계와 거리감이 더 이상 작동하지 않을 것이라는 점을 획득 담당자들에게 이해시키는 것이었다. 그것은 너무 많은 혼란과 오해를 야기하고, 파트너와 지속적으로 일하기 위해 필요한 신뢰의 구축을 어렵게 한다. 이러한 문제를 고치기 위해 DAU는 대부분의 훈련과정에 계약자의 대표들을 포함시켰다. 계약자들은 정기적으로 수업 토론에 참여했고, 국방 조달 공무원들은 역할극에서 계약자의 역할을 맡았다. 이것의 목표는 조달 공무원들이 다른 측면을 잘 이해할 수 있도록 돕는 것이다. "만약 당신이 평생 동안 정부조달 공무원으로 일했다면, 정말 좋은 조달에 대해 작성하기 어려울 것이다. 당신은 민간부문이 할 수 있는 것에 대해 잘 이해하지 못하기 때문이다"라며, "우리 훈련과정에서 공무원들은 계약자가 파산할 수 있다는 것을 배운다. 이것은 상식 같아 보이긴 하지만, 많은 계약 공무원들이 이전에는 크게 고려하지 않았던 중요한 것이다"라고 존슨은 설명했다.

일부 기관들은 조달 부서를 다른 곳에서는 일을 잘하지 못하던 인력을 처리하는 쓰레기 하치장으로 활용함으로써 문제를 악화시킨다. 조달 공무원의 역할을 정부 먹이사슬 안에서 위로 끌어올릴 필요가 있다. "똑똑한 구매자가 된다는 것은 회사보다 우수한 생각을 할 수 있다는 것을 의미한다"고 미국항공우주국의 부수석 엔지니어인 리엄 사르스필드는 말했다. "유능한 젊은 사람들이 이 직업에 고용될 필요가 있다. 한 가지 긍정적인 움직임은 재무부, 미국항공우주국, 그리고 에너지부 등 몇몇 연방기관들이 대학들로부터 최고의 훌륭한 인력을 안정적으로 공급할 수 있는 권위 있는 계약 인턴십 프로그램을 만들었다는 것이다."

5. 새로운 거버넌스 공무원

지난 40여 년 동안, 고위 공무원 수는 똑같거나 증가했지만, 미국 연방 일선 공무원 수는 줄어들었다. 1997년 역사상 처음으로 중간 수준 연방공무원(63만 8,427명)이 일선 공무원 수(59만 4,126명)를 앞질렀다(Light, 1999: 8). 브루킹스연구소의 폴 라이트 연구원은 이러한 통계를 장관과 FBI 요원,

고객 관리관, 식품 검사관, 실제 서비스를 전달하는 일선 종사자 사이에 점점 더 많은 계층을 쌓음으로써 연방정부를 '두껍게 하는' 예로 인용했다. 하지만 이처럼 두꺼워지는 현상은 또한 제3자 서비스 공급을 향한 변화에서 나온 것이다. 『글로벌 관리 혁명(The Global Management Revolution)』이라는 책에서 도널드 케틀은 "서비스 공급에서 공무원들에 덜 의존하고 민간 계약자들에게 더 많이 의존하는 정부는 낮은 수준의 종사자들을 점점 줄여, 직접적인 서비스 공급을 위해 고용한 사람들보다 기술을 가진 전문가들을 비율적으로 더 많이 고용하려는 경향을 가질 것"이라고 설명했다.[6] 이와 유사한 경향이 민간 산업에서 관측된다. 관리의 권위자인 피터 드러커(Peter Druker)는 "기업은 결국에는 고급관리자로 승진하는 데 도움이 되지 않는 모든 기능을 외주할 것이다"라고 주장했다.[7]

1) 진화하는 역할

이런 추세를 고려할 때, 정책 목표를 달성하기 위해 네트워크를 점점 더 많이 활용하는 정부 내 일반적인 공무원의 진화하는 역할은 무엇인가? 일부 공무원들은 일선 업무에서 공급자 관리(vendor management)로, 그리고 노 젓기에서 방향 잡기로의 전환을 요구받게 될 것이다. 많은 사람들에게 이러한 변화는 쉽지 않을 것이며, 일부에게는 불가능한 일이 될 것이다. 예를 들어 사회 서비스 영역에서는 점점 더 많은 복지 및 아동복지 서비스가 민간 공급자들의 네트워크로 외주를 주면서 많은 사회복지사들이 계약

6) Donald E. Kettl, *The Golbal Public Management Revolution: A Report on the Transformation of Governance*(Brookings, 2000), p.22.

7) Brent Schlender, "Peter Drucker Sets Us Straight," *Forture*, December 29, 2003.

감독자로 재분류되고 있다. 이러한 복지사들은 종종 새로운 일에 실패한다. 계약을 관리하는 것은 실직한 부모를 위해 일하는 것과는 완전히 다른 사고방식과 일련의 기술(학교에서 사회복지에 대해 일반적으로 배우는 기술들)을 필요로 한다. 캔자스의 많은 사회복지사들은 이러한 변화를 심리적으로 받아들일 수 없었고, 대신 그들이 가장 잘 아는 분야인 사례 관리로 돌아갔다. 그러나 주정부가 이미 사례 관리 의무를 주정부가 사용하던 절차와 다른 절차들을 사용하는 비영리단체들에 부여했기 때문에 정부가 세부사항까지 통제한다는 공급자들의 불만이 표출되면서 양측 사이에 심각한 긴장이 발생했다. 하지만 제6장에서 보았던 오클라호마 주의 역사적 사건 사례에 대한 논의에서 나타난 것처럼, 숙련된 계약관리에 종사한다는 새로운 아이디어에 열린 마음을 가진 정부 전문가들에게는 엄청난 기회가 존재한다.

이 문제에 대한 또 다른 해결책은 더 나은 훈련을 실시하는 것이다. 위스콘신 주 랭글레이드 카운티는 복지와 아동복지 서비스를 외주계약한 후, 카운티의 사회복지사들에게 계약관리를 위한 훈련을 제공하기 위해 지역에 있는 대학과 파트너십을 시작했다. 사회복지사들은 좋은 성과 목표를 설정하는 것부터 외부 공급자가 집행성과에 책임지도록 하는 것에 이르기까지 모든 강의와 훈련을 받았다.

하지만 아무리 최고의 훈련을 한다 하더라도, 일부 공무원들은 스스로 업무를 수행하는 것에서 업무 수행을 보장하는 것으로 전환하는 것이 불가능하거나 내키지 않아 할 것이다. 결국 새로운 환경에서 이런 사람들이 할 수 있는 역할은 거의 없다. 네트워크 정부의 핵심은 지식과 정보를 광범위하게 공유함으로써 더 나은 결과를 이끌 수 있다는 명제이다. 모든 수준의 정부 근무자들은 모든 것을 외부와 단절된 상태에서 해결하려고 시도하는 것이 아니라, 문제를 발견하고 해결책의 원천에 연결하는 '지식

근로자(knowledge workers)'가 되어야 한다. 기술이 정부 내 대부분의 일상적이고 낮은 수준의 기능을 대체함에 따라, 주로 주의 깊게 자료를 통제하고 필요할 때만 발표하는 것이 주요한 역할인 낡은 접근방법에 빠져 있는 공무원들은 폭넓은 판단, 유연한 접근방법, 지식 공유가 문제해결의 수단으로 두드러지는 환경에서 자신도 모르게 직업을 잃게 된다. 역으로 앞서 가게 될 공무원은 과정 대신 성과를 관리하고, 문제를 해결하기 위해 기술과 네트워크를 활용하며, 자기 기관을 목적 자체로 보기보다 목적, 즉 임무를 달성하기 위한 수단으로 바라보는 사람들이다. 특히 네트워크화된 정부 환경에서 성공하게 될 것이라고 우리가 믿는 유형의 사람은 '연결자(connectors)'이다.

2) 연결자들

맬컴 글래드웰(Malcolm Gladwell)은 그의 베스트셀러인 『티핑 포인트(The Tipping Point)』에서 '연결자(connector)'의 개념을 소개했다. 이들은 몇 개의 아주 다른 세계를 힘들이지 않고 확장시키고, 이질적인 환경의 사람들을 맺어준다. 네트워크화된 세상에서 정부는 더 많은 연결자들—공공, 민간, 그리고 비영리부문을 가로질러 관계를 형성시킬 수 있는 배경과 기질을 가지고 있고, 상호 이익이 되는 네트워크를 형성할 수 있도록 이러한 관계들을 지렛대로 삼는 사람들—을 필요로 한다. 좋은 연결자는 누구를 테이블로 불러야 하고 어떻게 부분의 합을 전체보다 크게 할지 식별하는 데 도움을 받기 위해 좁은 상자 밖을 본다.

행크 헬턴(Hank Helton)은 글래드웰의 연결자 중 하나이다. 그는—처음에는 사우스이스트 커뮤니티 캐피털(Southeast Community Capital)이라는 지역사회개발회사의 주주 중 한 명으로, 그 후 내슈빌의 주택지원국(Office of Affordable Housing)의 책임자로—공공, 민간, 그리고 비영리조직 간의 협력을 구축하는 데 평생을 바쳤다. 사우스이스트 커뮤니티 캐피털은 테네시, 켄터키, 웨스트버지니아 주에 있는 경제적으로 침체된 지역에 생기를 불어넣는 비영리조직과 영리사업을 위한 벤처캐피털과 같은 역할을 한다. 헬턴은 일찍이 자신의 업무에서 영역을 가로지르는 관계의 네트워크를 형성하지 않고서는 성공할 수 없다는 것을 배웠다. "시장 진출과 자금조달을 위해 우리는 연속적인 전략적 파트너십을 개발해야만 했다"고 헬턴은 말했다. 그는 침체된 지역 경제에 성장을 촉진할 수 있는 사람—시장, 주와 지역 경제개발기구, 지역상공회의소, 개발자, 계약자, 은행 간부 등—누구나와 파트너가 되려고 했다. 그의 성공 대부분은 서로 다른 사업 환경을 가진 사람들을 뭉치게 하고 상호 이익을 위해 활동하게 하는 관계를 끌어내는 그의 능력에 의한 것이었다.

내슈빌 시에서 일했을 때 그는 시에 더 많은 서민주택을 공급하기 위해 온갖 계층의 사람들—부동산 중개업자, 저가주택 옹호자, 은행, 공공주택기관, 개발자, 지역사회개발회사, 그리고 여타의 기관 등—과 함께 협력해 일하면서 민간부문에서 터득한 기술과 관계를 활용했다. 헬턴은 또한 영역을 가로지르는 해결책을 강구하는 것은 다른 사람들의 자산을 존중하는 것에 크게 좌우된다는 것을 이해했다. 영역을 가로지르는 사업들을 어떻게 유연하게 운영하는지를 앎으로써, 그는 필요한 연결망을 조성하기 위해 요구되는 지식을 얻을 수 있었다. 정부가 점점 더 네트워크화된 모형으로 변화함에 따라 헬턴 같은 사람들—팀 기반의 프로젝트 지향적인 환경에 있었고, 잘 경청하고 솔선수범하며 큰 그림을 이해하는 사람들—을 더 많이 이끌어내는 것이 효과적 거버넌스의 성패를 좌우할 것이다. 고도로 발전된 계층제적이고 독재적인 일상 직원 감독기술을 가진 과도한 관료제 환경에서 온 사람들은 일반적으로 연계 또는 연계를 촉발시키는 폭넓은 비전을 통한 부가가치를 거의 창출하지 못한다.

하지만 좋은 연결자가 반드시 민간부문 출신일 필요는 없다. 리사 그레고리오(Lisa Gregorio)는 미국자유봉사단을 위한 지역 주민봉사단(Citizen Corps) 국토방위위원회를 단 몇 달 내에 만들 책임을 맡았을 때 이를 입증했다. 미국연방재난관리청(Federal Emergency Management Agency: FEMA)의 20년 경력 베테랑인 그레고리오는 이전에 주, 지역, 그리고 지방수준의 정부에서 일했던 경험도 있었다. 이러한 배경의 도움으로 그녀는 미국 전역에서 비상계획 분야의 수백 명의 활동가들을 알고 있었다. 그녀가 가지고 있던 네트워크는 그녀가 주민봉사단 네트워크를 형성하는 데 적합한 사람들을 찾아내고 모으는 데 도움이 되었다. 2년 안에 그녀는 전국적으로 1,000개가 넘는 주민봉사단의 창설을 도왔다.

한편 그녀가 가졌던 주 및 지방 정부에서의 경험은 모든 지역사회가 각각 다르다는 사실을 그녀에게 각인시켜주었다. 그녀는 모든 지역에 획일화된 해결책을 제시하는 것은 통하지 않는다는 것을 알았다. "우리가 주와 지방 정부에 옳거나 틀린 과정을 규정하지는 않았다. 여기에 임무가 있고 우리가 당신이 달성하기를 바라는 것이 있지만, 당신이 어떻게 달성할 것인지는 당신에게 달렸다고 말했다"고 그레고리오는 얘기했다.

6. 변화의 실행

오늘날 대부분의 정부는 이 장에서 우리가 설명한 업무뿐만 아니라 그 업무를 담당할 기술을 가진 사람들도 충분히 가지고 있지 않다. 사실 정부기관들 대부분은 여전히 이 장에서 윤곽을 그려놓은 비전과는 거리가 멀다. 지난 50여 년 동안 정부 개혁은 일을 '전문화'하고(즉, 특화하고) 정보를 잘 관리하는 것이었다. 효과적인 네트워크 정부는 조직이 끊임없이 학습할 수 있는 열린 정보의 중요성에 대해 깊이 이해하고 과정과 조직에 대한 폭넓은 지식을 가진 공무원을 더 많이 요구한다. 네트워크화된 경제와 정부에서 성공하기 위해 요구되는 이러한 기술들은 매우 정교한 것이다. 하버드 대학교의 존 도나휴 교수는 다음과 같이 설명한다. "민·관 협력을 고도로 조직화하는 것과 관련된 여러 기술은 매우 수준 높은 기술들이다. 그것은 투자은행가, 벤처 투자가, 혹은 고급 컨설턴트 등이 되기 위해 필요한 것들과 유사하다. 이런 기술이 쉽게 얻어지지는 않는다."

아직 네트워크 정부가 정부 고위직에서 더 많은 숙련된 사람들을 요구하고 있긴 하지만, 이러한 기술을 가진 개인들을 위한 정부 외부와 내부의 기회의 격차는 매일매일 커지고 있다. 브루킹스연구소의 폴 라이트는 『새로운 공공서비스(The New Public Service)』에서 공공부문이 일반적으로 최고의 인재들에게 충분히 매력적이지는 않음을 보여주었다.[8] 이러한 문제를 해결하기 위해서 정부 인사 시스템은 채용, 훈련, 보상에 대한 방법을 전환할 필요가 있으며, 직무기술서와 정책은 반드시 변화를 허용해야 한다.

1) 채용

린 스칼릿(Lynn Scarlett)은 2001년 내무부 차관보가 된 후 이러한 모든 것을 알게 되었다. 스칼릿은 정부 계약과 민·관 파트너십에 관한 수십 개의 연구와 저서를 출간해온 공공정책 싱크탱크인 리즌재단(Reason Foundation)의 회장을 역임한 후 정책 분야에서 연방정부로 온 인물이다.[9] 리즌에

8) Light, *The New Public Service*, pp.19~102.

9) 필자 중 한 명은 리즌재단에서 린 스칼릿과 함께 근무했다.

서의 경험은 정부가 직면한 인적자원 확보의 도전에 지적으로 대처할 수 있게 했지만, 그녀조차도 계약과 네트워크 관리 분야에서의 역량 부족에 놀랄 수밖에 없었다. 간단히 말하면 내무부는 두 분야의 풍부한 경험과 지식을 가진 인력이 크게 부족했다. 스칼릿은 다음과 같이 설명했다. "사업 시행자나 계약자와 함께 협상 테이블에 앉았을 때, 우리는 상대방이 가진 지식을 가지고 있지 못했다. 공정한 협상이 되도록 우리를 도울 컨설팅 회사에 의존할 수밖에 없었다. 대부분의 직원들은 토지와 수자원에 대한 지식을 가진 과학자, 지질학자였다. 우리는 사업과 관리 역량이 크게 부족했다."

내무부가 정책 목표 달성과 운영을 위해 파트너십에 점점 더 의존하게 됨에 따라 스칼릿은 역량 격차가 파트너십 실패를 초래할 수 있다는 것을 느꼈다. 이에 대응해서, 스칼릿과 직원들은 부서에 필요한 새로운 기술에 대한 윤곽을 그린 전략적 인적자원 계획을 만들고 수행 계획을 입안했다. 처음부터 한 가지 분명한 것이 있었다. 그들은 협력적 마인드를 가진 사람들을 더 많이 필요로 했다. "우리는 이전에는 내부 지향적인 문화를 가졌었다"며 "우리는 섬나라 방식 — 섬에서 사는 것처럼 고립되고 편협한 사고방식 — 으로 생각하지 않는 사람들을 필요로 했다". 인사채용자(recruiters)와 인적자원부는 내무부에서 4C라 부르는 대화(conversation), 의사소통(communication), 협력(collaboration), 그리고 협동(cooperation)하는 기술을 가진 사람들을 찾도록 명령받았다. 예를 들어 국립공원관리청은 지역사회와 더 잘 결합된 관리자와 지도자를 더 많이 찾게 되었다.

내무부 또한 인턴십 프로그램을 도입하는 창의적인 고용제도를 재정관리에 도입했다. 내무부는 경영학 석사학위 과정 학생들을 여름 인턴으로 고용했고, 그들에게 개별 국립공원을 위한 사업 계획을 만들도록 요구했다. 이 경영학과 학생들은 공원 관리자들이 재원이 증가하지 않거나 감축되는 상황에서 발생하는 수요 증가에 어떻게 대응할 수 있을지에 대해 창의적인 생각을 할 수 있도록 도왔다. 팻 메든(Pat Madden)이라는 인턴이 있었다. 그는 1990년대 후반 골든게이트 국립 휴양지의 일부인 포트 레예스(Port Reyes)에서 사업 계획을 도우며 여름을 보냈다. 졸업 후 투자은행에서 훨씬 높은 급여를 제시받았지만 그는 사업 운영을 돕기 위해 포트 레예스로 돌아왔다. 불과 몇 년이 지나지 않아 이 젊은 수재는 전체 휴양지의 예산 팀장(budget chief)으로 승진했다. 예산 팀장으로 그는 브라이언 오닐 청장을 도와 사업 수완을 활용하여 공원 설비에 기반을 둔 민·관 파트너십과 공공 투자를 위한 민간 자본 차입을 확대하였다.

새로운 거버넌스 기량을 끌어내기 위한 또 다른 모형을 영국에서 찾을 수 있다. 1990년대 중반 중앙정부는 민·관 파트너십을 수행하는 정부의 역량을 향상시키기 위한 폭넓은 노력의 일환으로 '파트너십 UK'라는 조직을 만들었다. 파트너십 UK는 계약과 내역을 표준화하고, 안내 데스크를 지원해주고, 우수 사례를 소개하며, 한 번에 6개월까지 기관 내외부의 고용자들을 상호 순환시킴으로써 기관들이 더 현명한 서비스 구매자가 되는 것을 돕고자 했다. 파트너십 UK는 다양한 배경과 경험을 가진 사람들을 고용했다. 그들은 투자은행가, 변호사, 관리 컨설턴트, 그리고 엔지니어들이었다. 그들은 모두 프로젝트를 수행하는 데 중앙정부가 가지고 있지 않은 주요한 역량을 채워줄 수 있는 상업적인 경험을 가지고 있다. "공무원 경력관리 전략(the civil service career strategy)[10] 그 자체는 상업적인 협상 역량을 개발하는 데 큰 도움이 되지 않는다"며 "그런 기술을 가졌다고 공무원으로 채용되는 것은 아니다"라고 파트너십 UK의 헬렌 델(Helen Dell)은 말했다.

10) 영국의 공무원 경력관리 프로그램. ―옮긴이

이와 유사하게 독일 정부는 파트너십 접근을 확대 활용하여 공무원에게 중요한 변화를 만들어냈음을 인정했다. 전환기에 놓인 공무원들을 돕기 위해 정부는 재무부 내에 민·관 파트너십 이슈들에 대해 정부의 정보센터와 같은 역할을 하기 위한 민·관 파트너십 센터를 만들었다. 이 센터는 파트너십 UK처럼 학교에서부터 고속철도에 이르기까지 개별적인 프로젝트에 대해 기관에 조언과 지침을 제공하기 위한 우수사례 보고서를 발간한다. 또한 거의 모든 독일 주요 정부기관들은 개별 PPP 프로젝트들을 개발하고 감독하는 데 초점을 둔 자체 PPP 조직을 두고 있다.

2) 공무원 제도 개혁

영국은 현재의 공공 관리자에 대한 훈련 수요를 더 잘 충족시키기 위해 공무원 교육과정을 개혁했다. 한 가지 목표는 공공에 이익을 주기 위해 복잡한 파트너십을 형성하고 관리하는 방법에 대한 훈련을 더 많이 받은 공무원을 양성하는 것이다. 현재의 공무원 교육과정은 계약관리, 똑똑한 바이어 되기, 파트너십으로 일하기, 그리고 사업 관리 기술 개발하기 같은 네트워크화된 정부 기술을 훨씬 더 많이 강조하고 있다.

유사한 맥락에서 앞서 소개했던 미국국방부의 국방부획득대학 또한 장성, 해군 사령관, 그리고 반드시 정부 조달에 대한 직접적인 감독을 하지는 않더라도 이에 주요한 책임이 있는 기타 고급장교에게 일주일 단위의 획득 전략에 대한 고위 훈련과정을 제공했다. 이 과정은 미국항공우주국이 모든 고위 프로젝트 관리자에게 적어도 한 과정 이상 참석하도록 요구하고 있을 정도로 상당히 성공적이었다.

이런 노력이 칭찬받고는 있지만, 좀 더 근본적인 수준에서 오늘날의 공무원 시스템은 네트워크 정부로의 이동에는 여러 가지로 적합하지 않다.

도널드 케틀이 지적한 바와 같이 "간접적인 정부를 관리하는 것은 전통적인 공무원 시스템이 과소평가하거나 무시해온 기술을 요구한다".[11] 예를 들어 대부분의 공무원 승진 및 은퇴 시스템은 정부에서 보낸 그들의 전체적인 경력에 지나치게 치우쳐 있다. 이전에 우리가 논의했던 것처럼, 민간부문에서 한 번도 일해본 적 없는 사람들이 네트워크 파트너의 동기와 요구를 완전히 이해하기는 훨씬 더 힘들다.

정부는 관리자들이 민·관 그리고 비영리부문 사이에서 더 쉽게 이동하고 별도의 기간 동안 프로젝트를 수행할 수 있도록 하는 더 많은 채용 기회와 더 다양한 경력 경로가 필요하다. 현재 순환보직제와 직위 분류 시스템은 이러한 채용을 방해하고 있다. 확실히 자신의 새로운 고용주를 위한 일을 확보하기 위해 값을 지불하고 정부 내에서 영향력과 관계를 활용하는 정부 관료들에게 몇 가지 통제장치들이 필요하다. 하지만 현재 존재하는 것보다 더 나은 균형점을 찾아야 할 필요가 있다. 정부는 민간 영역에서 일해온 사람들이 더 많이 필요하다. 계약 분야에서 일한 경험을 가진 사람은 납세자를 위해 더 효과적인 협상자가 될지 모른다. 왜냐하면 그들은 언제 공급자가 더 낮은 가격 혹은 더 높은 산출물에 동의하게 될 것인지, 반대로 언제 정부가 쓸데없는 요구를 하고 있는지를 경험을 통해 더 잘 이해할 수 있기 때문이다. 솔직히 제3자 공급자들에 대한 능력과 압력을 이해하는 데 현장 훈련을 통하는 것보다 더 좋은 방법은 없다. 예를 들어 미국항공우주국과 에너지부가 제안한 '순환 배치(rotational assignment)'는 현재의 제약에 대한 한 가지 흥미로운 예외로서 직원들을 민간 계약자들과 몇 개월간 함께

11) Donald F. Kettl, "Managing Indirect Government," in Lester Salamon(ed.), *The Tools of Government: A Guide to the New Governance*(Oxford University Press, 2002), p.499.

일할 수 있도록 하는 프로그램이다.[12)]

다른 고무적인 발전들이 주정부 수준에서 이루어지고 있다. 예를 들어 플로리다와 조지아 주는 사람들이 정부 안팎으로 옮겨가는 데 더 많은 유연성을 제공하도록 공무원 시스템을 근본적으로 재구성했다. 한편 연방 수준에서는 국토안보부, 연방항공국(the Federal Aviation Administration), 감사원, 국세청과 같은 기관들이 표준 연방공무원 시스템을 더 많은 유연성과 책임성을 담보할 수 있는 대안적인 고용 시스템으로 교체할 수 있도록 허용되어왔다. 그리고 영국, 호주, 뉴질랜드에서도 유사한 노력이 행해지고 있다. 공공부문 인사 시스템에서의 유연성 향상을 위한 이러한 노력은 공공리더들이 네트워크화된 정부 모형에 더 잘 맞게 인력을 꾸려나갈 수 있도록 훨씬 더 큰 자유를 주게 될 것이다. 하지만 이러한 개혁의 노력은 근본적인 부조화에 직면하게 된다. 네트워크가 문제를 둘러싸고 형성되고, 그 문제를 해결하고, 그런 다음 관련된 많은 사람들이 다음 문제로 넘어갈 수 있도록 허용하는 것이다. 하지만 정부는 현재 이런 방식으로 조직되지 않는다. 정부의 인적자원 시스템은 전문화된 기술의 개발을 장려하고 경력을 보호하는 것에 높은 가치를 두고 있다. 협력적 프로그램을 가동하기 위해 이런 경로를 우회할 보상체계는 거의 없다. 이러한 우회는 단지 몇몇 다른 기관이나 조직의 신용도를 높여줄 뿐이다. 이러한 사고방식은 바뀔 필요가 있다. 왜냐하면 일시적으로 어떤 문제를 병합하여 해결하고, 그러고 나서 다음 문제로 나아가는 역량이 새로운 거버넌스에 결정적으로 중요하기 때문이다.

고도로 전문화된 기술은 충분히 가지고 있으나 고객지향적인 문제 해결 역량은 부족한 정부에서, 공무원들은 종종 정책 문제 해결책을 고안하기 위해 정부의 경계를 넘어 다른 부문들과 힘을 합칠 필요가 있을 것이다.

12) U.S. General Accounting Office, “Acquisition Workforce,” p.14.

정부는 점점 더 많은 이슈에서 '기관 간', '영역 간' 프로젝트를 필요로 하고 있다. 환경적·사업적 이익과 관련된 도로 건설, 신무기 시스템 구축 또는 성공적인 지역사회 치안 활동에 필요한 사회적·자산적 붕괴 징후를 바로잡는 것—작가 조지 켈링(George Kelling)이 '깨진 유리창(broken windows)'이라고 이름 붙인[13]—이 그 예이다.[14] 공공부문의 인사시스템, 그리고 경력 인센티브는 공무원이 프로젝트 팀을 만들어 네트워크를 주도하고 때로는 관리하는 데 필요한 이동성을 보장할 뿐만 아니라 승진 심사 때는 성공적인 협력적 프로젝트에 참여하는 데 상당한 가중치를 부여해야 한다.

3) 교육과 훈련

네트워크화된 국가를 관리하는 데 필요한 기술과 현재 존재하는 기술 사이의 간격은 행정 및 정책 대학원의 더 많은 관심으로 좁혀질 수 있다. 많은 전문가들에 따르면, 많은 대학원 교육과정은 네트워크 서비스 제공으로의 변화를 매우 더디게 반영하고 있다.[15] 대부분의 프로그램은 정책학, 경제학, 혹은 전통적인 계층제적 공공조직에 초점을 맞추고 있다. 계약 혹은 네트워크 관리에 관심이 있는 대학원생들은 아마 경영대학원에서

13) 범죄학에서 1982년 조지 켈링과 제임스 윌슨(James Wilson)이 주창한 이론으로 도시에서 일어나는 반사회적 행위나 반달리즘(다른 문화나 종교 등에 대한 무지로 인해 이를 파괴하는 행위)처럼 도시 무질서가 아무리 작다 하더라도 사회질서를 파괴할 수 있고, 이는 심각한 범죄로 이어질 수 있음을 지적한 것이다. —옮긴이
14) 사회적 부패에 대한 이러한 작은 징후를 정화하는 것은 루돌프 줄리아니(Rudolph Giuliani) 뉴욕 시장을 포함해 많은 시장들이 선택한 범죄 감소 노력의 첫걸음이다. 이런 노력은 일반적으로 다양한 시 기관들이 관련되어 함께 일하게 된다.
15) 예를 들어, Kettl, "Managing Indirect Government," p.507을 보라.

더 많은 선택과목을 발견할 것이다. 협력적 거버넌스를 가르칠 때, 종종 관리 이슈보다는 정치적인 이슈가 강조된다(Cooper, 2003: 169).[16]

대부분의 경영대학원과 행정대학원 사이의 이러한 구분이 문제의 단면을 보여준다. 예를 들어 인디애나폴리스 시가 1990년대 초에 민·관 경쟁 프로그램을 시작했을 때 적용했던 관리 혁신의 핵심은 하버드 경영대학원에서 가져온 것이었다. 공공정책과 행정 프로그램은 협상, 프로젝트 관리, 계약서 작성, 네트워크 관리, 그리고 영역 간 거버넌스에 대한 교육과정을 제공할 필요가 있다. 예를 들어 협력적 거버넌스를 위한 웨일 프로그램(Weil Program on Collaborative Governance)이라는 하버드 대학 케네디 스쿨의 새로운 시도는 네트워크 관리를 위해 필요한 다양한 기술에 대한 교육 훈련과 연구를 위해 설계되었다. 공공정책대학원들은 협력적 거버넌스 프로그램을 개발하거나 경영대학원과 연계함으로써 정부에서 일하는 많은 사람들의 세련된 기업 관리 기술을 갖추고자 하는 중요한 요구를 충족시켜줄 독특한 위치에 있다. 내일의 공공부문 지도자들이 공공부문에 진입하여 조우하게 될 변화된 형태의 정부에 대비하도록 하기 위해서는 더 많은 프로그램이 개발되어야 한다.

7. 왜 이러한 것들이 중요한가?

정부는 새로운 형태의 정부를 반영하기 위한 인적자원 시스템의 업데이트에 실패함으로써 고통을 겪을 것이다. 전통적인 지혜에 따르면, 강력한

16) Phillip J. Cooper, *Governing by Contract: Challenges and Opportunities for Public Managers* (Washington: CQ Press, 2003), p.169.

제3자 관리와 감시 역량이 부족한 정부는 이윤과 약탈을 추구하는 탐욕적인 계약자들에게 취약하게 될 것이다. 이러한 풍자화는 현실과 거의 닮지 않았다. 물론 계약자들은 그들의 사익을 추구할 것이다. 하지만 궁극적으로 그들은 나약하고, 잘 속는 정부기관과의 파트너 관계가 아니라 가장 똑똑하고, 터프하고, 세련된 정부와의 파트너십에서 사익을 얻는다. "현명한 회사, 비영리조직, 혹은 기관은 항상 가장 유능한 계약 파트너를 찾을 것이다. 비용 혹은 일에 관해서 단기적으로는 약한 파트너를 이용할 수 있을지 모르지만, 장기적으로는 약한 파트너들은 비용을 초래하는 문제를 발생시킨다"라고 버몬트대학교 교수인 필립 쿠퍼는 말한다.17)

우리가 연구했던 사례들이 이를 입증하고 있다. 몇몇 경우에서 정부의 취약한 관리 역량이 감당할 수 없을 정도의 큰 실패의 위험을 초래할 것이라고 믿는 경우 기업은 유리한 계약의 체결을 거부했다. 단순히 돈을 많이 버는 것이 잘못된 계약에 따르는 그들의 브랜드와 명성에 대한 위험을 정당화하지는 않는다. 이러한 예들은 강력한 위임 역량은 나쁜 공급자를 배제하는 것뿐만 아니라 좋은 공급자를 유인하는 것이라는 중대한 사실을 보여준다.

17) 같은 책, p.168.

제7장의 핵심 내용

주안점

▲ 정부는 새로운 네트워크 기술 — 현재 정부가 몹시 추구하지도, 가치 있다고 생각하는 것도 아닌 협력적 기술 — 을 가진 사람들을 필요로 한다. 그러한 역량을 형성하기 위해서는 폭넓은 교육과 채용전략뿐만 아니라, 완전한 문화적 전환이 요구된다. 이는 '공무원'에 대한 정의 자체의 변화를 요구한다.

▲ 네트워크 정부가 정부의 상위 수준에서 더 많은 기술을 가진 사람들을 필요로 하므로, 이러한 개인들에 대한 정부 내부와 외부의 기회들 사이의 격차는 날로 커진다.

위험요인

▲ 지도자들은 나무와 숲을 혼동하고, 의료보험 비용을 지원하는 것을 건강을 증진하는 것과 같은 실질적인 공공가치의 실현으로 오해한다.

▲ 좁은 업무영역만을 담당하는 직원을 채용하고 승진시키는 인적자원 시스템 또한 숲은 보지 못하고 나무만 보는 문제이다.

▲ 광범위한 외부 의견과 접하지 못하고 오랫동안 전문화된 기술 개발에 의존해온 탓에 협소한 시야를 가진 공무원이 너무 많다.

조언

▲ 계약 관리자들은 네트워크 관리자가 되어야 하며, 그들 자신의 사업소뿐만 아니라 공급자들의 사업소에도 관심을 가져야 한다.

▲ 새로운 기술과 많은 (윤리적인) 관계를 가진 연결자들을 고용하라.

▲ 네트워크 정부의 인적자원 수요에 대응하기 위한 유연성을 제공할 수 있는 공무원법과 절차를 철저히 조사해 정비하라.

사례

▲ 국방부획득대학: 미국 국방부는 자신들의 획득 교육 커리큘럼을 완전히 개혁했다. 한 가지 중요한 변화는 계약자들과의 전통적이고 적대적이며 어느 정도 거리를 두는 관계가 더 이상 성과가 없다는 것을 국방부 직원들이 이해하도록 하는 것이다. 또 다른 혁신은 육군 장성, 해군 사령관, 그리고 민간부문 파트너에 대한 조달 전략에 대한 일주일 단위의 고위 훈련과정이다.

▲ 영국의 공무원대학: 영국은 공무원에게 복잡한 파트너십을 형성하고 관리하는 것에 대한 훈련을 더 많이 제공하기 시작했다. 현재의 공무원 과정은 계약을 관리하고, 똑똑한 구매자가 되고, 파트너십으로 일하고, 사업 관리 기술들을 개발하는 것과 같은 네트워크화된 정부 기술을 훨씬 더 강조하고 있다.

제8장

나아가야 할 길

네트워크에 대한 연구는 새로운 것이 아니다. 지금쯤은 대부분의 독자들은 6명만 거치면 모두가 다 아는 사람이라는 개인적인 네트워크의 장점에 대해 들어봤을 것이다. 대부분의 사무실 직원들이 네트워크에 있는 어떤 사람이 전체 시스템을 고상 내서 컴퓨터 네트워크가 작동 중단되는 것을 불평해왔다.

간단히 말해서 여러 학자들이 지적한 것처럼 우리는 지금 '네트워크의 시대'에 살고 있으며, 이것이 우리 경제와 사회에 어떤 의미인지를 설명하고 이러한 발전을 정확히 이해하기 위해 많은 노력을 기울여야 한다(Lipnack and Stamps, 1994). 아마존닷컴(Amazon.com)에 가보면, 『분화된 네트워크(The Differentiated Network)』, 『살아 있는 네트워크(The Living Network)』, 『네트워크와 네트워크 전쟁(Network and Netwar)』 등의 제목이 붙은 수많은 책들을 발견하게 될 것이다. 그곳에는 컴퓨터 네트워크, 생물학적 네트워크, 의사소통 네트워크, 그리고 테러 네트워크에 대한 책들이 있다. 여러 학자들이 네트워크에 대한 과학, 수학, 사회학에서 새로운 작은 연구 분야를

네트워크 정부의 원칙

- ▲ 프로그램보다 공공가치에 더 초점을 맞추어라
- ▲ 잘 작성된 계약서에 현혹되지 말라.
- ▲ 네트워크를 형성하는 데 돈은 도구이지만 유일한 도구는 아니다.
- ▲ 완벽보다는 더 나음을 추구하라.
- ▲ 새로운 핵심 역량들을 개발하라.
- ▲ 감축과 확대를 동시에 하라.

창출했다. 여기서 다시 한 번 우리는 공공 혁신가들에게 간청한다. 공무원들은 유효한 자원들로부터 가능한 모든 공공가치를 짜낼 수 있도록 전념해주기를 바라며, 우리는 그들에게 네트워크 정부가 엄청난 이익을 창출할 수 있음을 제안한다.

우리 사회의 중요한 변화들은 네트워크 정부를 가능하게 하고 또 그것을 요구하고 있다. 오늘날 시민들과 그들이 선출한 대표자들이 직면한 문제는 계층제적 관료제에 의해 집행되는 획일화된 처방으로 해결하기에는 너무 복잡하다. 상업화된 사회에서 고도의 맞춤형 대응이 일상화된 시민들은 획일적인 서비스를 계속해서 제공하는 정부에 대해 점점 더 용납하지 못하는 것 같다. 그러는 동안 기술적 진보는 네트워크 관리자가 실시간으로 수많은 파트너들의 행동을 조정할 수 있게 함으로써 공공서비스를 점점 더 맞춤화하고 분산시킬 수 있게 했다. 우리의 복잡한 사회는 새로운 공공부문 거버넌스와 전달 모형을 요구하고, 이러한 수요에 대응할 수 있도록 혁신가들에게 도구를 제공한다. 우리는 공공 혁신가들이 네트워크 정부의 길을 걸어갈 때 마음속에 새겨야 할 몇 가지 큰 원칙들로 이 책을 마무리하려 한다.

1. 프로그램보다는 공공가치에 더 초점을 맞추어라

선출직 공무원은 유권자들이 가진 문제를 보았을 때 대체로 부하에게 그것을 해결하라라고 지시한다. 이러한 접근방법은 일반적으로 단순하고, 분명히 구분되고, 임시적인 이슈들에는 효과가 있다. 그러나 더욱 복잡한 문제들, 특히 인지된 문제가 시스템적인 약점을 시사할 때, 이 완벽하게 합리적인 행동은 세 가지 불행한 부작용을 야기한다. 첫째, 할당된 일을 부여받은 정부관료는 일반적으로 자신이 가지고 있는 프로그램들과 권한의 관점에서 주로 생각하기 때문에 선택 가능한 대안이 제한적이다. 둘째, 접근방법은 종종 큰 그림을 놓치는 기계적인 응답을 만든다. 셋째, 그것은 종종 만약 폭넓은 관점을 가졌더라면 가능할 수 있었던 금액보다 훨씬 더 많은 세금을 사용하게 되는 결과를 초래하는 정부의 대응을 상정한다.

문제가 더 큰 공공정책 쟁점과 관련되어 있을 때, 우리는 공무원들에게 그들이 추구하는 중요한 공적인 결과가 무엇인지 우선 결정하도록 재촉하고, 그다음 그것을 해결하는 최선의 방법을 제시하도록 할 것이다. 이러한 방법으로 틀을 잡으면, 최선의 해결책이 정부만의 해결책이 될 가능성은 적어질 것이다. 결국 독점적인 정부기관은 특정 대응의 모든 측면에서 최선의 해결책이 될 가능성이 별로 없다. 그 대신에 공공가치를 극대화하는 데 명확히 초점을 맞춤으로써, 잠재적인 해결책의 범위는 일반적으로 다른 수준의 정부뿐만 아니라 민간과 비영리부문을 포함하도록 확장된다. 그리고 이는 다시 공공 관료들로 하여금 다음과 같은 더 중요한 쟁점들을 찾도록 만든다.

- 어떻게 민간자본을 유치할 수 있는가
- 어떻게 다양한 수준의 정부와 다른 모든 부문의 파트너와 잘 결합해

해결책을 세울 수 있을까

▲ 특별한 전문성, 첨단기술, 일류 관리 역량에 접근하기 위해 정부 외부로 눈을 돌려라

공공가치에 대한 더 큰 초점 또한 정부가 개념화되는 방법을 점차로 변화시킬 것이다. 프로그램과 정부기관에 바탕을 둔 정부에 대한 개념은 목표와 네트워크에 기반을 둔 정부로 대체될 것이다. 대부분의 공공기관 책임자들이 자신의 임무를 공공 근로자들을 관리하는 것으로 설정하는 것이 아니라 자산의 네트워크(a network of assets)를 어떻게 잘 배치하고 조직화함으로써 공공가치의 극대화를 이룰 수 있을지를 찾아내는 것으로 파악할 것이다.

이러한 관점을 가지는 것이 쉬운 일은 아니다. 예를 들어 중대한 장애물 중 하나는 입법부이다. 입법부의 위원회들이 조직되는 바로 그 방법 때문에 많은 입법부 의원들은 네트워크가 하나 이상의 위원회를 넘어 확장되어 가는 것을 불쾌하게 생각할 것이다. 따라서 개혁가들은 반드시 입법부 의원들에게 네트워크의 이익을 명백하고 실체적으로 보여주어야 한다. 외부 지원이 도움이 될 수 있다. 예를 들어 일반적으로 법안이 표결에 부쳐졌을 때까지는 네트워크화된 접근의 이익을 느끼지 못하지만, 만약 그 중요성을 알아차린다면 아마도 열정적인 지지자가 되어줄 지역 단체들은 강력한 동맹자들이 될 수 있다.

두 번째, 개혁가들은 네트워크 그 자체가 아니라 네트워크에 의해 만들어지는 공공가치를 입법부에 주장해야 한다. 인디애나폴리스 시는 카운티의 첫 번째 대규모 하수도 민영화를 허가해달라고 시의회에 요청하지 않았다. 대신 외부 공급자들을 고용해서 발의된 수도요금 30% 인상안을 폐지할 수 있는 계획을 제시했다.

마지막으로 정부 지도자가 상이한 쟁점들에 대해 몇몇 새롭고 큰 규모의 접근방법을 제시하려고 할 때, 폭넓은 관할권을 가진 위원회에 의원들이 그 접근방안들을 제출하도록 하는 것은 현명한 일일 것이다. 이러한 방법은 단순히 어떤 정부기관이 불이익을 당하는지에 초점을 맞추는 대신에 입법부가 비용과 편익을 폭넓게 심사숙고할 수 있다. 또 다른 접근방법은 변화를 위한 모든 제안들을 반드시 전체적으로 찬성하거나 반대하도록 권한을 가진 위원회가 하나의 패키지로 제출하도록 하는 것이다.

2. 잘 작성된 계약서에 현혹되지 말라

네트워크화된 해결방법은 어떤 일을 하는 것에 대한 새로운 아이디어와 새로운 방법을 계속해서 만들어내야 한다. 성공적인 네트워크는 각기 다른 문제를 가진 시민에 대해 개별적으로 대응한다. 네트워크에 참여하고 있는 각 파트너는 서비스의 전체적인 질을 향상시킬 수 있는 학습 기회를 제공한다. 이러한 경험을 해결책 속에 결합하는 것은 고도의 유연성, 일정 정도의 창의력, 그리고 역동적인 거버넌스 구조를 필요로 한다. 하지만 정부 조달규칙은 혁신을 자극하는 것이 아니라 공정한 시스템을 보장하도록 설계되어 있다. 조달공무원과 계약관리자는 일반적으로 세부사항에 대해 상당한 주의를 기울이지만 창의성을 보여주지는 않았다. 이것은 문제를 야기한다. 왜냐하면 네트워크는 단순히 잘 작성된 계약서에 의해서가 아니라 목적 달성과 핵심 가치를 중심으로 관리될 필요가 있기 때문이다. 네트워크 임무를 공통된 그리고 동의된 가치로 전환시키는 것은 네트워크 관리자와 구성원 모두에 세금당 더 많은 가치를 만들 수 있도록 하고, 진정한 파트너십을 위한 틀을 제공하고, 네트워크가 점점 정적으로 변하고, 구식이 되고, 심지어 쓸모없게 되어가는 것을 막는 안전장치가 될 것이다.

이는 정부가 계약의 세부사항을 무시해도 된다는 것을 의미하는 것은 아니다. 이것은 단지 공무원이 세부사항을 무시하는 것이 아니라 재교섭될 필요가 있는지, 적용이 비생산적인 결과를 만들지는 않을지를 인식하면서, 동의된 가치와 결과에 입각해서 세부사항을 해석해야 한다는 것을 의미하는 것이다. 게다가 심지어 서비스가 구성되고 전달되는 방법에 관해서 네트워크가 상당한 융통성을 허용한다 하더라도 정부 혁신가들은 모든 파트너들이 공공 시스템 고유의 가치를 잘 담보하는지, 그리고 기본적인 규칙들을 준수하는지를 반드시 확인해야 한다. 혁신적인 행정가는 품질과 형평성을 강화함과 동시에, 비생산적인 투입 규칙의 집행을 단계적으로 폐지함으로써 관료제가 제공한 최악의 것은 버리고 최고의 것은 보존하려 할 것이다.

3. 네트워크 형성에 돈은 도구지만 유일한 도구는 아니다

정부는 네트워크화된 해결책을 요청하는 제안을 하고 이에 대해 예산을 뒷받침함으로써 네트워크를 만들어낼 수 있다. 일반적으로 제안서에 동반되는 규정들에 의한 제한에도 불구하고, 이러한 직접적인 방법은 아마 계획했던 것에 합당한 대응을 만들어내지 못할 것이다. 이것은 흔히 정책결정자가 바라는 목표를 충족시키기 위한 최선의 접근방법이 되긴 하겠지만, 언제나 그런 것은 아니다. 왜냐하면 네트워크의 목적 중 하나는 복잡한 문제에 대해 창의적이고 유연한 대답을 제공하는 것인데, 엄격하게 규정된 제안서는 공공가치를 불필요하게 제한할지도 모르기 때문이다.

대중 지도자들은 돈 외에도 파트너들을 불러 모을 수 있는 수단인 많은 자산을 가지고 있다. 때때로 그들은 역량이나 기반시설의 격차를 채워줌으로써 파트너들을 연결시킬 수 있다. 예를 들어 시는 정보기술에 대한 전문지식을 제공할 수 있고, 관심을 가진 많은 집단이 자신의 해결책을 면밀히 조정할 수 있게 지원할 수 있다. 혹은 시장이나 도지사는 십대 임신이나 문맹과 같은 주요 도시 문제에 대해 네트워크화된 대응의 필요성을 분명히 표출하기 위해 자신의 권한을 집중시키거나 이를 대중들에게 널리 알릴 수 있는 권한을 활용할 수도 있다. 좀 더 일상적인 수준에서 네트워크를 결집시키는 접착제는 서로 보완적인 프로그램이나 서비스를 제공하는 당사자들을 연결시켜주는 자기만의 민간 연결망을 창조하는 혁신적인 대중지도자일지 모른다.

권한은 또 다른 자산이다. 공무원들은 예컨대 특별보조금을 받을 수 있는 지역사회개발법인을 만들어 통합자에게 자신의 권한을 '양도'할 수 있다. 또는 어떤 판사가 서비스 제공자 네트워크와 파트너가 되면, 법원의 제재가능성으로 개별 구성원들에 대한 통제를 향상시킬 수 있다.

4. 완벽보다는 더 나음을 추구하라

네트워크가 아무리 잘 설계되었다 하더라도, 혹은 많은 규칙을 정확하게 따른다 하더라도, 시간이 지나면 문제들이 하나하나 나타나게 마련이다. 예측하지 못했던 상황이 발생하게 될 것이다. 새로운 기술은 기존의 기술을 쓸모없는 것으로 만든다. 파트너를 추가로 늘리거나 제외할 필요가 있을지도 모른다. 그리고 몇몇 성과지표들은 향상되고 다른 것들은 떨어질지 모른다. 결국 성과를 측정하는 것은 측정되는 것보다 많은 것을, 그러나 때로는 예기치 않은 방식으로 얻을 수 있음을 보장한다. 따라서 유연성과 적응성 또한 성과지표가 된다. 그리고 그 중요성은 변화를 받아들일 수 있는 유연한 구조가 필요함을 암시한다.

제4장에서 논의했던 해안경비대의 심해함대 사업의 예를 보자. 2001년 9월 11일의 사건으로 인해 프로그램 본래의 목적과 목표의 일부에 문제가 제기된 것은 놀랄 일이 아니다. 랜드연구소는 다음과 같은 것을 알아냈다. 테러리스트의 위협이 증가됨에 따라, 기존에 권고된 것보다 연안감시정과 항공기가 2/3 이상 더 필요하게 되었다. 이는 해안경비대의 조달에 대한 혁신적인 접근이 실패했다는 것을 의미하는 것은 아니다. 그 대신에 이 책을 통해 인용된 많은 이전의 예들처럼, 이것은 중간에 변화가 이루어질 수 있는 메커니즘의 중요성을 지적하는 것이다.

민영화에 대한 논쟁은 몇 가지 유용한 교훈을 제공한다. 소수의 지지자들은 민영화가 일관된 성공을 만들어낼 것이라고 주장한다. 그리고 분명히, 비록 항상 언급되는 것은 아니지만, 소수의 반대자들은 정부관료제가 항상 효과적이라고 주장한다.[1] 더 정확히 말하자면 논의의 핵심은 특정한 상황에서 어떤 전달 시스템이 최대의 공공가치를 만들어낼 가능성이 가장 큰가에 관한 것이다. 목표는 완벽한 시스템을 만드는 것이 아니라 현재 상태를 넘어서 의미 있는 향상을 이룰 수 있느냐에 있는 것이다.

5. 일련의 새로운 핵심 역량을 개발하라

더 많은 정부기관이 제3자와의 파트너십을 추진하면 할수록 정부기관의 성과는 파트너십이 얼마나 잘 관리되는지에 따라 크게 달라질 것이다. 이러

1) 일반적으로 정부가 충분히 엄격하게 내부성과를 측정하는 것도 아니고, 고위 관리자들이 책무를 강제할 도구를 항상 갖고 있는 것도 아니다.

한 환경하에서 높은 성과를 성취하기 위해 정부는 현재 부족한 전문기술을 가진 영역에서 운영자로서의 핵심역량을 개발할 필요가 있을 것이다. 이러한 역량 중 가장 중요한 세 가지는 네트워크를 개념화하는 것, 네트워크를 통합하는 것, 네트워크를 가로질러 효과적인 지식 공유 수단을 개발하는 것 등이다.

네트워크를 개념화하는 것은 엄격한 정부의 벽을 통과해, 종종 정부가 간과하는 기초적인 질문 — 어떤 결과가 만들어져야 하는지, 누가 필요한 활동을 수행해야 하는지, 어디에서 수행되어야 하는지, 그리고 어떤 시점에서 수행되어야 하는지 — 을 하며, 가치를 산출할 수 있는 관계를 인지할 수 있는 고위 공무원을 필요로 한다. 기업계의 권위자 마이클 해머(Michael Hammer)가 쓴 글처럼, 혁신은 "어떻게 일이 이루어져야 하는지에 대한 전통적인 가정 …… 그리고 전략적인 목적을 방해하는 가정을 거부"할 준비가 되어 있는 리더들을 필요로 한다.[2] 이러한 질문을 해야 한다는 것을 알기 위해서는, 대답을 찾는 것은 차치하고, 현존하는 정부 시스템에서 선형적으로 소중하다고 여겨지는 것들과는 다른 여러 기술이 요구된다.

네트워크를 설계하는 것은 상당히 어렵다. 하지만 그것을 관리하는 것은 또 다른 도전이다. 우리는 이 책에서 비교적 많은 부분을 통합이라는 주제에 할애했다. 왜냐하면 우리는 네트워크를 통합할 수 있는 역량을 보유하는 것이 네트워크 정부의 핵심이라고 믿기 때문이다. 불행히도 대부분의 공공기관에는 이러한 기술이 부족하다. 변화가 필요하다. 네트워크화된 환경에서 어떻게 파트너들을 효과적으로 통합하는지를 아는 것이 정부의 핵심역량이 될 필요가 있다. 특히 파트너들을 통해 대부분의 업무를 수행하는

2) Michael Hammer, "Deep Change: How Operational Innovation Can Transform Your Company," *Harvard Business Review*, vol. 82(April 2004), pp.84~93.

기관에서는 더욱 그러할 것이다.

이것이 정부가 민간조직과 비영리조직을 활용하여 민·관 네트워크를 통합하고, 항상 그 조직의 통합자가 되어야 함을 의미하는 것은 아니다. 이 책에서 이전에 논의했던 많은 이유들 때문에 대부분의 정부기관은 이러한 일에서 전문성을 가진 세계적인 조직만큼 통합의 기술을 가진 조직이 될 수 없다. 하지만 정부는 적어도 효과적으로 민간부문 통합자들을 관리하는 방법을 충분히 알아야 하며, 만약 무엇인가 잘못되고 있다면 네트워크 자체에 들어가 감독해야 한다.

셋째, 정부는 훨씬 더 강력한 지식 공유 역량을 개발해야 할 필요가 있다. 오늘날 성공과 실패의 차이는 네트워크의 각 부분들이 다양한 장소에서 다양한 방법으로 얼마나 잘 의사소통하고 지식을 공유하느냐에 달렸을 때가 많다. 지식을 공유하는 것은 단순한 기계적인 문제 혹은 기술적인 문제의 수준을 넘어서는 것이다: 이것은 네트워크에서 가장 핵심적인 것이다. 시민들과의 많은 접촉을 통한 다양한 경험으로부터 중요한 가치가 나오게 되며, 이러한 경험들은 네트워크에 연계된 많은 파트너들이 각각의 문제 상황에 맞는 적절한 대응을 할 수 있도록 허용함으로써 유용한 대응으로 바뀌게 된다.[3)]

조직 간 그리고 부문 간 지식 공유는 여전히 걸음마 단계에 있다. 심지어 민간부문도 아직 어떻게 지속적으로 잘 해나갈지 알아내지 못했다. 정부가 네트워크의 지식 공유에서 리더십을 보여주어야 할 것이다. 공무원이 민간부문으로 하여금 엉킨 실타래를 풀도록 기다리기에는 이 문제는 네트워크 정부에서 너무나 중요하다.

3) C. K. Prahalad and Venkat Ramaswamy, *The Future of Competition: Co-Creating Unique Value with Customers*(Harvard Business School Press, 2004).

6. 감축과 확대를 동시에 하라

기술이 주도하는 사업과정에서의 앞서 언급된 변화에 따라 핵심 역량의 개발은 공공부문 인력구성에 깊고 광범위한 영향을 미치게 될 것이다. 결국 이렇게 될 것이다. 정부는 전체적으로 더 적은 인력—특히 하위수준과 중간수준에서—을 필요로 하게 될 것이다. 하지만 상위수준에서는 더욱 고도의 기술을 가진 인력이 필요하게 될 것이다.

정부의 하위수준과 중간수준에서의 대민 서비스의 수는 시간이 갈수록 감소하게 될 것이며, 책임은 변화하게 될 것이다. 단순한 직무는 많이 자동화될 것이다. 대부분의 일상적이고 반복되는 직무는 이를 대신할 민간부문에 외주될 것이다. 많은 중간관리 업무는 팀 조직이 계층제를 대신하는 것과 같이 불필요한 것이 되어버리거나 사람들과 정보를 조정하는 역할을 맡은 네트워크 파트너들로 바뀌게 될 것이다. 이러한 중요한 변화에도 불구하고, 네트워크 정부로의 변화가 대량 해고를 동반하지는 않을 것이다. 대부분의 정부는 자연 감소를 통해 인력을 재구조화할 것이다. 이는 베이비붐 세대의 은퇴로 발생하는 빈자리를 채우지 않음으로써 정부 공무원의 자연적 감소를 유도하는 것이다. 결과적으로 많은 직위가 없어진다 하더라도, 적은 수의 사람만 해고당하게 되고, 전체적으로 정부는 여전히 막대한 기술 부족을 직면하게 될 것이다.

이러한 기술 문제를 해결하기 위해서는 공무원 인력을 활용하는 방법에 대해 중요한 변화를 고려할 필요가 있다. 오늘날 많은 정부들은 심지어 제조업자들도 더 이상 적절하다고 믿지 않는 방식—독창력은 거의 없고 많은 감독자를 동반하며, 제한되고 반복적인 업무—으로 공공서비스를 제조한다. 정부가 공무원이 변화를 만들어낼 수 있는 기회로 가득 찬 도전적이고 중요한 업무, 즉 공급자들을 관리하는 것으로 바뀌어감에 따라 많은 공공 근로자들은 공공가치에 더 기여할 수 있게 될 것이며, 자신의 직업에 더 만족하게 될 것이다. 다만 이는 인사정책의 근본적인 변화가 이러한 전환을 동반할 때만 가능할 것이다.

첫째, 기술이 직무기술서보다 우선되어야 한다. 둘째, 현재 가능한 것보다 훨씬 더 높은 수준에 이르기 위해서, 공무원이 승진을 포기하지 않고도 프로젝트에서 프로젝트로 이동할 수 있어야 한다. 그들이 고용된 좁은 '부서'에 의해 제한되지 않고 자신에게 할당된 프로젝트를 위해 폭넓은 기술들을 가져올 수 있도록 고도로 제한된 인적자원과 대민 서비스 규칙들이 변화되어야 한다.

공공부문 인력을 재구조화하는 데 중요한 부분은 팀 구축, 프로젝트 관리, 위험 분석 협상, 네트워크 정부에 아주 중요한 다른 영역들에서 정교한 기술을 가진 더 많은 사람을 유인하는 것을 필요로 한다. 오늘날 대부분의 정부는 재주 있고 능숙한 다수의 파트너를 관리하거나 혹은 시장에서 폭넓고 깊은 인간관계를 맺고 해답을 찾는 데 꼭 필요한 사람이 누군지 알고 있는 사람을 충분히 가지고 있지 않다.

제7장에서 논의한 바와 같이, 이러한 차이를 극복하기 위해 정부기관이 첫 번째로 해야 할 일은 공공부문에 들어오고 나가는 사람을 낙담시키지 말고 용기를 북돋아주도록 정부 정책을 변화시키는 것이다. 이는 퇴직 시스템을 재구조화함으로써 더 많은 연금 이전을 가능하게 하고, 단기 근무자들에 대한 강한 편견을 제거할 수 있는 인사 시스템을 재창조하는 것을 의미한다. 연방정부와 많은 주는 공무원이 내부 지식 혹은 관계를 이용해 사익을 추구하는 것을 적절하게 금지하는 법을 가지고 있다. 하지만 이러한 법은 종종 재능 있는 공무원이 일을 못 하게 만들 정도로 너무 광범위하고 또 너무 융통성 없이 집행된다. 공공부문의 인력은 더 많은 변화와 이동성을 필요로 한다. 이는 어떤 프로젝트를 완수하기 위해 외부에서 정부로 이동하

되 떠날 때는 처벌받지 않는 능력일 뿐만 아니라, 협소한 업무 범위와 상이한 재직규칙에 별로 제약받지 않으면서 정부 안에서 이동할 수 있는 능력이다.

둘째, 공공부문은 더 많은 최고의 수재들을 끌어들이기 위해 고위직 급여를 높여줄 필요가 있다. 정부의 수요가 점차 증가하는 기술은 값싸게 얻을 수 없으며 몇몇 경우에 정부에 필요한 이런 인재들은 최고의 경영전문대학과 법학전문대학에서 찾아볼 수 있을 것이다. 이런 종류의 재능을 가진 사람을 끌어들이기 위해 정부는 컨설팅 회사, 포천(Fortune)사가 지정한 500개의 회사, 그리고 인재 은행(investment banks for talent)과 경쟁해야 할 것이다. 이는 공공부문이 이러한 전문가에게 똑같은 급여를 제공해야 한다는 것은 아니지만, 좀 더 경쟁적이어야 할 필요가 있음을 의미한다. 장기적으로 최고의 인재를 얻기 위해 더 많은 돈을 지불하는 것이 서투르게 구성된 민·관 파트너십을 가지고 수백억 달러의 세금을 낭비하고 계속해서 프로젝트들을 실패하는 것보다 훨씬 더 저렴한 일이 될 것이다.[4)]

4) 정치적으로 위험한 쟁점인 임금 지불 시스템 변화를 이끌 만큼 용감했던 정부는 얼마 되지 않았다. 가장 성공적이었던 곳은 호주와 뉴질랜드였다. 양국은 모두 인력감축을 위해 최고 기업의 경영진에게 높은 연봉을 지불하고 정부로 영입했다. 이 정부들이 의회와 대중에게 제시한 계약의 본질은 많은 개별 급여가 상승할 것이나 공무원의 전반적인 임금은 하락할 것이라는 점이었다. 예를 들어 뉴질랜드 정부는 1980년대와 1990년대 인력을 35%로 축소했고 동시에 특정 직위에 대한 임금은 크게 인상했다. 또한 일반적으로 경영진 급여의 최소 10~15%는 실적에 따른 성과급으로 지급되었고, 20% 수준까지의 보너스는 최고의 성과가 있을 경우에 받을 수 있었다. 두 나라의 정치 지도자들은 고위 관료와 특정 전문가의 급여를 인상함으로써 정치적 타격을 받을 수 있다는 것을 알고 있었지만 선택의 여지가 없음을 느꼈다. 양국은 광범위한 공공부문 개혁 프로그램에 착수했고, 야심찬 프로그램의 효과적인 수행을 조직 내부에만 맡기지 않았다. 더욱이 정책결정자들은 정부 서비스와 운영이 개선된다면 대중들이 개혁을 받아들일 것이라고 판단했다. 목표는 평범한 일에 보상하겠다거나 예기치 않은 행운을 만들겠다는 것이 아니라 정부에서 재능 있는 사람의 수준을 제고하고

7. 결론

개인이 개별화된 문제와 고도의 복잡성에 직면하는 복잡한 세상은 새로운 공공서비스 제공을 필요로 하게 할 뿐만 아니라, 새로운 해결 방법을 제공해준다. 네트워크화된 접근방법은 공공서비스의 실질적인 향상의 풍부한 기회와 관리에 대한 심각한 도전을 동시에 제공한다. 우리는 엄청난 가치를 산출하는 네트워크를 구성하는 재능 있고 혁신적인 많은 리더들을 발견했다. 점차 민주적 거버넌스가 전 세계 시민들의 삶의 질을 향상시키기 위해 네트워크에 의존하는 것을 의미하게 됨에 따라 공공부문의 새로운 얼굴인 유능한 공무원은 다른 사람들이 뒤따를 만한 중요한 교훈을 준다.

좀 더 성과에 기반한 보상 시스템을 만들겠다는 것이었다.

감사의 글

시간적인 제약의 압력을 받으면서 만들어진 책은 거의 항상 팀워크의 결과이다. 『네트워크 정부』도 예외가 아니다. 이 책을 내놓기 위해 많은 사람들이 열심히 노력했다. 특히 지니 리(Jeannie Rhee)와 마르코 로드리게스(Marco Rodriguez)는 이 프로젝트의 매 단계마다 연구를 지원하는 데 아주 많은 시간을 기여해주었다. 이들의 열정, 면밀함, 정력적인 노력이 없었다면 이 책이 나올 수 없었을 것이다.

하버드대학교의 많은 동료들이 핵심적인 통찰력과 도움을 주었다. 미국에서 공공관리에 관해 가장 사려 깊고 식견이 있는 전문가인 잭 도나휴(Jack Donahue)와 마크 무어(Mark Moore) 두 사람은 우리가 가장 필요로 할 때 광범위하고 솔직한 논평을 해주었다. 이 책은 그들의 시간과 노력 덕분에 더 나아졌다. 또한 하버드대학교의 하워드 휴속(Howard Husock)은 우리에게 몇 가지 훌륭한 사례연구를 제시해주었고, 대학원생인 앤디 펠트만(Andy Feldman)은 중요한 사례연구를 수행해주었다. 마지막으로, 하지만 마찬가지로 중요하게 멜리사 맥나이트(Melissa McKnight)와 콜레트 래브라도

(Colette Labrador)는 수십 개의 사례연구와 인터뷰, 그리고 여타의 세부 사항들을 조정해주고 편집하는 데 소중한 도움을 주었다.

이 책에 실린 사례 중의 상당수는 하버드대학교 케네디 행정대학원의 미국 정부 혁신상 프로그램(Innovation in American Government Awards Program)에서 우리가 주목했던 것이다. 민주적 거버넌스와 혁신을 위한 로이 앤드 릴라 애시 연구소(Roy and Lila Ash Institute for Democratic Governance and Innovation)가 운영한 이 프로그램은 민주주의를 창출하고 강화하기 위해 전 세계 정부의 우수 사례를 촉진한다. 이 혁신상을 통해 창의적이고 효과적인 거버넌스와 민주적 실천을 옹호한다. 연구소와 그 활동에 대한 좀 더 많은 정보는 웹사이트 www.ashinstitute.harvard.edu에서 얻을 수 있다.

딜로이트의 많은 동료들이 또한 이 책을 만드는 데 아주 중요한 역할을 해주었다. 한스 보서트(Hans Bossert)는 이 책의 원고를 읽고 핵심적인 장들을 보강하는 데 도움을 주었다. 그레그 펠레그리노(Greg Pellegrino), 밥 캠벨(Bob Campbell), 그리고 앤 백스터(Ann Baxter)가 초기에 중요한 지원을, 아지트 캠빌(Ajit Kambil)이 후반부에서 훨씬 필요한 도움을 주었다. 드와이트 앨런(Dwight Allen), 마이클 레이노어(Michael Raynor), 로빈 애티(Robin Athey), 그리고 조앤 갤러허(Joanne Gallagher)가 원고의 여러 부분을 검토해주었고, 도움이 되는 논평을 해주었다. 프랭크 윌슨(Frank Wilson), 마이크 커(Mike Kerr), 폴 스티븐(Paul Stephen), 버나드 노터(Bernard Nauta), 데이비드 리스(David Rees), 그리고 매트 이븐(Matt Even)은 우리에게 관련 사례연구를 연결시켜주었고, 정부기관과 함께 일한 자신들의 경험을 바탕으로 중요하고 실제적인 통찰력을 제공해주었다.

여타의 친구들과 동료들 또한 이 책이 나오는 데 역할을 해주었다. 리즌재단(Reason Foundation)의 제프 시걸(Geoff Segal)은 전체 원고를 검토하여 무수히 유익한 제안을 해주었다. 이제는 ACS에 있는 스킵 스티트(Skip Stitt)에게 특별한 감사를 표한다. 선도적인 정부 개혁가로서, 그리고 현재는 상업적인 공급자로서 그의 관점이 큰 도움을 주었다.

우리는 빽빽한 스케줄에도 불구하고 인사말을 써주었고, 우리가 이 책을 써야 할지 말아야 할지를 고민하고 있을 때 용기를 준 돈 케틀(Don Kettl)에게 특히 감사한다. 돈이 이전에 썼던 『권력 공유와 대리 정부(Sharing Power and Government by Proxy)』 같은 책들이 이 주제에 관한 지적 토대를 놓아주었다.

우리는 또한 『네트워크 정부』를 쓰는 과정에서 우리가 면담했던 수많은 공무원, 기업 임원, 지역사회 활동가, 비영리단체 이사, 학자, 정책 전문가들에게 감사하고 싶다. 우리가 기록한 내용의 상당 부분은 그들로부터 배운 것이다. 특히 린 스칼릿(Lynn Scarlett), 브라이언 오닐(Brian O'Neill), 테리 쇼, 리엄 사르스필드, 데이드리 리(Deidre Lee) 스탠 솔로웨이(Stan Soloway), 그리고 제니퍼 알렉산더(Jennifer Alexander)에게 감사하고 싶다.

브루킹스연구소(Brookings Institution)의 크리스 켈러허(Chris Kelaher)는 개념 단계에서부터 최종 산출 단계에 이르기까지 이 프로젝트를 보살펴주었고, 결코 열정을 내려놓지 않았다. 폴 라이트(Paul Light)는 모든 점에서 중요한 시기에 중요한 지원을 해주었다. 관리 편집자 재닛 워커(Janet Walker)가 이 책을 원고에서 저작물로 재빠르게 전환시켜주었지만, 항상 최고의 관심을 쏟아주었다. 마사 고트론(Martha Gottron)과 테리 무어(Terri Moore) 모두 서로 다른 단계에서 최고의 편집 작업을 해주었다. 카를로타 리바르(Carlotta Ribar)가 교정을 보았고, 줄리아 페트라키스(Julia Petrakis)가 색인을 준비해주었다.

여느 작업이 그렇듯 최종 산출물과 모든 결점은 전적으로 우리 몫이다. 위에 언급된 사람들의 기여가 그런 결말과 일치함을 말하는 것이 아니다.

전일제 직업을 갖고 있으면서 책을 쓰고 있는 누군가의 배우자라는 건 결코 쉬운 일이 아니다. 끝없는 인내와 지원에 대해, 그리고 우리가 전념하여 컴퓨터에 머리를 박고 보낸 숱한 밤과 주말을 견뎌준 아내 마가릿(Margaret)과 제니퍼(Jennifer)에게도 감사하고 싶다. 우리는 이 최종 결과물이 최소한의 만회가 되길 희망한다. 스티브는 또한 세 권의 책과 많은 정치 유세를 격려해주고 너그럽게 보아준 아이들 올리비아(Olivia), 엘리자베스(Elizabeth), 레이드(Reid), 그리고 드버로(Devereaux)에게 감사한다.

참고문헌

6. Perri. 1997. *Holistic Government*. London: Demos.

Agranoff, Robert. 2003. *Leveraging Networks: A Guide for Public Managers Working across Organizations*. Washington: IBM Endowment for the Business of Government.

Agranoff, Robert. and Michael. McGuire. 1998. "Multi-Network Management: Collaboration and the Hollow State in Local Economic Policy." *Journal of Public Administration Research and Theory*, Vol. 8, pp. 67~91.

_____. 1999. "Big Questions in Network Management Research." paper prepared for the Fifth National Public Management Research Conference. Texas A&M University, December 3-4.

_____. 2001. "After the Network Is Formed: Process, Power, and Performance." in Myrna Mandell(ed.). *Getting Results through Collaboration*. Westport: Quorum Books.

_____. 2003. *Collaborative Public Management: New Strategies for Local Governments*. Washington D. C.: Georgetown University Press.

Alberts, David S., John J. Garstka and Frederick P. Stein. 2000. *Network Centric Warfare: Developing and Leveraging Information Superiority*, 2nd ed. Washington D. C.: Department of Defense Cooperative Research Program.

Alchian, Arman and Harold Demsetz. 1972. "Production, Information Costs, and Economic Organization." *American Economic Review*, Vol. 62, pp. 777~795.

Austen, James. 2000. *The Collaboration Challenge: How Nonprofits and Businesses Succeed through Strategic Alliances*. San Francisco: Jossey-Bass.

Barabasi, Albert-Laszlo. 2002. *Linked: The New Science of Networks*. Cambridge: Perseus Publishing.

Bardach, Eugene. 1998. *Getting Agencies to Work Together: The Practice and Theory of Managerial Craftsmanship*. Brookings.

Bardach, Eugene. and Cara Lesser. 1996. "Accountability in Human Service Collaboratives-And to Whom?" *Journal of Public Administration Research and Theory*, Vol. 6, pp. 197~224.

Barzelay, Michael. 1992. *Breaking through Bureaucracy*. University of California Press.

Behn, Robert D. and Peter A. Kant. 1999. "Strategies for Avoiding the Pitfalls of Performance Contracting." *Public Productivity and Management Review*. No. June. pp. 470~489.

Berger, Peter and Richard. J. Neuhaus. 1996. "Mediating Structures and the Dilemmas of the Welfare State." in Michael Novak(ed.). *To Empower People: From State to Civil Society*. Washington: American Enterprise Institute.

Boris, Elizabeth. T. and C. Eugene Steuerle. 1999. *Nonprofits and Government: Collaboration and Conflict*. Washington: Urban Institute.

Boston, Jonathan, et al. 1996. *Public Management: The New Zealand Mode*. London: Oxford University Press.

Bozeman, Barry(ed.). 1993. *Public Management: The State of the Art*. San Francisco: Jossey-Bass.

Coase, Ronald. H. 1937. "The Nature of the Firm." *Economica*, Vol. 4, pp. 386~405.

_____. 1960 "The Problem of Social Cost." *Journal of Law and Economics*, Vol. 3, pp. 1~44.

Commission on Public Private Partnerships. 2001. *Building Better Partnerships: The Final Report of the Commission on Public Private Partnerships*. London: Institute for Public Policy Research.

Cooper, Phillip J. 2003. *Governing by Contract: Challenges and Opportunities for Public Managers*. Washington: CQ Press.

Crawford, John W. Jr. and Steven L. Krahn. 1998. "The Demanding Customer and the Hollow Organization: Meeting Today's Contract Management Challenge." *Public Productivity and Management Review*, Vol. 22, No. September. pp. 107~118.

Dilulio, John J., Gerald Garvey, and Donald Kettl. 1993. *Improving Government Performance: An Owner's Manual*. Brookings.

Dilulio, John J., et al. 1991. "The Public Administration of James Q. Wilson: A Symposium on Bureaucracy." *Public Administration Review*, Vol. 51, No. 3 pp. 193~201.

Dionne, E. J. and Ming Hsu Chen(eds.). 2001. *Sacred Places, Civic Purposes: Should Government Help Faith-Based Charity?* Brookings.

Donahue, John D. 1989. *The Privatization Decision: Public Ends, Private Means*. New York: Basic Books.

Donahue, John D. and Joseph S. Nye Jr. 2002. *Market-Based Governance: Supply Side, Demand Side, Upside, and Downside*. Brookings.

Drucker, Peter. 1980. "The Deadly Sins in Public Administration." *Public Administration Review*, No.March/April, pp. 103~106.

Dyer, Jeffrey H. 2000. *Collaborative Advantage: Winning through Extended Enterprise Supplier Networks*. London: Oxford University Press.

Eggers, William D. and John O'Leary. 1995. *Revolution at the Roots: Making Our Government Smaller, Better and Closer to Home*. New York: Free Press.

Feldman, Martha. S. and Anne M. Khadenian. 2001. "Principles for Public Management Practice: From Dichotomies to Interdependence." *Governance: An International Journal of Policy and Administration*, Vol. 14, no. 3, pp. 339~361.

Frederickson, George H. 1999. "The Repositioning of Public Administration." John Gaus Lecture. Atlanta: American Political Science Association, December.

______. 1996. *The Spirit of Public Administration*. San Francisco: Jossey-Bass.

Frumkin, Peter and Alice Andre-Clark. 2000. "When Missions, Markets, and Politics Collide: Value and Strategy in the Nonprofit Human Services." *Nonprofit and Voluntary Sector Quarterly*, Vol. 29, No. 1, pp. 141~163.

Garvey, Gerald. 1993. *Facing the Bureaucracy: Living and Dying in a Public Agency*. San Francisco: Jossey-Bass.

Gates, Scott and Jeffrey Hill. 1995. "Democratic Accountability and Governmental Innovation in the Use of Nonprofit Organizations." *Policy Studies Review*, Vol. 14, no. 1, pp. 137~148.

Goldsmith, Stephen. 1997. *The Twenty-First Century City: Resurrecting Urban America*. Washington: Regnery.

______. 2002. *Putting Faith in Neighborhoods: Making Cities Work through Grassroots Citizenship*. Noblesville: Hudson Institute.

Goodsell, Charles. 1994. *The Case for Bureaucracy: A Public Administration Polemic*. Chatham: Chatham House Publishers.

Heinrich, Carolyn and Carolyn J. Hill. 1999. "The Empirical Study of Governance: Theoretical Methods." paper presented at the Workshop on Models and Methods for the Empirical Study of Governance. University of Arizona.

Kamensy, John M. and Thomas J. Burlin. 2004. *Collaboration: Using Networks and Partnerships*. Lanham: Rowman and Littlefield.

Kelman, Steven J. 1994. "Deregulating Federal Procurement: Nothing to Fear but Discretion Itself?" in John J. DiIulio Jr.(ed.). *Deregulating the Public Service*, Brookings.

Kettl, Donald F. 1993. *Sharing Power: Public Governance and Private Markets*. Brookings.

_____. 1998. *Government by Proxy: (Mis?)Managing Federal Programs*. Washington: Congressional Quarterly Press.

_____. 2000. *The Global Public Management Revolution: A Report on the Transformation of Governance*. Brookings.

_____. 2002a. "Managing Indirect Government." in Lester Salamon(ed.). *The Tools of Government: A Guide to the New Governance*. Oxford University Press.

_____. 2002b. *The Transformation of Governance: Public Administration for Twenty First Century America*. Johns Hopkins University Press.

Kettl, Donald F., et al. 1996. *Civil Service Reform: Building a Government That Works*. Brookings.

Kickert, Walter J. M., Erik Hans Klijn, and Joop F. M. Koppenjan. 1997. *Managing Complex Networks: Strategies for the Public Sector*. Thousand Oaks: Sage.

Lewis, Jordan. D. 1995. *The Connected Corporation: How Leading Companies Win through Customer-Supplier Alliances*. New York: Free Press.

_____. 1999. *Trusted Partners: How Companies Build Mutual Trust and Win Together*. New York: Free Press.

Light, Paul. 1998. *The True Size of Government*. Brookings.

_____. 1999. *The New Public Service*. Brookings.

Linden, Russell M. 2002. *Working across Boundaries: Making Collaboration Work in Government and Nonprofit Organizations*. San Francisco: Jossey-Bass.

Lipnack, Jessica and Jeffrey Stamps. 1994. *The Age of the Network: Organizing Principles for the 21st Century*. Essex Junction: Oliver Wright Publications.

Lynn, Laurence E., Jr., Carolyn Heinrich and Carolyn J. Hill. 2000. *Governance and Performance: New Perspectives*. Georgetown University Press.

Mandell, Myrna. 2001. *Getting Results through Collaboration*. Westport: Quorum Books.

McGuire, Micheal. 2002. "Managing Networks: Propositions on What Managers Do and Why They Do It." *Public Administration Review*, Vol. 62, No. September/October, pp. 599~609.

Miles, Raymond E. and Charles C. Snow. 1996. "Causes of Failure in Network

Organizations." *California Management Review*. Vol. 34, No. 4, pp. 53~72.

Milward, H. Brinton. 1996. Introduction to "Symposium on the Hollow State: Capacity, Control, and Performance in Interorganizational Settings." *Journal of Public Administration Research and Theory*, Vol. 6, pp. 193~195.

_____. 1994. "Nonprofit Contracting and the Hollow State." *Public Administration Review*, Vol. 54, pp. 1~73.

Milward, H. Brinton and K. G. Provan. 2000. "Governing the Hollow State." *Journal of Public Administration Research and Theory*, Vol. 10, No. February, pp. 359~379.

_____. 2000. "How Networks Are Governed." in Laurence E. Lynn Jr., Carolyn Heinrich, and Carolyn J. Hill(eds.). *Governance and Performance: New Perspectives*, Washington D.C: Georgetown University Press.

_____. 2001 "Managing the Hollow State: Collaboration and Contracting." University of Arizona School of Public Administration and Policy.

_____. 2002. "Private Principals, Nonprofit Agents." paper presented at American Political Science Association annual meeting. Boston, August-September.

Moe, Terry. 1984. "The New Economics of Organization." *American Journal of Political Science*, Vol. 28, No. 4, pp. 739~777.

Morgan, Gareth. 1986. *Images of Organization*. Beverly Hills: Sage.

Niskanen, William. 1971. *Bureaucracy and Representative Government*. Chicago: Aldine.

Nohria, Nitin and Sumantra Ghoshal. 1997. *The Differentiated Network: Organizing Multinational Corporations for Value Creation*. San Francisco: Jossey-Bass Publishers.

Ostrom, Vincent. 1973. *The Intellectual Crisis of Public Administration*. University of Alabama Press.

O'Toole, Laurence J. 1997. "Treating Networks Seriously: Practical and Research-Based Agendas in Public Administration." *Public Administration Review*, Vol. 57. pp. 45~52.

Ouchi, William C. 1984. *The M-Form Society: How American Teamwork Can Capture the Competitive Edge*. Reading, MA: Addison-Wesley.

Peters, Tom. 1992. *Liberation Management: Necessary Disorganization for the Nanosecond Nineties*. New York: Knopf.

_____. 1994. *The Tom Peters Seminar: Crazy Times Call for Crazy Organizations*. New York: Vintage.

Powell, Walter W. 1990. "Neither Market nor Hierarchy: Network Forms of Organization," in B. Staw and L. Cummings(eds.). *Organizational Behavior*. Greenwich: JAI Press.

Provan, Keith and H. Brinton Milward, "Do Networks Really Work? A Framework for Evaluating Public-Sector Organizational Networks." *Public Administration Review*, Vol. 61, pp. 414~423.

Rehfuss, John A. 1989. *Contracting Out in Government: A Guide to Working with Outside Contractors to Supply Public Services*. San Francisco: Jossey-Bass Publishers.

Rosenau, Pouline Vaillancourt. 2002. *Public-Private Policy Partnerships*. Cambridge: MIT Press.

Salamon, Lester. 2002. "The New Governance and the Tools of Public Action: An Introduction." in Lester Salamon(ed.). *The Tools of Government: A Guide to the New Governance*. London: Oxford University Press.

_____. 1995. *Partners in Public Service: Government-Nonprofit Cooperation in the Modern Welfare State*. Washington D. C.: Johns Hopkins University Press.

_____. 2003. *The Resilient Sector: The State of Nonprofit America*. Brookings.

Sanger, M. Bryna. 2003. *The Welfare Marketplace: Privatization and Welfare Reform*. Brookings.

Savas, E. S. 1987. *Privatization: The Key to Better Government*. Chatham: Chatham House Publishers.

Scharpf, Fritz W. 1993. "Coordination in Hierarchies and Networks." in Fritz W. Scharpf(ed.). *Games in Hierarchies and Networks: Analytical and Empirical Approaches to the Study of Governance Institutions*. Boulder: Westview.

Schwartz, Robert. 2001. "Managing Government: Third Sector Collaboration: Accountability, Ambiguity, and Politics." *International Journal of Public Administration*, Vol. 24, No. 11, pp. 1161~1188.

Simon, Herbert A. 1976. *Administrative Behavior*. New York: Free Press.

Skowronek, Stephen. 1982. *Building a New American State: The Expansion of National Administrative Capacities, 1877-1920*. London: Cambridge University Press.

Smith, Stephen Rathgeb and Michael Lipsky. 1993. *Nonprofits for Hire: The Welfare State in the Age of Contracting*. Cambridge: Harvard University Press.

Stoker, Gerry, Perry 6, Kimberley Stelzer, and Diana Leat. 2002. *Towards Holistic Governance*. Hampshire: Palgrave Macmillan.

Streeter, Ryan 2001. "The Future of Government Partnerships with the Faith

Community." *Religion and the Public Square in the 21st Century: Proceedings from the Conference*. Washington D. C.: Hudson Institute.

Tullock, Gordon. 1965. *The Politics of Bureaucracy*. Washington: Public Affairs Press.

Williamson, Oliver. E. 1975. *Markets and Hierarchies*. New York: Free Press.

Wilson, James Q. 1989. *Bureaucracy*. New York: Basic Books.

찾아보기

ㅂ

ㅅ

ㅊ

ㅋ

ㅌ

ㅍ

ㅎ

기타

지은이

스티븐 골드스미스
Stephen Goldsmith

1992년부터 1999년까지 인디애나폴리스 시장이었고, 하버드대학교 존 F. 케네디 행정대학원의 민주적 거버넌스와 혁신연구소(Ash Institute for Democratic Governance and Innovation at Harvard University's John F. Kennedy School of Government) 소장이자 대니얼 폴(Daniel Paul) 기금 교수이다. 또한 시민혁신에 관한 맨해튼 연구센터(Manhattan Institute Center on Civic Innnovation) 소장이고, 『21세기 도시(The 21st Century City)』의 저자이다.

윌리엄 에거스
William D. Eggers

딜로이트 공공부문 연구소(Deloitte Research, Public Sector) 국제 이사이고, 맨해튼 정책연구소(Manhattan Institute for Policy Research) 선임 연구원이며, ≪공공부문 CIO(Public CIO)≫ 잡지 기고가이다. 또한 『뿌리로부터의 혁명: 우리의 정부를 더 작게 더 낫게 그리고 가정에 더 가깝게 만들기(Revolution at the Roots: Making Our Government Smaller, Better, and Closer to Home)』의 공동저자이다.

옮긴이

이명석

미국 인디애나대학교(Indiana University)에서 정치학 박사학위를 받고(학위논문: "Institutional Analysis, Public Policy, and the Possibility of Collective Action in Common Pool Resources: A Dynamic Game Theoretic Approach"), 현재 성균관대학교 행정학과/국정관리대학원 교수로 재직 중이며, 국정관리대학원 원장을 맡고 있다. 협력적 거버넌스, 제도주의, 집합행동 가능성, 저출산과 고령화 정책 등을 연구하고 있고, 최근 논문으로 「한국지방자치단체의 출산장려금정책 효과분석」(2012), 「휴먼서비스 관점에서 본 고령화정책 프레임, 네트워크 거버넌스와 정부의 역할」(2012) 등이 있다. ≪한국정책학보≫ 편집위원장을 맡고 있으며, 제도주의연구회, 행정이론연구회 등에 참여하고 있다.

오수길

성균관대학교 대학원에서 행정학 박사학위를 받고(학위논문: 「지방정부의 민-관 파트너십 사례 연구」), 현재 고려사이버대학교 IT학부 부교수로 재직 중이다. 거버넌스, 지속가능발전, 행정철학을 연구하고 있고, 『갈등을 넘어 협력사회로』(2014, 공저), 『녹색당과 녹색정치』(2013, 공저), 『사회문제를 보는 새로운 눈』(2013, 공저) 등의 저서와 『지속가능성의 도전』(2013, 공역), 『세계 지방의제 21, 20년사』(2013, 공역) 등의 역서가 있다. 거버넌스21클럽, 한국매니페스토실천본부, 전국지속가능발전협의회 등에 참여하고 있다.

배재현

성균관대학교 국정관리대학원에서 행정학 박사학위를 받고(학위논문: 「네트워크 거버넌스의 조건과 운영기제에 관한 연구」), 현재 국회 입법조사처에서 입법조사관으로 재직 중이다. 관심 분야는 합리적 선택 신제도주의, 공공선택론, 네트워크 거버넌스 등이며, 『국가 거버넌스 연구』(2009, 공저) 등의 저서가 있다.

양세진

성균관대학교 대학원에서 행정학 박사학위를 받고(학위논문: 「한국 사회적 기업의 협력적 거버넌스에 관한 연구」), 현재 소셜이노베이션그룹 대표로 있다. 협력적 거버넌스, 사회적 경제, 리더십의 철학, 행정철학을 연구하고 있으며, 공공조직과 비영리조직의 사회혁신과 사회적 영향력 컨설팅을 하고 있다.

한울아카데미 1671

네트워크 정부: 공공부문의 새로운 모습

지은이 • 스티븐 골드스미스 · 윌리엄 에거스
옮긴이 • 이명석 · 오수길 · 배재현 · 양세진
펴낸이 • 김종수
펴낸곳 • 도서출판 한울
책임편집 • 이교혜
편집 • 조수임

초판 1쇄 인쇄 • 2014년 3월 15일
초판 1쇄 발행 • 2014년 3월 20일

주소 • 413-120 경기도 파주시 광인사길 153 한울시소빌딩 3층
전화 • 031-955-0655
팩스 • 031-955-0656
홈페이지 • www.hanulbooks.co.kr
등록번호 • 제406-2003-000051호

Printed in Korea.
ISBN 978-89-460-5671-8 93350 (양장)
ISBN 978-89-460-4836-2 93350 (반양장)

* 책값은 겉표지에 있습니다.
* 이 책은 강의를 위한 학생판 교재를 따로 준비했습니다.
  강의 교재로 사용하실 때에는 본사로 연락해주십시오.